# 煙火大唐

## 璀璨盛世三百年的唐朝生活史

師永濤——著

# 目錄

## 第三章　從揚州到長安



## 第四章　胡人的唐

## 第五章　帝國時代的莊園



## 第六章　她們的時代



## 第七章　少年游



## 第八章　未能皈依的寺廟

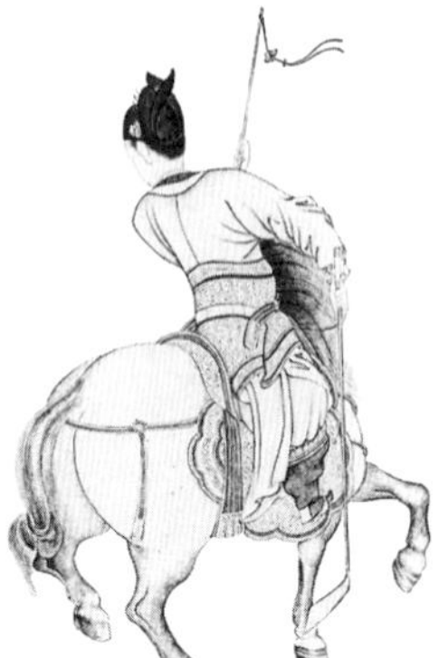

## 第九章　最後的長安

# 「中世紀」的鄉愁

六二七年，關中大旱，災民賣兒賣女以求生。剛剛在玄武門宮爭中斬殺兩位競爭對手的李世民，面對旱災憂心忡忡，下令開倉救濟，解決災民的燃眉之急，並拿出御府金帛供災民贖回賣掉之子女，以免他們骨肉分離。這一年，李世民二十八歲。就在這一年，一位叫玄奘的僧人「誓游西方，以問所惑，並取《十七地論》，以釋眾疑」（《大慈恩寺三藏法師傳》），趁著夜色混在流民中溜出長安城，踏上了西行取經求法的漫漫征途。這一年，玄奘二十五歲。

六二七年，唐朝的貞觀元年，是「貞觀之治」的起始，歲次丁亥。

根據中國傳統五行學說，中國古人利用干支紀年法，以六十為週期（一甲子）把歷史重複編排，他們認為每六十年一個輪回，事物發展就像草木隨四季更替一樣生長、繁茂、凋落與衰敗。而其中的丁亥年，則是由衰而盛的關鍵性轉折年，意味著從此年開始，各種事物步入一個長期的發展和繁盛階段。

歷時十七載，西去取經的玄奘在貞觀十九年（六四五年）正月回到了長安。四年之後，貞觀二十三年（六四九年）三月，比玄奘年長三歲的李世民感到身體不適，很快便纏綿病榻，不能下床走路了。

四月二十五日，實在撐不住的李世民終於決定，離開他日理萬機的太極宮，攜家眷和近臣到位於今西安市長安區灤鎮南淺山上的離宮翠微宮避暑養病。時值孟夏，這裡林木清幽，涼風習習。

在《秋日翠微宮》一詩中，李世民寫道：

**秋日凝翠嶺，涼吹肅離宮。**
**荷疏一蓋缺，樹冷半帷空。**
**側陣移鴻影，圓花釘菊叢。**
**攄懷俗塵外，高眺白雲中。**

對於翠華山，李世民有著特殊的感情，此前，貞觀二十一年（六四七年）四月，他命人重建太和宮，改名翠微宮，籠山為苑，列台觀其中。他似乎和這翠華山之間有一種宿緣。最終，貞觀二十三年（六四九年）五月二十六日，唐太宗李世民在寢殿含風殿辭世。此時，他的繼承人太子李治心中除了悲傷，還在惦記著感業寺中一個姓武的女子。

繼位的唐高宗李治，把玄奘安置在大慈恩寺中譯經。在李治心中，大慈恩寺和大雁塔是他的母親長孫皇后靈魂寄寓的場所。而他居住的大明宮，「北據高崗，南望爽塏，視終南如指掌，坊市俯而可窺」。再登臨高出平地十五公尺的含元殿，透過宮殿的門楣，穿越丹鳳門的鴟尾，一直往南，李治可以清晰地看見「壯麗輪奐，今古莫儔」的大慈恩寺，以及寺中「突兀壓神州，崢嶸如鬼工」的大慈恩寺浮屠。

龍朔三年（六六三年），李治偕皇后武則天入住尚未完工的大明宮，自此，大明宮取代太極宮，成為大唐帝國兩百四十餘年內政和外交的中樞。

此後數百年間，無數道大唐帝國的政令自燈火通明的大明宮發出，影響著一個帝國的脈搏。唐朝皇帝威望最高的時候，大量的突厥人內附，突厥王族成為大唐最勇猛的將軍；

唐太宗立像／宋／佚名／台北故宮博物院藏

波斯薩珊王朝（Sassanid Empire）末代的兩位波斯王都希望借助唐朝的力量復國，最終終老在長安；大量的遣唐使來自新羅和日本；而敘利亞人、阿拉伯人、波斯人、吐蕃人與安南人亦來定居，散落於從敦煌到廣州的大唐帝國城市。

國子監中有這些國家的留學生，最具熱忱的是日本人，其中有些像今日大使館的文化參贊，在中國居留達幾十年，有的終生為唐官，深埋大唐。而更多的人回國之後，對日本的文化有了具體的貢獻，很多方面仿照唐制：都城設計建造完全模仿長安，從銅幣的設計到婦女的髮髻，從室內的布置到圍棋、茶道、詩詞都參照大唐的時尚。從此之後，後世出土的日本文物深具中國色彩。那個時候，初次來長安的人都充滿了陌生感，踏進這座大城市的每個訪客無不感到驚詫，大開眼界，長安的瑰麗和宮殿的雄壯，已經超越了想像極限。

這些外來的人為長安城的狂放情趣、繁華市井而目炫神迷。他們嚮往，畏縮，好奇，慌張……有著各種反應，百態畢現。

在唐朝統治的三個世紀中，東方各地的財富也經由陸路被源源不斷地運送到了大唐的土地上——或車裝，或駝載，或馬運，或驢馱。偉大的絲綢之路是唐朝通往中亞的重要商道，它沿著戈壁、荒漠的邊緣，穿越唐朝西北邊疆地區，最後一直可以抵達撒馬爾罕（Samarkand）、波斯和敘利亞。從玉門關向西，有兩條道路可供行人選擇，這是兩條令人望而生畏的道路，要經過流沙、戈壁和荒漠，還要面臨極度的寒冷或酷熱。

唐貞觀九年（六三五年）十一月，來自絲綢之路上的粟特國（Sogdiana）的使臣由撒馬爾罕再次來到長安，粟特人的足跡遍布絲綢之路經過的一切地方，從東海之畔的揚州，到沐浴在地中海陽光下的拜占庭（Byzantium）。他們之中最著名的不是商人，而是一位「柘羯」（武士）。他是一個胖子，擅長跳胡旋舞。這個叫安祿山的粟特胖子，與唐朝美人楊玉環有著一種曖昧的關係，後來他還把楊玉環的丈夫李隆基從長安趕到了成都。歷史上把這段往事稱為「安史之亂」。

安史之亂的起因，是一個皇帝藝術家的「黃昏戀」。

開元二十五年（七三七年）十二月，武惠妃病重，唐玄宗李

仕女圖／唐／佚名／新疆阿斯塔那墓出土

隆基決定去驪山過冬時，第一次遇見楊玉環。只是皇家一次例行的謁見，卻讓一個五十多歲的皇帝和二十歲出頭的兒媳訂下了山盟海誓。

至德二年（七五七年），在數千名精騎的簇擁下，從成都準備返回長安的太上皇李隆基取道鳳翔東行。約莫走了三天，來到了咸陽興平的馬嵬驛，他銘心刻骨、晝思夜想的地方。驛站猶在，佛舍猶在，梨樹猶在，可「馬嵬坡下泥土中，不見玉顏空死處」。

玄宗之後近半個世紀，元和元年（八〇六年），三十五歲的盩厔縣縣尉白居易作了一首敘事詩《長恨歌》，以極富想像力的筆調，描寫唐明皇終夜不眠，看著宮前螢火蟲飛來飛去，階下落葉也無心找人打掃的情景。這樣的憂恨纏綿，只會越陷越深，非人世間任何因素能舒慰。這首《長恨歌》也隨之流傳千古。但奇怪的是，當時在位的唐憲宗竟然默許了白居易寫皇家愛情的行為。當時長安歌女以「我誦得白學士《長恨歌》，豈同他伎哉」自誇，並因此身價倍增。

這個皇帝和中國古代最優秀的宮廷舞蹈家之間的愛情，終止在了馬嵬坡，一個很小的地方，在今陝西省咸陽市代管的縣級市興平市西北十公里的土原上。而他們的愛情開始於長安東邊驪山一處叫「華清池」的皇家園林。驪山是歷代皇家的行宮聖地，一個很教人不安分的地方，周幽王曾經在那裡烽火戲諸侯。李隆基最愛的華清池，位於今西安市臨潼區驪山北側，東距西安三十公里。當旅遊者乘火車或汽車前往臨潼參觀驪山及華清池時，應先注意四周黃褐色的泥土，黃仁宇先生曾經說，這種泥土與美國田納西州一帶耕地的土壤相似，它是中國歷史展開過程中的重要因素。

安史之亂後，大唐帝國仍享國祚一百五十二年。

此後的唐王朝，在一個半世紀中努力重建，試圖恢復盛世的輝煌，也一度讓人看到希望的曙光，但是面對內外交困，最終無可奈何地走向了衰落、滅亡。中晚唐一百五十二年的歷史中，唐王朝內部禍亂叢生，外部無力抵禦周邊勢力的進犯，當時唐人引以為傲的長安更是數次淪陷。「國都六陷，天子九遷」的情況，更是成為中晚唐歷史的一個真實寫照。

然而，和國家面臨的困境不同，安史之亂結束後，雖然唐王朝仍充滿內憂外患，但國家自上而下，奢侈之風極度盛行，宴游、華服、美食、賭博、侫佛、樂舞等聲色之樂甚至超過天寶開元之時。

《舊唐書．穆宗紀》說：「國家自天寶已後，風俗奢靡，宴席以喧嘩沉湎為樂。而居重位、秉大權者，優雜倨肆於公吏之間，曾無愧恥。公私相效，漸以成俗。」李肇《國史補》卷下則說：「長安風俗，自貞元侈於遊宴。其後或侈於書法圖畫，或侈於博弈，或侈於卜祝，或侈於服食，各有所蔽也。」

中晚唐女子的審美也充滿了末世的放縱感。憲宗元和四年（八〇九年），白居易的《時世妝》寫了一種中唐的「元和時世妝」：「時世妝，時世妝，出自城中傳四方。時世流行無遠近，腮不施朱面無粉。烏膏注唇唇似泥，雙眉畫作八字低。妍媸黑白失本態，妝成盡似含悲啼。」

十年後，穆宗長慶年間（八二一—八二四年），女子的頭飾不但越加浮誇，金碧珠翠，又出現了更加怪異的「血暈妝」：將眉毛剃去，在眼上下畫幾道血痕一般的裝飾。《唐語林．卷六》就記載：「長慶中，京城婦人首飾，有以金碧珠翠，笄櫛步搖，無不具美，謂之『百不知』。婦人去眉，以丹紫三四橫約於目上下，謂之『血暈妝』。」這種加倍的奢靡，伴隨著血色的妝容，散發著頹廢和及時行樂的末世心態。

中晚唐的士人在經歷黨爭、藩鎮之亂、宦官當權之後，也消磨了建功立業的壯志理想，急於補償失去的歡樂，在世俗欲望的滿足中獲得慰藉。從皇族到平民，唐人的求仙向道之風極盛。清代歷史學者趙翼《廿二史劄記》卷十九「唐諸帝多餌丹藥」條載，中晚唐的幾

貴妃上馬圖／元／錢選／美國弗利爾美術館藏

個皇帝憲宗、穆宗、敬宗、武宗、宣宗，皆是服丹藥中毒而死。

到了唐代中後期，唐代貴族服食丹藥越加浮誇，白居易的《思歸》詩就曾經寫過他知道的服食丹藥而死的詩人：「退之（韓愈）服硫黃，一病訖不痊。微之（元稹）煉秋石，未老身溘然。杜子（杜牧）得丹訣，終日斷腥膻。崔君（崔玄亮）誇藥力，終冬不衣棉。或疾或暴夭，悉不過中年。」

就在這樣末世感十足的社會生活裡，唐王朝終於走到了末日。

天復四年（九〇四年）正月，黃巢降將出身的宣武節度使、梁王朱溫，挾天子以令諸侯，劫唐昭宗李曄遷都洛陽。朱溫「令長安居人按籍遷居，徹屋木，自渭浮河而下」（《舊唐書．昭帝本紀》，天祐元年），使長安淪為廢墟。

唐長安城留於後世者，僅剩殘垣斷壁和若干城牆遺跡。

唐帝國最後一個皇帝哀帝（或稱昭宣帝）李柷先被降為濟陰王，遷於開封以北的曹州

（今山東菏澤），安置在朱溫親信氏叔琮的宅第，後又被廢除帝位。由於太原李克用、鳳翔李茂貞、西川王建等仍然奉「天祐」正朔，不承認梁朝，朱溫擔心各地軍閥的擁立會使廢帝成為身邊的定時炸彈，就一不做，二不休，於後梁開平二年（九〇八年）二月二十一日將十七歲的哀帝鴆殺。

至此，建國二百八十九年（六一八—九〇七年）的大唐帝國一去不返。

作為一個舶來品，「中世紀」一詞是十五世紀後期歐洲人文主義者開始使用的。這個時期的歐洲，從「文藝復興」中衰落，沒有一個強而有力的政權來統治，傳統上認為這是歐洲文明史上發展比較緩慢的時期。

而當「中世紀」這個詞出現在中國史及其相關敘述中的時候，被默許指代七世紀至十世紀的隋唐時代，儘管學界對這一學術名詞的「拿來主義」持質疑態度。日本文史家內藤湖南就在《概括的唐宋時代觀》一文中說：「唐代是中國中世紀的結束，宋代則是中國近代的開始。」

美國漢學家、哈佛大學東亞系和比較文學系教授宇文所安（Stephen Owen）先生的中唐文學文化論集，也取名為《中國「中世紀」的終結》（*The End of the Chinese "Middle Age"*），估計宇文先生料到此種提法會有誤會，故用了引號。

或許，「中世紀」這個名稱是宇文先生的策略，是一個漢學家不同的思維方式和視野。在我看來，「中世紀」的「中」字用到唐朝，卻是恰如其分。中者，中興也。唐，這個中國歷史中最能引人遐想的歷史片段之一，無論我們從哪個角度進入，都會有陌生的新鮮感。既然這個詞來到了中國，不妨給予它一個中國的身分。

更遑論歐洲從中世紀進入文藝復興時期，和中國從唐到宋的轉型，其中的轉化可以比較。英國學者赫伯特・喬治・威爾斯（Herbert George Wells）在《世界史綱》（*The Outline of History*）中比較歐洲中世紀與初唐、盛唐的差異時說：「當西方人的心靈為神學所纏迷而處於蒙昧黑暗之中，中國人的思想卻是開放的，兼收並蓄而好探求的。」

我喜愛的作家紅柯說過：「我們從遠古開始建造莊園、城堡和城市，卻不相信地球是宇宙裡的飛行物，是長翅膀的神鳥。」

沒有想像的歷史，並不能算是真的歷史。

關於唐帝國的消亡，陳寅恪指出：「自咸通以後，南詔侵邊，影響唐財政及內亂，頗與明季之『遼餉』及流寇相類，此誠外患與內亂互相關係之顯著例證也。夫黃巢既破壞東南諸道財富之區，時溥復斷絕南北運輸之汴路，藉東南經濟力量及科舉文化以維持之李唐皇室，遂不得不傾覆矣。」（見陳寅恪《唐代政治史述論稿》下篇）

在唐史學者陸揚看來，唐帝國的消亡具有一種「突然性」。他在二〇一〇年北京大學中古史中心有一個題為「唐帝國為何會瓦解」的講座，他認為，唐帝國在九世紀末瓦解的時候，曾經對唐代最具威脅的周邊許多政權逐步退出歷史舞臺，就外部環境而言，唐帝國尚有很大的生存空間。從內部來看，宣宗跟懿宗時代，幾乎所有的藩鎮，包括傳統上認為是被武人掌控的那些藩鎮，幾乎都是文官政治，基本解決了長期以來藩鎮的武人控制問題。

伴隨唐帝國消亡的，還有隋唐新建的長安城。

天祐三年（九〇六年）以後，長安不再成為中國的國都。帝國的重心逐漸移至東邊，中國開始了藍色的大洋夢，東南區域以其土地肥沃、水道交通便利而更有吸引力。所以唐朝之後的歷史中，幾乎所有的王朝都採取一種南北為軸心的戰線，與長安漸漸遠隔。

今天，當我們穿過長安的軀殼西安，伸手撫摸一下眼前這粗糙、沉睡的四方城城磚，心裡就莫名地溫暖而踏實了，儘管唐朝的長安城牆是夯土築造的，僅在城門部分有城磚包裹。我們的內心只要泛起愁思，我們仍會以春江花月夜的豔麗或《霓裳羽衣曲》的飄逸不斷穿越歷史，相望那個繞梁千年的江湖絕唱。

曾經，一個王朝的風花雪月主宰了那個叫長安的城市轉瞬即逝的春秋，詩歌的漂泊帶來了哀愁、天才、江山和美人，還有揮之不去的思念。那些焰火、野草、王孫和驛站，以及大雪，最終成了鄉愁。今天，這種鄉愁仍在。

# 第一章　唐人的世界

## 疆域

七世紀至十世紀，一個龐大的帝國出現在東亞大陸，這個中國歷史上重要的朝代，因國君姓李，又稱李唐。義寧二年五月二十日（六一八年六月十八日），唐王李淵在逼隋恭帝楊侑（隋煬帝的孫子）禪位後，登極稱帝，取代隋朝，建國號為「唐」，尊稱大唐。

四天後，五月二十四日，楊侑的哥哥皇泰主楊侗，在洛陽被王世充、元文都、盧楚等擁立為隋朝皇帝。因此，唐朝成立的時候，中國是隋唐並立的局面，但洛陽的政權能否維持，相當值得懷疑。很快，唐帝國便攻陷了洛陽。這個江山初定的帝國，直到發生玄武門事變的武德九年（六二六年），仍處於征戰中。兩年後，貞觀二年四月二十六壬寅日（六二八年六月三日），朔方人梁洛仁殺夏州割據勢力首領梁師都，歸降唐朝，唐朝才統一全國。新生的帝國以極其強勢的征戰迅速地成長，如同拔節生長的竹子。又過了兩年，貞觀四年（六三〇年）二月，李靖等大將統率唐軍滅東突厥。

槐實

槐花

玄武門事變發生在六二六年七月二日，也就是大唐武德九年的六月初四。這一天，長安城已經進入盛夏，酷暑難耐的人們發明了「冷淘」，類似涼麵（俗稱過水麵）的食品，在宮中和民間開始普及。這種涼麵在唐代被稱為「槐葉冷淘」。唐制規定，夏日朝會燕饗，皇家御廚大官（也作「太官」）供應給官員的食物中要有此味，可見其原為宮廷食品。其做法大致為：採青槐嫩葉搗汁和入麵粉，做成細麵條，煮熟後放入冰水中浸漂，待其色鮮碧，然後撈起，以熟油澆拌，放入井中或冰窖中冷藏。食用時再加作料調味，即成令人爽心適口的消暑佳食。

在唐代，槐樹與柳樹並稱「槐柳」，無論在唐人詩文中還是生活中，槐樹的地位不亞

唐太宗立像／唐／佚名／臺北故宮博物院藏

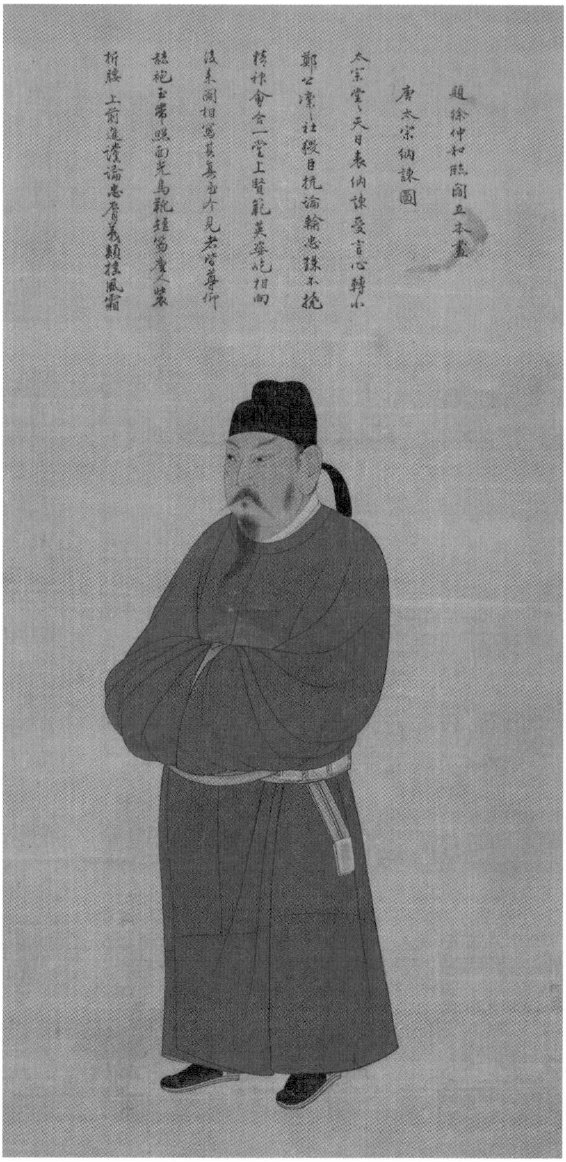

於柳樹，在唐長安城的大街兩邊，廣泛種植槐樹。一些廣場上列槐樹數百行為隊，沒有任何房屋，人們在槐樹下聚會休閒。時至今日，槐樹成為西安的市樹。

而唐帝國最著名的皇帝李世民最為人稱道的「貞觀之治」，實際上最大的功績便在於穩固了帝國的國祚。貞觀初期，洛陽以東直至沿海，「萑莽巨澤，茫茫千里，人煙斷絕，雞犬不聞，道路蕭條，進退艱阻」（《貞觀政要》卷二《直言諫爭附》）。全國人口銳減，政府掌握的戶口僅二百多萬戶，不到隋盛時八百九十多萬戶的三分之一。加上貞觀元年（六二七年）關中歉收，每斗米值絹一匹，到了貞觀四年（六三〇年），「天下大稔，流散者咸歸鄉里，米斗不過三四錢。終歲斷死刑才二十九人。東至於海，南極五嶺，皆外戶不閉，行旅不齎糧，取給於道路焉」（《資治通鑑》卷一九三）。

十五世紀後期，李世民的崇拜者、據說有嚴重口吃的明憲宗朱見深為《貞觀政要》作序，一開頭就說：「朕惟三代而後，治功莫盛於唐。而唐三百年間，尤莫若貞觀之盛。」他在分析貞觀之治產生的原因時，寫道：「誠乙太宗克己，勵精圖治於其上，而群臣如魏徵輩感其知遇之隆，相與獻可替否以輔治於下。君明臣良，其獨盛也宜矣。」到了十八世紀，歷史上最喜歡作詩的皇帝清高宗弘曆歸納道，良好的君道在於知人和安民，這是千古帝王治世之要道。貞觀君臣不僅做到了屈己納諫與任賢使能，還注意恭儉節用與寬厚愛民，所以貞觀君道能呈現空前絕後之繁盛，為歷代帝王君道之冠。

此後，唐帝國開始了二百多年的統治，設首都於長安，隨後又以東都洛陽和北都太原為陪都，與長安合稱「三都」，其中的長安和洛陽又被稱為「西京」和「東京」。在其鼎盛時的西元七世紀，中亞的綠洲地帶亦受唐支配，一度建立了南至羅伏州（今越南河靜省）、北括玄闕州〔今俄羅斯安加拉河（Angara River）流域〕、西及安息州〔今烏茲別克西南部大城布哈拉（Bukhara）」、東臨哥勿州（今吉林通化）的遼闊疆域，國土面積達一千零七十六萬平方公里。據保守估計，其鼎盛時期的天寶年間（七四二－七五五年），全國人口達八千萬人之多，在歷經安史之亂和黃巢之亂後，晚唐（九世紀末）人口仍保持在該數字。

唐朝也是繼秦漢、隋以來，第一個不築長城的統一王朝。

唐朝前後存世二百七十四年（六一八－六九〇年，七〇五－九〇七年），傳位二十一代。唐朝全盛時在文化、政治、經濟、外交等方面都達到了很高的成就，是中國歷史上的盛世之一，也是當時世界的強國之一。那時的新羅、高句麗、百濟、渤海國和日本等周邊屬國，在政治體制與文化、律令等方面都受到唐朝的很大影響。

## 士族

流離失所的人們剛剛接受只存在了三十七年的隋朝（五八一－六一八年）人的身分，便很快被時代的洪流裹挾，成為新鮮的唐人。這個新立的國家完全繼承了統一南北朝的隋帝國的疆域、帝都、人才，甚至生活傳統。除了眾所周知的唐皇室和隋皇室之間千絲萬縷的親戚關係，唐太宗李世民還娶了隋煬帝楊廣的女兒楊妃，楊妃為李世民生下了吳王李恪、蜀王李愔。而隋煬帝的皇后蕭氏在唐貞觀四年（六三〇年），李世民破東突厥後，也被迎回長安。宇文士及、封德彝、蕭瑀、裴矩等隋朝的重臣，此刻也成為唐初的重臣。這些隋臣勢力龐大，一度影響了唐太宗李世民的立儲——楊妃的兒子吳王李恪，一人身兼楊隋、李唐和獨孤氏三家之血脈，一度無限接近大唐帝國的皇位。

但這些出入唐代宮廷的達官貴人，只是帝國表面的勢力，在他們的身後，則是曾經影

唐五學士圖／南宋／劉松年（傳）／臺北故宮博物院藏。畫作描繪唐學士陸元朗、孔穎達、李玄道、房玄齡、蘇勖五人燕居文會時的情景。

響中國數千年歷史進程的「門閥士族」。唐初士族延續南北朝士族門閥的輝煌，主要有四個地域集團，並各有所「尚」，也就是說，為了保證某種血統的純淨或某種利益的一致，婚娶都有固定的對象：山東士族尚姻婭，江左士族尚人物，關中士族尚冠冕，代北士族尚貴戚。李唐起自關中，唐政權中關隴士族最強，左右著唐初的政局，貞觀朝大臣房玄齡、魏徵、李勣都爭相與山東士族聯姻。士族勢力的強大，對皇權不利，唐太宗尤其不能容忍山東士族凌駕於自己所屬的關隴士族之上。為此，他命高士廉等刊正姓氏，修撰《氏族志》，以李氏皇族為首，外戚次之，山東士族被降為第三等。李氏成為唐帝國第一大士族門閥，唐長安皇族宗室人口至少在三萬人，到了開元、天寶中，宦官五千人至一萬人，宮女約五萬人，官奴婢約三萬人，工匠樂戶三萬人至四萬人，皇室及其服務人口大約十五萬人。

有唐一代，李氏皇朝不斷地抬舉庶族，消弭士族對帝國的影響力，但收效甚微。河北崔、盧、李、鄭等大族仍然堅持傳統的家門風教，在婚姻上自矜高貴，這一點頗似歐洲的貴族。

一九一〇年五月的一個上午，英國國王愛德華七世（Edward Ⅶ），這個有著「歐洲之伯」（Uncle of Europe）稱號的國王出殯，在送葬的隊伍中，有九位歐洲國家的帝王，五位等待繼位的王儲，四十多位皇室貴胄，七位皇后（其中三位是執政，餘為帝王遺孀）。他們代表了幾十個國家，但他們大都是親戚，有著錯綜複雜的血緣關係。人們常用「藍血」（sang bleu）來形容歐洲貴族，「藍血貴族」源自西班牙王室。古老的西班牙人認為貴族身上流淌著藍色的血液。那時古老的卡斯提爾（Castilla）貴族宣稱自己的血統最為高貴、純正。貴族常自豪地挽起袖管，展示自己雪白的小臂上清晰可見的藍色靜脈血管，這與膚色黝黑的摩爾人（Moro）大不相同。他們不從事體力勞動，所以膚白如雪，貴族由此顯示自己與「勞動者」的根本區別。

臺灣歷史學家陳弱水曾經撰文，就《太平廣記》卷三三二收錄的《唐晅》（出自唐人陳劭《通幽記》）來探究唐代士族的婚姻與血統。《唐晅》的開端，是對唐家和張家婚姻狀況的簡單敘述：

**唐晅者，晉昌人也。其姑適張恭，即安定張軌之後，隱居滑州衛南，人多重之。有子三人，進士擢第。女三人，長適辛氏，次適梁氏。小女姑鐘念，習以詩禮，頗有令德。開元中，父亡，哀毀過禮，晅常慕之，及終制，乃娶焉，而留之衛南莊。**

文中的唐晅是晉昌人，晉昌唐氏為中古隴西名族，崛起於十六國時期的涼州地區，遠祖唐瑤是李暠建立西涼的重要支持者，後來在北魏、北齊、北周、隋朝政權，都有此族人士擔任高官。在唐代初期和中期，晉昌唐氏仍然活躍。志怪小說集《冥報記》作者唐臨（任官於高祖至高宗朝）和中宗朝宰相唐休璟，都出身這個宗族。至於張家，《唐晅》說張恭是安定張軌之後，張軌應是前涼政權的創建者張軌，張軌乃安定烏氏（今甘肅平涼）人，他和他的子孫在西元四世紀以姑臧（今甘肅武威）為中心，統治河西走廊七十多年，在當地擁有龐大的勢力。

這些士族，只跟與自己有著同樣顯赫家世、歷史的望族通婚，甚至連皇族都不屑一顧。《舊唐書》卷一四七《杜佑傳・附杜悰傳》記載，元和九年（八一四年），憲宗為長女岐陽公主選駙馬，「令宰臣於卿士家選尚文雅之士可居清列者。初於文學後進中選擇，皆辭疾不應，唯悰願焉」。憲宗選尚公主，士族子弟都以有病為藉口推辭，由此可以清楚地看出唐代士族骨子裡的驕傲。

然而，這些驕傲得連皇家婚姻都不願接受的士族，在唐末遇到了數千年間罕有的打擊。屢次科舉均以落第告終的黃巢，以極其慘烈的手段報復了那些沒有接受他的士族。據記載，當黃巢的軍隊進入長安的時候，「居數日，各出大掠，焚市肆，殺人滿街，巢不能禁。尤憎官吏，得者皆殺之」，而且就在入宮前一天，「黃巢殺唐宗室在長安者無遺類」（《資治通鑑》卷二五四）。

天祐二年（九〇五年）二月，唐王朝的終結者朱溫對李唐宗室諸王大開殺戒。他命心腹蔣玄暉邀請昭宗之子德王李裕、棣王李祤、虔王李禊、遂王李禕、景王李祕、祁王李祺、瓊王李祥等九人，在洛苑的九曲池旁擺下酒宴，將九王一一灌醉，然後用繩子勒死，屍體則扔進九曲池裡。同一年，謀士李振——撒馬爾罕安國人，同時是一位連續不第的士子——

對朱溫說：「此輩自謂清流，宜投於黃河，永為濁流。」朱溫笑而從之，於滑州白馬驛（今河南滑縣境內），一夕盡殺左僕射裴樞、靜海軍節度使獨孤損、右僕射裴贄、右僕射崔遠、吏部尚書陸扆、工部尚書王溥、守太保致仕趙崇、兵部侍郎王贊等「衣冠清流」三十餘人，投屍於河，史稱「白馬之禍」。

李振因此事被唐人視為「鴟鴞」（古書上指貓頭鷹，傳說它聞到大限將至的氣味便會開始啼叫，因此被認作不祥之鳥）。李振也作為後梁的大臣而榮耀一時，直到後唐莊宗李存勗滅梁，他變節投降，但不被接納而身死。

糾結著流品、科名、門第、婚姻、血統的士庶之爭，在唐末綿延的殺戮中得到解決，士族的輝煌時代也隨著大唐王朝的消亡逐漸式微。

## 文官系統

士族門閥出身的李唐皇朝開創了中國歷史上最完備的文官系統，這種制度不僅使古老的帝國運轉有序，也對後世乃至當代的文官制度產生了重要影響。

文官系統運轉的機制是中樞制度，也就是三省六部制，而官員的官階從正一品到從九品多達三十階。唐朝規定每年冬季對文官進行一次考核，凡屬吏部考功司考核的文官，在考核前必須做好充分的準備。考核標準分為「四善」（德義有聞、清慎明若、公平可稱、恪勤匪懈）和「二十七最」，根據不同的官職和職掌提出不同的考核才能的標準。此外，官員升遷也有一套系統，唐政府規定，京官五品以上，台省官及地方都管、刺史在任內須經三次年考，六品以下官吏及縣令須經四次年考，才有資格參加文官的銓敘，歷年考核成績的累計，方是文官銓敘和遷轉的主要依據，龐大的帝國機器正是依賴如此完整的系統才得以運轉。

科舉制度則是世界上最早的文官考試選拔制度，這一制度創於隋朝，在唐朝確立和完備。取士之科不像明清考八股文，而是分秀才、進士、俊士、明經、明法、明書、明算等科，其他醫、卜、星、相、琴、棋、書、畫均可登科，其中以明經科及專以詩賦取士的進士科最為士流所重。唐代進士錄取人數少則幾人，多則三四十人，科舉的應試資格不是一層層考試上來，而是要有「文名」。當時有一種名為「求知己」的風氣，也叫行卷，就是應試的舉子將自己的文學創作加以編輯，寫成卷軸，在考試以前送呈當時在社會、政界和文壇上有地位的人，請求他們向主司即主持考試的禮部侍郎推薦，從而增加自己及第希望的一種手段。唐人薛用弱《集異記》記載，王維曾由岐王李范引薦而向太平公主行卷，深受賞識，由此奪魁。

參與這種文官選拔考試的，除了唐人，還有胡人和遣唐使。《全唐文》卷七六七陳黯《華心》一文有記載：「大中初年（八四七年），大梁連帥范陽公（指汴州刺史、宣武軍節度使盧鈞）得大食國（指阿拉伯帝國）人李彥升，薦於闕下。天子詔春司（指禮部主試

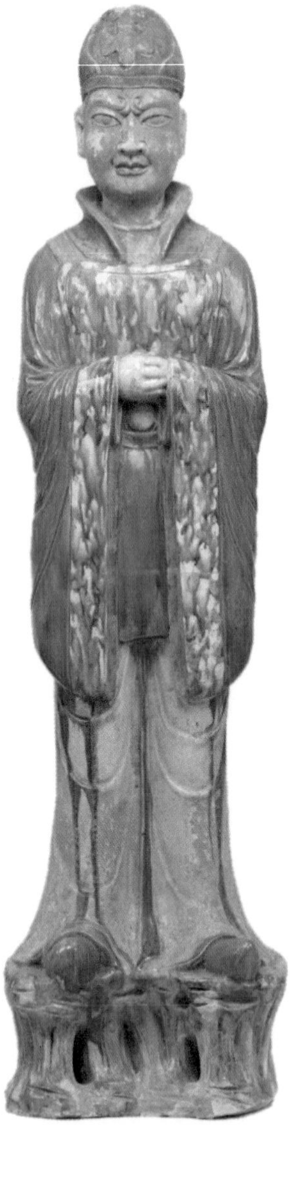

唐三彩文官俑／日本東京國立博物館藏

春遊晚歸圖（局部）／宋／佚名／故宮博物館院藏
圖中官員身上所配為魚袋。

官）考其才。二年以進士第，名顯然，常所賓貢者不得擬。」據北宋人錢易《南部新書》卷三記載，自大中年始，禮部每年放榜公布的錄取名單中，都會有兩三個姓氏稀僻的「色目人」（又稱「榜花」）。因科考而名垂史冊的則是一個日本人和一個新羅人。開元年間，日本遣唐使阿倍仲麻呂（漢名朝衡，或作晁衡）就參加了科舉，一舉高中，擔任左春坊司經局校書，後來官至秘書監、安南都護，死在唐朝。乾符元年（八七四年），新羅人崔致遠參加科舉考試，一舉及第。他游宦大唐十餘年，著作頗豐，回國後狀進於唐者達二十八卷之多，被譽朝鮮半島的啟蒙人物。

在西方，英國是最早形成文官系統的國家，而東印度公司（British East India Company）職員任用制度成為英國文官選拔制度的開始，此一制度的形成，便有著中國科舉的影子。一八五四年七月，英國議會派遣麥考萊（Baron Macaulay）等三人組成委員會調查東印度公司任用制度。委員會提交了著名的《麥考萊報告》（The Macaulay Report）：職員任用須經公司競爭考試，以牛津、劍橋兩大學的課程為標準，考試及格後再受訓二年，期滿按成績分配工作。

這一報告影響至深，英國行政部門流行的「通才教育」傳統可追溯於此。其實，東印度公司的改革還源於中國人的建議，東印度公司因在廣州的公司人員的建議，先後在英國設立學校（一八〇六年）訓練行政人員，經考試後派印度任職。

仿韓滉七才子過關圖／清／丁觀鵬／臺北故宮博物院藏

即使有如此完備的文官系統，唐代仍然避免不了冗官的產生，這也是這套文官系統最大的弊病，後世中國基本沿襲了唐代的文官體系，冗官問題也一直影響到現代。據《新唐書．百官志一》記載：「初，太宗省內外官，定制為七百三十員，曰：『吾以此待天下賢材，足矣！』」《舊唐書．曹確傳》稱「太宗初定官品令，文武官共六百四十三員」，較前者說的還要少。時隔一百六七十年，杜佑「建中中忝居戶部，專掌邦賦」時所著《通典》的記載，已經是「都計文武官及諸色胥史等，總三十六萬八千六百六十八人」。事繁官冗，導致職業良心和責任心的泯滅，唐帝國再也沒有貞觀朝、則天朝及開元、天寶時敢於擔當的能官精吏，國家政治的運行逐漸走向根本無法挽救的敗局。

## 服制與絲綢

為了鞏固文官體系，唐朝為官員設置了嚴格區別的官服來體現這套系統的威嚴：三品以上紫袍，佩金魚袋；五品以上緋袍，佩銀魚袋；六品以下綠袍，無魚袋。官吏有職務高而品級低的，仍按照原品服色。如任宰相而不到三品的，其官銜中必帶「賜紫金魚袋」的字樣；州的長官刺史，亦不拘品級，都穿緋袍。這種服飾制度，到清代才完全廢除。

沒有進官場的士子也有著獨特的服飾：大多頭戴幞頭或席帽，身著白色圓領襴衫，有時外加半臂，繫腰帶，足著履。唐人小說《櫻桃青衣》（《太平廣記》卷二八一《夢六．夢遊上》）敘述一位屢試不中的士人，行至一精舍中，聽僧人講道，倦而入夢，他夢見自己遇貴人，中舉又娶妻，忽然夢醒時，「乃見著白衫，服飾如故」。這些登科未授官的士子，雖然仍是一襲白衫，但不久即飛黃騰達的可能性很大，因此進士及第的士人，被尊稱「白衣公卿」或「一品白衫」。而一般官吏日常或宴客時，也穿白色圓領襴衫。

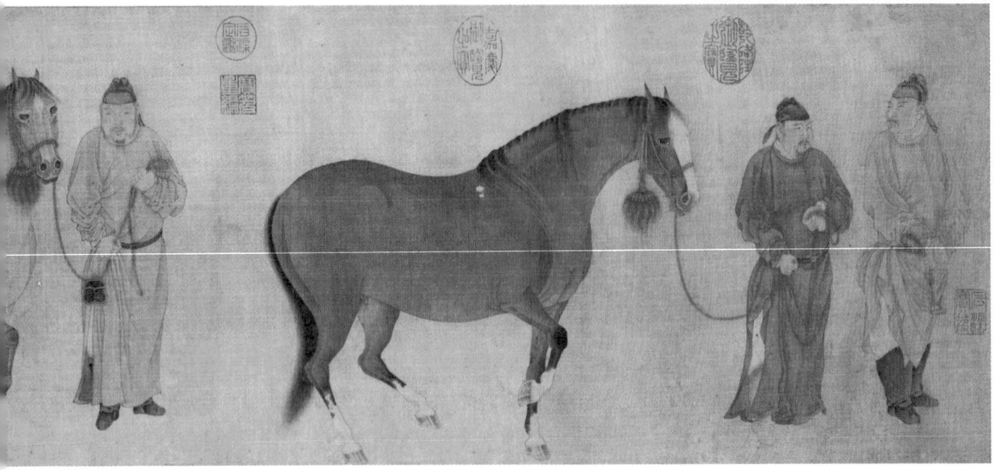

三駿圖／元／任仁發／美國克利夫蘭藝術博物館藏

但唐代國運走到晚期，百病叢生，原來經常穿明亮輕快的白袍士人，到末世流行低調的黑色，喜歡穿紫綠、墨紫等毫無明朗氣象的服色。而到了唐末叛兵起時，不論士庶，均穿上皂色衣服，可見著衣不僅僅是一種時尚，亦是一國之社會變化的直接體現。

實際上，唐代社會穩定之後，人們的服飾呈現多元化的發展，再加上胡服的引入，唐人的穿衣時尚名目極其繁多，而這也帶動了紡織業的發展。出產於浙江紹興的繚綾是一種精美的絲織品，鋪在地上有白煙花簇雪的視覺衝擊，用它做成「昭陽舞人」的「舞衣」，價值「千金」。唐朝博物學家、號稱「天隨子」的陸龜蒙在他所寫的《紀錦裙》一文中，敘述了他見到的一件古錦裙，歷史至少有三百年了。裙子前幅左邊織有二十隻勢如飛起的鶴，每隻都是折著一條腿，口中銜著草花；右面織有二十隻聳肩舒尾的鸚鵡。兩種鳥類的大小不一，中間布滿了五光十色的花卉。

和我們後世的絲綢出於江南不同，唐代的北方才是絲綢主要產地。河南道仙、滑二州的方紋綾，豫州的雞鶒綾、雙絲綾，兗州的鏡花綾，青州的仙文綾；河北道恆州的孔雀羅、春羅，定州的兩窠紬綾；山南道荊州的交梭縠子，閬州的重蓮綾；劍南道益、蜀二州的單絲羅，益州的高杼衫緞，遂州的樗蒲綾，都是花色綺麗的貴族使用的絲織品。

唐代著名的紡織品還有地毯。唐人把地毯稱為「地衣」，室內仍以席為主，人們的主流坐姿仍然是席地而坐。席地坐不一定就是跪坐（正坐），還可以盤腿坐，古人稱胡坐。普通人家地上鋪有草席，尊貴人家才可能鋪地毯。今天，世界上有超過一半的人口依然採用跪坐的生活方式，比如韓國、日本、印度，比如中亞和西亞（唐代的西域諸國）。

唐人秦韜玉的《豪家》描寫了唐代豪門的生活場景：「石甃通渠引御波，綠槐陰里五侯家。地衣鎮角香獅子，簾額侵鉤繡辟邪。按徹清歌天未曉，飲回深院漏猶賒。四鄰池館吞將盡，尚自堆金為買花。」那個時代，欣賞歌舞的時候，一定要先在地上鋪一張地毯，由獅子造型的香獸壓在四角，然後由舞伎在地毯上表演舞蹈。宋人洪芻在《香譜・水浮香》中記載：「香獸，以塗金為狻猊、麒麟、鳧鴨之狀，空中以然香，使煙自口出，以為玩好。復有雕木埏土為之者。」香獸其實就是熏香爐。今天，日本奈良正倉院就保存有唐代皇帝送給日本皇室的毛製花毯。

日本作家辻原登在其歷史小說《飛翔的麒麟》中記載了這樣一個故事。花萼樓是興慶宮中最大、最奢華的宴會廳，現在玄宗住在這裡，並在此處理政務……地上交錯鑲嵌著黑白大理石，中間鋪著一張巨大的橢圓形波斯地毯。這是為一年一度的大型晚會而專門從內務倉庫拿出來的。這張地毯是太宗在位時，由薩珊王朝的波斯王庫思老二世（Khosrau II，《隋書》作「庫薩和」）進貢的。它為絲綢面料，寬二十五公尺，長四十三公尺，上面裝飾著很多金、銀、寶石。地毯的圖案是春天的庭園，上面有鮮花、果實、道路、小河和修道院等，被譽為「庫思老之春」。以前，在薩珊王朝波斯國首都泰西封（阿拉伯語「Madain」）的王宮中，也曾鋪有一張同樣的地毯。這種代表著波斯文化精髓的「庫思老之春」地毯，在阿拉伯人攻陷波斯後，被當作戰利品，分割成四十公分見方的小片，分給了一萬名士兵。在巴格達市場上，每片售價二十萬第納爾（Dinar），相當於一個士兵二十年的收入。

但潮流似乎往往是逆向而動的，在綾羅綢緞風靡之後，逐漸有一些唐人流行穿布衣，其中最有名的是產自帝國遙遠南疆桂林的桂布。「桂布」實際上是麻布，在文宗朝是流行一時的服裝布料。唐佚名筆記《玉泉子》記載：「夏侯孜為左拾遺，常著桂管布衫朝謁。開成中，文宗無忌諱，好文，問孜衫何太粗澀？具言桂管產，此布厚，可以禦寒。他日，上問宰相：『朕察拾遺夏侯孜，必貞介之士。』宰相

弈棋仕女圖／唐／佚名／新疆阿斯塔那墓出土

曰：『其行，今之顏冉。』上嗟嘆，亦效著桂管布，滿朝皆仿之，此布為之驟貴也。」一時間，長安城人皆著桂布。其中，最喜歡桂布的則是白居易，他寫了一首《新製布裘》，讚嘆自己新做的衣服：「桂布白似雪，吳綿軟於雲。布重綿且厚，為裘有餘溫。朝擁坐至暮，夜覆眠達晨。誰知嚴冬月，支體暖如春。中夕忽有念，撫裘起逡巡。丈夫貴兼濟，豈獨善一身。安得萬里裘，蓋裹周四垠。穩暖皆如我，天下無寒人。」而且，桂布所做的衣服已經成了他生活中的最愛，其《枕上作》寫道：「腹空先進松花酒，膝冷重裝桂布裘。」

## 低下階層唐人

普通的唐人當然穿不起絲綢，低下階層唐人穿的是用麻、毛織成的「粗褐」。初唐時期有一位詩僧，叫作王梵志。此人是唐代詩人中的異類，專寫一些俚俗打油詩，用語直白。但其中很多詩，放在今天都是極其重要的史料。比如有一首《貧窮田舍漢》就提到了唐代普通農家的生活：「貧窮田舍漢，庵子極孤恓……婦即客舂擣，夫即客扶犁……幞頭巾子露，衫破肚皮開。體上無褌袴，足下復無鞋。」貧窮的老百姓，一般戴幞頭巾子，穿粗褐衫，唐代有專門做幞頭的羅，稱為「幞頭羅」。褌指合襠褲，一般當內褲穿。《急就篇》顏師古注曰：「袴合襠謂之褌，最親身者也。」但按敦煌文書的記載，有窮人直接把褌當外褲來穿的。

好一點兒的人家，幞頭、汗衫、外袍、褌袴，再配一雙皮靴，這就是典型的唐人裝束了。新疆阿斯塔那唐墓出土的皮靴，鞋面用皮革，鞋內襯氈，麻線縫綴，顯得非常結實。

對、領、腰、兩、頂是唐人用於服裝的一組量詞，如敦煌契約文書中記載，「春〔衣〕壹對，汗衫壹領，褸襠壹腰，皮鞋壹兩」（《康保住雇工契》），「鶴子皮裘壹領……紫綾履壹量」，「白綾襪壹量……獨織紫綾壯襖子壹領……紫羅廬山冒（帽）子壹頂」（《沙州僧崇恩處分遺物憑據》）。春衣一對即一套，包括上衣下裳。如果光是上衣，則以「領」為計算單位；袴、裙、縵襠之類用「腰」，或簡寫為「要」；鞋襪必須成雙，用「緉」，通常簡寫為「兩」，也有俗寫為「量」者；帽子用「頂」。另外，有時甚至包括鞋子在內的所有衣服，湊成一整套，也可稱為「壹對」（《李員昌雇工契》）。

劉禹錫《為京兆韋尹降誕日進衣狀》寫得更清楚一些：「衣一副四事：黃折造衫一領，白吳綾汗衫一領，白花羅半臂一領，白花羅袴一腰。」一套衣服共四件，分別是衫、汗衫、半臂及袴。降誕日實際上就是皇帝生日，劉禹錫這篇文章是代韋姓京兆尹在皇帝壽辰上禮時寫的清單賀詞。

然而，對於唐人的居所、建築、宮殿、樓臺、城牆，今天已經難以見到實物了，唐人留於後世者，除了冠絕百世的唐詩、唐傳奇，就是汗牛充棟的典籍文卷了。唐代是一個手抄本的時代，法國漢學家保羅·伯希和（Paul Pelliot）和英國漢學家馬爾克·奧萊爾·斯

稻

粟

攆茶圖／南宋／劉松年／臺北故宮博物院藏

坦因（Marc Aurel Stein）在敦煌發現的唐代佛經寫本，幾乎全是卷軸式的文書手卷。那個如日中天的帝國，有著瑰麗的都城、繁華的集市以及莊園，但留下的實物除卻陪葬的明器（冥器），便是紙質的文書手卷和畫作，戰爭的災難，實在令人嘆息。

貞元十九年（八〇三年），白居易為校書郎，租用住宅為「茅屋四五間，一馬二僕夫」，「窗前有竹玩，門外有酒酤」。居住條件都較為簡單，堂室不分。北方住宅大多為夯土垣牆，木屋架上覆以茅草，覆瓦的住宅則屬於富人。從敦煌壁畫和其他繪畫中可以看到，唐代貴族宅第的大門採用烏頭門形式，宅內以回廊組成庭院，通常在兩座主要房屋之間用有直櫺窗的回廊連接為四合院。至於鄉村住宅則不用回廊而以房屋圍繞，構成平面狹長的四合院；此外，還有木籬茅屋的簡單三合院，布局比較緊湊，草堂三間，中間前簷敞開，用兩柱，兩邊間隔為室，室前後簷都開窗，窗下牆為編竹抹泥，窗用紙糊，窗外雜植花木。

至於飯食，唐代北人以粟米飯為主，南人以稻米飯為主，後世的中國，小麥一統北方，成為極其重要的糧食，但在唐代，還是粟米的天下。粟米便是小米，唐人熟悉的稱呼還有黃粱。唐人沈既濟《枕中記》載，有一個盧生在邯鄲旅店中晝寢入夢，歷盡富貴榮華，一覺醒來，主人黃粱尚未熟。日本作家芥川龍之介據此寫過短篇小說《黃粱夢》：「道士呂翁依然坐於枕畔，店家煮的黃米飯尚未熟。盧生揉揉眼睛，大大打個哈欠，離開青瓷枕。太陽照在木葉盡脫的禿枝上，邯鄲的秋日傍晚，畢竟有些涼意。」

南人則熱衷於吃青精飯，將杜鵑花科的灌木南燭枝葉搗碎出汁後，用來浸泡白米，蒸熟後又曬乾，米粒便成了青色。道士說這種飯是滋補養氣的，以至人人搶食，青精飯成為當時的常備食品。

相對而言，貴族的飲食要考究得多了，夏天有用水晶飯（糯米）、龍睛粉、龍腦末（冰片）、牛酪漿調製後放入冰池冷卻的清風飯，日常尚有將肉絲、雞蛋等雜味湯汁澆到黃米飯上的「御黃王母飯」。菜品則分三等，上等乃皇家及門閥大宴時的菜品；中檔菜有隋代流傳下來的魚乾膾、咄嗟膾、渾羊歿忽、金齏玉膾，以及白沙龍、炙、串脯、生羊膾、飛鸞膾、紅虯脯、湯丸、寒具、昆味、攛雙丞、葫蘆雞、黃金雞、族味、鯢魚炙、剔縷雞、羊臂、熱洛河、菊香齏、蘆服、含鳳、石首含肚、清風飯、無心炙等；低檔菜是一些大眾食品，有千金圓、烏雌雞湯、黃耆羊肉、醋芹、雜糕、百歲羹、鴨腳羹、酉羹、杏酪、羊酪、黃兒、黑兒、防風粥、神仙粥、麥飯、松花餅、長生麵、麵繭、五福餅、消災餅、古樓子、齎字五色餅、玉尖麵、細供歿忽羊羹等。

其中的雜糕，是孫思邈建議的製作法，即將豬肚、豬腸內填澱粉、肉末，配製花椒、茴香、肉桂等調味藥品。後來店家把孫思邈所贈藥葫蘆懸掛在店門口，雜糕也有了俗名，叫「葫蘆頭」。今日在西安，除了有羊肉泡饃，尚有「葫蘆頭泡饃」。葫蘆頭，即豬大腸與小腸連接處的肥腸，因其熟後收縮狀似葫蘆頭，故名。葫蘆頭泡饃即以此段肥腸與掰碎的飥飥饃加其他輔料、調料，用滾沸的肉湯泡（澆泡）製成。

飯餘，唐人尚喜歡飲茶，「茶興於唐，盛於宋」。和我們今天喝的茶不一樣，唐人飲用的是茶餅，飲用時，先將茶餅放在火上烤炙。然後用茶碾將茶餅碾碎成粉末，再用篩子篩成細末，放到開水中去煮。煮時，水剛開，水面出現細小的水珠像魚眼一樣，並「微有聲」，稱為一沸。此時加入一些鹽到水中調味。當鍋邊水泡「如湧泉連珠」時，為二沸，這時要用瓢舀出一瓢開水備用，以竹筴在鍋中心攪拌，然後將茶末從中心倒進去。稍後，鍋中的茶水「騰波鼓浪」，「勢若奔濤濺沫」，稱為三沸，此時要將剛才舀出來的那瓢水再倒進鍋裡，一鍋茶湯就算煮好了。

唐人飲茶尚需就著茶點相送，這些茶點名目繁多，美味異常，有粽子、餛飩、麵點糕餅等常見的小食。還有一些今天不常見的，比如蒸筍，放在一個小瓦罐中，與飯同蒸；消靈炙，是一種很特殊的食物，它用料只取羊腿肉的四兩（最精華的部分）製成；小天酥，是一種用剁成碎粒的雞肉或鹿肉拌上米粉炸成的食物。

今天的中國，茶雖然為國飲，但只是作為一種飲料，倒是英國人的下午茶頗似唐代飲茶，有茶點相伴。傳統英式下午茶總是在三層銀盤上擺滿令人食欲大動的佐茶點心，一般有三道精美的茶點：最下層是夾著燻鮭魚、火腿、小黃瓜、美乃滋的條形三明治，第二層則放英式圓形鬆搭配果醬或奶油，最上層則是放置時節性的水果塔。

## 水果

根據唐代阿拉伯商人蘇萊曼（Sulaymān al-Tajir）等人的見聞所撰的《中國印度見聞錄》（*Relation de la Chine et de L'Inde/Akhbār al-Sīn wa'l-Hind*），記載了唐人的水果：「中國人的糧食是白米，有時，也把菜餚放入米飯再吃。王公則吃上等好的麵包及各種動物的肉……水果有蘋果、桃子、枸櫞果實、百子石榴、榲桲、鴨梨、香蕉、甘蔗、西瓜、無花果、葡萄、黃瓜、睡蓮、核桃仁、扁桃、榛子、黃連木、李子、黃杏、花楸核，還有甘露椰子果。」

其中一些水果，今天不再食用。枸櫞，唐人陳藏器《本草拾遺》記載：「枸櫞生嶺南。大葉，柑橘屬也。子大如盞。味辛、酸，性溫。皮，去氣，除心頭痰水，無別功。」《本草圖經》曰：「又有一種枸櫞，如小瓜狀，皮若橙而光澤可愛，肉甚厚，切如蘿蔔。雖味短而香

紫鉚樹

安息香

龍腦香

唐永泰公主墓壁畫
右二女子手上所持為金桃。

香櫞

氛，大勝柑橘之類。置衣笥中，則數日香不歇。」今天很少人知道枸櫞可以食用，更多的是知道它作為一種藥物提取枸櫞酸。唐人劉恂《嶺表錄異》卷中記載：「枸櫞子，形如瓜，皮似橙而金色，故人重之，愛其香氣。京輦豪貴家飣盤筵，憐其遠方異果。肉甚厚，白如蘿蔔。南中女工競取其肉，雕鏤花鳥，浸之蜂蜜，點以胭脂，擅其妙巧，亦不讓湘中人鏤木瓜也。」枸櫞有一股誘人的清香味，但是味道很酸，不好食用。然而，經過巧妙的加工之後，枸櫞子馬上身價倍增，一躍成為京城豪貴宴席上的珍品。歷史上的南中指今天的雲南、貴州和四川西南部。原來，當地女工採收後取果肉，雕鏤水果的外形，用蜜漬降低水果的酸味，點染討喜的紅色，使其成為色彩絢麗、酸甜可口、香氣襲人的美食。

榅桲，也就是木梨，鮮食時具有特殊的清香味，原產於中亞。《本草拾遺》記載：「榅桲，樹如林檎（今沙果），花白綠色。」《唐於闐某寺某年陰曆十月到次年元月支出簿》

（一九〇八年英人斯坦因在於闐發掘所獲帳冊殘頁）記載了僧侶冬季作為副食品的乾果消耗量，其中一條寫道：「榲桲伍拾顆，四十五文。」榲桲在當時是價格較高的果品，寺院購進兩批，一次供齋，一次供看燈官僚食用。今天，榲桲仍然是新疆手抓飯的重要作料，其味鮮美，被視為上等食品。而在內陸，榲桲一般不食用，而是作為嫁接西洋梨的砧木，但用它的果實做成的蜜餞榲桲則十分香甜。

至於睡蓮的食用，恐怕是筆誤，或者指稱另外一種植物，我們知道，睡蓮是作為觀賞植物存在的。

花楸今天也是當作一種藥用植物，但其外觀非常美麗，果實是一串一串紅色的晶瑩小果子，俄羅斯人便非常喜愛花楸。普希金在《葉甫蓋尼·奧涅金》（*Yevgény Onégin*）中寫道：「我渴望見到另一番景象：我喜歡沙丘、小木屋前的兩株花楸樹、小門和破殘的籬笆。」

胡人還帶來了一些唐人沒有見過的果樹和香木。段成式《酉陽雜俎》裡記載了許多外國樹木，比如「出波斯國」的龍腦香樹、安息香樹、無石子、紫鉀樹、阿魏、婆那娑樹、波斯棗、偏桃、盤碏穡樹、齊暾樹、香齊、波斯皂莢、沒樹、野悉蜜（前集卷十八「木篇」），以及「生西國」的胡榛子，大食勿斯離國生長的果實重達五六斤的石榴樹（續集卷十）。

其中最著名的水果則是唐貞觀九年（六三五年）十一月，康國撒馬爾罕的使臣帶來的金桃和銀桃，這種桃子「大如鵝卵，其色如金」，李世民把它們種植在皇家苑囿中，最終有沒有結果不得而知。但這種水果的確為後人帶來了無盡的想像空間，薛愛華（Edward Hetzel Schafer）的經典著作《撒馬爾罕的金桃：唐朝舶來品研究》（*The Golden Peaches of Samarkand:A Study of T'ang Exotics*）就以這種水果來命名。康國還有一個非常好聽的名字，叫薩末鞬，也寫作颯末建。

## 交通與送別

開元十八年（七三〇），漫遊吳越江南的孟浩然在杭州建德新安江上泊船夜宿，寫下詩句「移舟泊煙渚，日暮客愁新。野曠天低樹，江清月近人」，一種安詳靜謐但又深沉懷遠的鄉愁撲面而來。強盛的國力和安靖的社會，使唐人很喜歡遊歷，尤其是唐代的文人，遊歷成風。他們的足跡遍布帝國的東西南北。當時的陸路交通以長安為中心，重要的交通幹線東可達山東半島，西北直通西域，西南可到南詔，東北自太原經幽州可到山海關以東之地，南下可到桂林、廣州。

而當時，唐帝國還在黃河修建了中國帝制時代最長的大橋，也是黃河上最早的大橋——蒲津浮橋，這座純鐵建造的蒲津浮橋，渡口兩側各有四頭鐵牛，每尊鐵牛重達八萬斤左右，連同牽牛的鐵人、固定船隻的鐵柱以及鐵山、絞盤等物，耗用的生鐵相當於唐朝年產鐵量的百分之八十。到宋英宗治平年間，由於地震和黃河水患的同時破壞，鐵牛掉進了水裡，就發生了懷丙和尚撈鐵牛的故事。

至於出行工具，則是有嚴格的規定，《新唐書》卷二十四《車服志》記載，天子、皇后、皇太子、王公才可以乘車，餘皆以騎代車。普通的胥吏、商賈之妻、老者准乘葦輦車，就是用蘆葦席子做車篷的車輛。商賈、庶人、僧侶、道士不乘馬。同時，借著大運河、靈渠、廣通渠、新漕渠等運河，帝國形成了一個龐大的水運網路，舟楫成了帝國重要的交通工具。

得益於帝國的馬政，騎馬成了貴族或有錢人最主要的出行方式，但對於普通農家，「一馬伏櫪，當中家六口之食」。所以，唐代平民的騎乘之物乃是驢。騎驢在唐代又稱策蹇，賈島「推敲」的典故就是誕生在驢背上。而鬼才詩人李賀留給後世的印象則是「恆從小奚奴，騎距驢，背一古破錦囊，遇有所得，即書投囊中」（李商隱《李賀小傳》）。

西成歸樂圖／唐／韓滉（傳）／美國弗利爾美術館藏

在疆域廣大的帝國，驛站星羅棋布。每個驛站中，除了驛馬，還有大量的驛驢，因此唐朝的租車業——「賃驢」是很普遍的。日本僧人的記載是「五十文一天」。《通典》卷七述唐開元年間以長安、洛陽為中心的陸路交通景況：「東至宋、汴，西至岐州，夾路列店肆待客，酒饌豐溢。每店皆有驢賃客乘，倏忽數十里，謂之驛驢。南詣荊、襄，北至太原、范陽，西至蜀川、涼府，皆有店肆，以供商旅。遠適數千里，不持寸刃。」一千多年以後，毛驢仍然是北方地區重要的交通工具。一九三七年六月二十六日，梁思成、林徽因騎著毛驢來到山西五臺山腳下的豆村，在那裡發現了中國最有分量的唐代建築佛光寺。

有驛站，便會有驛館，唐代的大驛館相當於今日之星級飯店。當時天下最有名的驛館是褒城驛。這座驛館，廳堂庭廊極其宏麗，廳外有池沼，可以泛舟，也可垂釣，閒閒來還可憑欄賞月，景色迷人。唐人李肇寫的野史《唐國史補》卷下記載了這樣一則故事。江南有一個驛吏，請新到的刺史去參觀一處驛館。他先帶刺史進酒庫，看到各色美酒一應俱全，其外畫一神曰杜康。又帶刺史進茶庫，見各地名茶應有盡有，復有一神曰陸鴻漸（陸羽）。最後又來到葅庫，則是醃製好的各種醬菜，香味撲鼻，亦有一神曰蔡伯喈（蔡邕）。結果惹得刺史大笑道：「不必造神。」參觀後，這位刺史讚不絕口，十分滿意。

龐大的帝國、完善的交通體系和大量喜歡壯游的文人，構成了帝國旅途最主要的場景，因此唐人的詩歌中，往往有著一種深深的寂寞，這種寂寞便是鄉愁。而送別，則成了帝國最惆悵的禮儀。盛唐送別第一傷心地乃是咸陽，當時的咸陽，叫渭城，隸屬京畿道。唐人送別，東至三十里灞橋，西至四十里渭城，折柳依依，舉杯戚戚，曲終人散，別意無窮。

八達春遊圖／五代十國／趙喦／臺北故宮博物院藏

出了咸陽便是向西的絲綢之路，路上要經過吐蕃人的領地，穿過沙漠和戈壁，遠遠望見一座關，便是玉門關了。唐諸王孫李賀（他自稱宗室鄭王李亮的後裔）曾經在這裡寫下「衰蘭送客咸陽道，天若有情天亦老。攜盤獨出月荒涼，渭城已遠波聲小」的絕世名句。

在河南鞏縣詩人杜甫的眼中，在咸陽的送別則肅殺哀傷得多。咸陽橋橫跨渭河兩岸，為當時通往西域的大道。被征戍邊的百姓經常要由此經過，大隊人馬卷起來的塵埃，簇擁著大片黃雲朝前翻滾。整座咸陽橋在塵霧籠罩之下，兀自還未停息。杜甫見沿途草木枯黃，浮沙更多，走不多遠，鞋襪裡便裝了不少沙土，身上衣冠也漸染成黃色。離都城長安這樣近的所在竟是滿目荒涼，使人感到風塵之苦。他想起那年因送孫宰出為華原縣尉，曾來渭北。偶見暮雲春樹，懷念遠隔江東的李白，往日情景，依稀如在目前。彼時，農村雖已凋敝，墟裡炊煙猶映斜日，道旁高柳尚趁晚風。這一切，被杜甫記錄在了他的律詩《兵車行》中：「爺娘妻子走相送，塵埃不見咸陽橋。牽衣頓足攔道哭，哭聲直上干雲霄。」

據統計，唐代兩千多位詩人，幾乎每一位都寫過送別詩。在那些傳唱不衰的唐詩中，有許多都是別離之作。南宋人嚴羽在《滄浪詩話．詩評》中說：「唐人好詩，多是征戍、遷謫、行旅、離別之作，往往能感動激發人意。」武周時代，則天女皇召見了一位七歲的南海女子，命賦詩送其兄。女子「應聲而就」：「別路雲初起，離亭葉正飛。所嗟人異雁，不作一行歸。」連一個小女娃都有如此惆悵的送別之情，可見唐人的鄉愁是多麼綿長。黯然銷魂者，唯別而已矣。

## 雅言及旅居者

懷著愁緒羈旅在帝國土地上的唐人，說著雅言行走在帝國的各個角落。

「雅言」是古代通用語言，相當於現在的普通話，後人將古漢語通用的上古音係稱為「雅言」。漢語上古音指的是先秦兩漢時期的語音，一般以《詩經》音為代表；中古音指的是兩晉南北朝至隋唐幾百年間的漢語通語語音，一般以《切韻》音為代表。

如同今天的人們尚未完全破解那把記載古代音律的工尺譜一樣，對於唐代的官方語言至今沒有定論，我們唯一可以知曉的是，當時影響力最大的地方語言有兩種。其一乃北方雅言，有洛陽雅言、長安雅言兩種通行。長安雅言是長安化的北方雅言，和現今西安話差別較大，法國人馬伯樂（Henri Maspéro）著有《唐代長安方言考》（*Le dialect de Tch'ang-ngan sous les T'ang*）專門來探究唐代長安雅言。其二便是南方雅言，時有蘇州吳音、金陵雅言、揚州吳音通行。

對於傳統的中國來說，聲音是一種很難傳承的事物，和歐美語系的表音文字不同，漢語整體上是表意文字，透過象徵性圖形符號，表達語言中的詞或者語素的意義，對於讀音的傳遞則弱化很多。但歐美語系用數目不多的文字及字母便可表示一種文字裡有限的音位或音節，從而標識詞語聲音，繼而可以傳承讀音。數千年來，漢語不僅是讀音，詞語用法、句子結構等也都發生了很大的變化，因此，更多的唐音都蜷臥在今天中國各地方言裡，我們從一些和唐代有關聯的方言中，都會尋到些許古音。

七世紀到九世紀，一口唐音雅言的人們會發現自己的國家異常遼闊壯遠，唐人為了統治這龐大的疆域，在邊疆設置了六大都護府，包括安西都護府、北庭都護府、單于都護府、安北都護府、安東都護府、安南都護府。

在這些都護府中，因為安西都護府掌管西域，安東都護府緊鄰新羅，而備受唐人關注。在唐朝的外國留學生中，以新羅人為最多，而不是日本遣唐使或留學生。開成五年（八四〇年），結業歸國的新羅學生一次就達百餘人。八世紀到九世紀，在中國沿海地區形成了以新羅商人為主的新羅僑民的聚居區——新羅坊。九世紀上半葉來華的日本僧圓仁所撰的《入唐求法巡禮行記》中，保留了大量關於新羅坊的資料。據他記述，揚州、楚州、密州、海州、泗州、登州以及青州等地，都有新羅人居住。他們居住的街巷叫新羅坊，安置他們的旅店叫新羅館或新羅院，各地並設有管理新羅坊的勾當新羅所，其職員、譯員均由新羅人充任。據圓仁的記述，遍布在大唐的新羅人，務農者有之，煮鹽者有之，經營私驛者有之，擔任水手、導航者有之，造船者亦有之，他們大多長期居住，甚至終老在大唐。

在帝國的大城市中，儘管胡人帶來的西域甚至歐洲器物、特產深得貴族的喜愛，但終因絲綢之路遙遠艱難，貨量不是很大，大多只是流入皇家、貴族和大商人的家中，對於唐人來說，常見的是新羅的物產。在唐代，新羅物產居唐朝進口的首位。新羅商人給唐朝帶來牛、馬、苧麻布、紙、摺扇、人參等，從唐朝販回絲綢、茶葉、瓷器。

但其中最著名也是最殘忍的貿易，是販賣新羅婢——唐朝的富豪之家，大都非常希望能夠得到高麗、新羅國的少女作為貼身女婢、姬妾和演藝者。這些新羅美女和胡姬是帝國

統一新羅人物陶俑

最著名的美人群體。據唐人蘇鶚《杜陽雜編》卷中記載，敬宗寶曆二年（八二六年），淛（浙）東國貢舞女飛鸞、輕鳳，「修眉黟首，蘭氣融冶，冬不纊衣，夏不汗體。所食多荔枝榧實、金屑龍腦之類……每歌聲一發，如鸞鳳之音，百鳥莫不翔集其上。及觀於庭際，舞態豔逸，更非人間所有」。

薛愛華在《撒馬爾罕的金桃：唐朝舶來品研究》中講述了貞觀五年（六三一年）的一件事。彼時新羅向唐太宗貢獻了兩名絕色的女樂人，她們楚楚動人的秀髮就如同她們的音樂才能一樣出眾。唐太宗先是講了一些諸如「朕聞聲色之娛，不如好德」之類的格言，接著對站在一邊肅立恭聽的新羅使臣說他如何將林邑貢獻給唐朝皇室的兩隻白鸚鵡送回了本土，最後，他鄭重地宣布，這些美貌可愛的少女比外國來的鸚鵡更使人同情，所以必須將她們送回新羅。

高麗、新羅的奴隸貿易養活了大批黃海水域的海盜，也引起了朝鮮半島政權的反對。長慶元年（八二一年）三月，平盧節度使薛蘋專門向朝廷報告海盜詃掠新羅「良口」，到平盧管界登、萊等州及緣海諸道賣為奴婢一事，稱此前朝廷已有制敕禁斷掠賣新羅人口，

統一新羅女子俑

但是收效不著，請求唐穆宗特降明敕，「起今已後，緣海諸道，應有上件賊該賣新羅良人等，一切禁斷。請所在觀察使嚴加捉搦，如有違犯，便准法斷」。兩年之後，新羅國使金柱弼進狀，稱禁賣令生效之後，新羅奴婢老弱者「棲棲無家，多寄傍海村鄉，願歸無路」，請求唐朝發公文給諸道沿海州縣，利用便船將他們送歸新羅（《唐會要》卷八十六《奴婢》）。掠賣到唐朝境內的新羅奴婢數量是相當大的，武寧軍小將張保皋來自新羅，他在離職歸國之後，向哀莊王奏稱「遍中國以新羅人為奴婢」。

唐太宗李世民昭陵前的十四國酋長、蕃王石刻像中便有一位新羅女子——新羅樂浪郡王金真德。金真德是新羅王金真平之女，著名的新羅第一位女主——善德女王之妹，於貞觀二十一年（六四七年）成為新羅女王，加授柱國，封樂浪郡王。這位女王是一位文武雙全的女子，在高宗永徽元年（六五〇年），率領新羅軍隊大敗百濟。似乎她也擅長文學，《全唐詩》卷七九七存有她的一首讚美唐朝的《太平詩》，開頭寫道：「大唐開鴻業，巍巍皇猷昌。止戈戎衣定，修文繼百王。」至於金真德的容貌，史籍並沒有記載，估計和韓國電視劇《善德女王》中的女王扮演者李瑤媛一樣，是一位皇家御姐吧！

## 中日第一戰

在唐代，為了援助附屬國新羅，中原王朝第一次和倭國（日本）有了戰爭記錄，這也是「史書裡有記載的中日第一戰」。

永徽六年（六五五年），高句麗與百濟聯合進攻新羅，新羅向唐朝求援。顯慶五年（六六〇年），唐高宗派大將率水陸聯軍十三萬人前往救援，大敗百濟，俘獲其國王扶餘義慈。同年九月至十月，百濟遺臣兩次遣使日本朝廷，請求援助，並要求送還在日本做人質的王子扶餘豐璋。「大化改新」後的日本，開始由農奴制向封建制轉化。為了轉移國內守舊勢力的鋒芒和民眾的不滿，擴大在朝鮮半島的影響，日本借機出兵朝鮮半島。於是，朝鮮半島的糾紛擴大為東亞地區的國際爭端。

顯慶六年（本年二月三十日以後改元龍朔，西元六六一年）正月，日本齊明女皇和中大兄皇子（後來的天智天皇，六六八年即位）親赴九州，欲統兵渡海西征，但齊明女皇因旅途勞頓，於當年七月病死，出征計畫被迫推遲。八月，中大兄皇子監國，令先遣部隊及輜重渡海。九月，五千名日軍護送百濟豐璋王子歸國即位。龍朔二年（六六二年）正月，日本向百濟贈送大批物資。同年五月，日本將軍率舟師一百七十艘增援。日本本土則「修繕兵甲，各具船舶，儲設軍糧」，隨時準備渡海作戰。次年三月，日本又增兵兩萬七千人，唐朝也任命右威衛將軍孫仁師為熊津道行軍總管，統兵七千人進駐熊津城（今韓國公州）。五月至六月，百濟君臣之間發生嚴重內訌，實力銳減。唐軍與新羅軍隊乘機調兵遣將，於八月十三日包圍了百濟王所在的周留城（今韓國扶安）。至此，慘烈的白村江海戰（又稱白江口之戰）拉開序幕。

龍朔三年（六六三年）八月十七日，唐將劉仁願、孫仁師與新羅王率陸軍，團團圍住周留城。唐將劉仁軌、杜爽與百濟降將扶餘隆則帶領戰船一百七十艘列陣白村江口。八月二十七日，日本援軍萬餘人，分乘戰船千艘，與唐朝水軍不期而遇。記述朝鮮半島三國新羅、百濟、高句麗的正史，一一四五年由金富軾等以漢語編撰的紀傳體史書《三國史記》中描述道：「此時倭國船兵來助百濟，倭船千艘停在白沙，百濟精騎岸上守船，新羅驍騎為漢前鋒，先破岸陣，周留失膽遂即下。」而《日本書紀》則記載，翌日，日軍諸將與百濟王商討對策。他們倚仗兵力優勢，妄言「我等爭先，彼應自退」，遂未加整頓部署，「更率日本亂伍中軍之卒，進打大唐堅陣之軍」。結果，唐軍「便自左右夾船繞戰」，巧施包

職貢圖（局部）／唐／閻立本／臺北故宮博物院藏

抄合擊之術，致使日軍立刻大敗，「赴水溺死者眾，艫舳不得迴旋」。《舊唐書．劉仁軌傳》記載：「仁軌遇倭兵於白江之口，四戰捷，焚其舟四百艘。煙焰漲天，海水皆赤，賊眾大潰。」戰後，百濟王扶餘豐璋逃亡高句麗，殘軍盡皆投降，百濟復國化為泡影。

新羅之外，據唐代政書《唐六典》記載，從唐初到玄宗開元年間，曾向唐朝朝貢，即與唐朝有過外交使節來往的「四蕃之國」有近四百個，其中「自相誅絕及有罪見滅者」三百餘國，開元年間尚存者有七十餘國。

有唐一代，留居中國的外族人很多，將相、官員、富商中的外族人也很多。以大臣和大將為例，突厥人有駙馬、左驍衛大將軍、畢國公阿史那社爾，右武衛將軍阿史那思摩，駙馬、都尉安國公執失思力，左衛大將軍阿史那彌射，驃騎大將軍斛瑟羅等；沙陀人有張掖郡公沙陀金山，永壽郡王沙陀輔國，驍衛上將軍沙陀骨咄支，酒泉縣公、金吾衛大將軍沙陀盡忠，金吾衛大將軍、陰山府都督朱邪執宜，檢校太傅、隴西郡王李國昌（本名朱邪赤心），檢校太師、晉王李克用等；回紇人有左驍衛大將軍契苾何力，檢校司徒、宰相、寧朔郡王渾瑊，朔方節度使、留侯渾釋之，尚書左僕射、中書令、朔方節度使僕固懷恩，忠武軍節度使、同中書門下平章事、司徒李光顏，刑部尚書、工部尚書、范陽郡公、武威郡王李光進，成德軍節度使王庭湊，工部尚書、同中書門下平章事、太傅、太原郡開國公王元逵；鮮卑人有太尉、齊國公、趙國公長孫無忌，同中書門下平章事元稹等；契丹人有成德節度使張孝忠，成德節度使李寶臣（本名張忠志），右玉鈐衛將軍、歸誠州刺史、永樂縣公孫萬榮，雲麾將軍孫敖，右羽林大將軍、薊郡公李楷洛等，太尉、都統河南等五道行營節度使、臨淮郡王李光弼還成為與郭子儀齊名的再造唐室的統帥；高麗、百濟、新羅人有遼東大都督、平壤道安撫大使、玄菟郡公泉男生，諸衛將軍高仙芝，兵部尚書、司空、霍國公王思禮，左武衛大將軍、左羽林軍檢校黑齒常之等。

在唐朝統治的萬花筒般的三個世紀中，幾乎亞洲的每個國家都有人進入過唐朝這片神奇的土地。

# 第二章 夜宴

## 宮廷宴席

「只有弱者才睡覺」，《時代雜誌》（TIME）如是說。AC尼爾森（ACNielsen）進行的一項全球睡眠習慣調查結果顯示，四分之一的中國受訪者午夜之後才就寢，調查還表明，越來越多的人正成為夜生活的主力軍。中國已經進入夜生活的黃金時代，中國人的口味和消費方式正在成熟。

林語堂在《生活的藝術》中指出，中國人對於快樂和幸福的概念是「溫暖、飽滿、黑暗、甜蜜」——實際上，中國人對於黑暗的夜晚有莫名的恐懼感和安全感。這種矛盾的情緒來源於兩個方面。一方面是眾多的宮廷政變和流血事件都發生在晚上，而在小說和民間傳奇中，夜晚更是陰謀的溫床；另一方面，夜晚成就了人們對隱私的渴望，躲在小小的明亮的家裡，一任階前點滴到天明。

作家曹乃謙有部小說集，名字叫《到黑夜想你沒辦法》——恐懼感和安全感交錯的情緒往往帶來欲望。於是，就有了夜宴。

唐伎樂俑／美國大都會藝術博物館藏

一千三百年前，三月初三晚上，長安城南的曲江，燈火通明，飛埃結霧，游蓋飄雲。

三月初三在唐朝是公眾假期，此時陽光明媚，百花盛開，和風微拂，水波蕩漾，草木青翠，足以賞心悅目。在這一天，上自天子，下至百姓，都會來到曲江，所謂「舉國盛遊」。唐朝的皇帝會在這一天晚上大擺宴席，招待百官。《全唐文》卷六六八載有《三月三日謝恩賜曲江宴會狀》一文，白居易在其中寫道：「伏以暮春良月，上巳嘉辰，獲侍宴於內庭，又賜歡於曲水。蹈舞局地，歡呼動天。況妓樂選於內坊，茶果出於中庫。榮降天上，寵驚人間。」這一年是唐文宗大和九年（八三五年，六十四歲的白居易老淚縱橫，看的是皇家教坊的伎樂，吃的是供皇帝享用的茶果，有一種「戰慄的幸福感」。

而帝王與妃嬪的內廷夜宴則更為常見，其中最著名的一次，唐人筆記《松窗雜錄》中留有詳細的記載：「開元中，禁中初重木芍藥，即今牡丹也。得四本紅、紫、淺紅、通白者，上（唐玄宗）因移植於興慶池東，沉香亭前。會花方繁開，上乘月夜召太真妃以步輦從。詔特選梨園子弟中尤者，得樂十六色。李龜年以歌擅一時之名，手捧檀板，押眾樂前欲歌之。上曰：『賞名花，對妃子，焉用舊樂詞為？』遂命龜年持金花箋宣賜翰林學士李白，進《清平調》

唐加彩樂人俑／日本東京國立博物館藏

詞三章。」據說，李白「欣承詔旨，猶苦宿酲未解，因援筆賦之」。於是留下了千古傳唱的三首詩。第一首：「雲想衣裳花想容，春風拂檻露華濃。若非群玉山頭見，會向瑤台月下逢。」第二首：「一枝紅豔露凝香，雲雨巫山枉斷腸。借問漢宮誰得似，可憐飛燕倚新裝。」第三首：「名花傾國兩相歡，長得君王帶笑看。解釋春風無限恨，沉香亭北倚欄杆。」、「雲想衣裳花想容」一句更是成為後世形容女子百樣美麗的用語。

宮廷夜宴對於出席的官員、貴族服飾也有著嚴格的要求：「其諸親朝賀宴會服飾，各依所准品，諸司一品、二品許服玉及通犀，三品許服花犀及班犀及玉，又服青碧者，許通服綠。」在歐洲的宮廷，儘管服裝的區分沒有這麼嚴格，但是宮廷宴會時的禮服確是貴族約定俗成的定律。十八世紀時，法國宮廷禮服，主要以絲緣、花邊、絲綢、天鵝絨和淡色的花緞等製成。同時，用黑色天鵝絨的貼片代替以前的化妝面具和撲有香粉的頭髮或假髮。男人戴黑皮和獺皮的三角帽，帽檐鍍金或鑲花邊，並飾以鴕鳥毛。他們把頭髮或假髮編成辮子，以黑色絲帶繫住，置於背後。帶扣的鞋子上配有紅色鞋跟。盛裝時須穿灰白色的絲襪，平時則穿白色毛襪。不難看出，無論是在唐代的宮廷，還是歐洲的凡爾賽宮（Chateau de Versailles），比帝

合樂圖（局部）／五代十國／周文矩／美國芝加哥藝術學院藏

王更有權威的主宰便是「禮法」，或稱「禮儀」，就像歌劇院的芭蕾舞一樣，舉手投足都有明確的規定。

宮廷夜宴上必不可少的是極盡華彩絢麗的宮廷燕樂，這些樂舞名目繁多，唐初主要的「十部伎」以民族樂區分為：燕樂、清商樂、西涼樂、扶南樂（或天竺樂）、高麗樂、龜茲樂、安國樂、疏勒樂、康國樂、高昌樂。前二者為中原傳統音樂，其他皆由外國傳入。唐玄宗時因各民族文化逐漸融合，改從樂隊演出形式來分類，有堂上坐奏型的「坐部伎」和堂下立奏型的「立部伎」。坐部伎的表演規模較小，舞者三人到十二人，舞姿典雅，服飾清麗，技藝精湛，用絲竹弦樂伴奏。立部伎一般在坐部伎演奏後再演，其陣容更大，舞者最少則六十四人，多則一百八十人，加以舞姿威武，服飾華麗，又用鉦鼓伴奏，顯得氣勢雄壯，場面宏偉。坐部伎主要樂曲有六首——燕樂（又分為景雲樂、慶善樂、破陣樂、承天樂）、長壽樂、天授樂、鳥歌萬歲樂、龍池樂、小破陣樂。立部伎主要樂曲有八首——安樂、太平樂、破陣樂、慶善樂、大定樂、上元樂、聖壽樂、光聖樂。

其中舞姿最柔美者，是屬於「軟舞」的《春鶯囀》，一名女舞者頭上簪花，身穿短衣長裙，帛帶飄揚，舒展雙臂而舞。舞者站在一花毯上起舞，娉婷月下步，羅袖舞風輕。據《教坊記》記載，這支舞蹈來自「曉聲律」的唐高宗李治。一天清晨，高宗在閒坐時，聽到黃鶯鳴唱，十分動聽，於是命宮廷音樂家、龜茲人白明達作了一首曲子，名為《春鶯囀》，依曲編舞，由女子表演。此舞舞姿柔婉，唐人張祜《春鶯囀》有「內人已唱《春鶯囀》，花下傞傞軟舞來」的詩句。

唐代的夜宴生活一般持續時間長，不到夜半不會散席，通宵達旦、徹夜喧飲的現象也極為常見。唐人夜宴多邀女性參加，其中更多的是挑選年少貌美者陪坐，這些女子穿著輕盈的帔和飄揚的披帛，配上由傳統裙襦裝改造形成的袒露裝，在燈火之下變化多端。宴席之間，男女往往並肩而坐，看起來成對成雙。當然，女賓有時也會被男客設圈套灌酒，弄得玉容半酣。《全唐詩》中，施肩吾的《夜宴曲》有云：「碧窗弄嬌梳洗晚，戶外不知銀漢轉。被郎嗔罰琉璃盞，酒入四肢紅玉軟。」在唐代，稱呼相熟悉的男子多以其姓加上行第（排行）或最後再加以「郎」呼之。例如，白居易呼元稹為「元九」，唐德宗曾呼陸贄為「陸九」。而稱呼女子則多以其姓加行第再加「娘」呼之，例如「公孫大娘」、「李十二娘」等。這也是唐人夜生活的生動寫照，可見其間的聲色靡麗。

這一晚的曲江有彩舟巡遊，有百囀流鶯的歌聲，有長袖飄逸的舞者，有頂竿鑽火的藝人，有吆喝叫賣的商販，整個曲江沉浸在歡樂之中。

## 進士宴

曲江夜宴的聞名，還在於這裡是每年科舉考試之後新科進士夜宴的地點。按照唐代的科舉制度，進士考試在秋季舉行，放榜則在下一年的春天。而這時的長安正是春風輕拂，鮮花盛開的季節。城東南的曲江一帶春意更濃，正好是舉行宴遊的絕佳場所。進士放榜後，要舉行許多活動：先向主考官謝恩，然後在期集院（亦稱「期集所」，新科進士聚會的地方）進行聚會，進行點檢文書，待過堂、關試後，就舉行盛大的宴會歡慶活動。著名的宴會活動有大相識、次相識、小相識、聞喜、櫻桃、月燈打球、牡丹、看佛牙、關宴等。

唐時新科進士尤重櫻桃宴，他們高中放榜之際，正是長安櫻桃成熟的時候，皇帝會在薦祖之後，大擺筵席，賞賜禁苑中的櫻桃給新晉進士及大臣。王維《敕賜百官櫻桃》詩云：「芙蓉闕下會千官，紫禁朱櫻出上蘭。才是寢園春薦後，非關御苑鳥銜殘。歸鞍競帶青絲籠，中使頻傾赤玉盤。飽食不須愁內熱，大官還有蔗漿寒。」

芙蓉闕下舉行櫻桃宴，唐代詩人丘丹在回憶長安的四月時，就特別歌詠這件事：「憶長安，四月時，南郊萬乘旌旗。嘗酎玉卮更獻，含桃絲籠交馳。芳草落花無限，金張許史相隨。」南郊即南苑，指芙蓉園。在四月初一這一天，皇帝率百官千騎，來南郊芙蓉園賜宴，盛滿美酒的玉杯連續敬獻，裝有新鮮櫻桃的絲籠不斷送來。在這芳草鋪地、落英繽紛的時節，君臣嘗新飲宴，令人難忘。

新科進士也有自己舉行的櫻桃宴。唐末五代人王定保寫了一本筆記《摭言》，詳述唐代貢舉制度，其中有一則故事。乾符四年（八七七年），劉鄴的三兒子劉覃及第，劉鄴仗著自己是故相鎮守淮南，囑咐在京城為他管理家園的小官，可以出一錠銀子讓劉覃與其他新科進士湊錢辦櫻桃宴。但是，劉覃的花費是其父規定的幾倍，管家把這事兒說給劉鄴知道，劉鄴讓管家取足就是。正趕上薦新的時令，狀元以下的人商議湊錢的比率，劉覃暗中派人花了大量金帛預購了幾十株櫻桃樹。他獨辦櫻桃宴，大量邀請公侯卿相。當時，京城裡的櫻桃剛剛上市，價格昂貴，但不怎麼好吃。劉覃席間的櫻桃堆積如山，拌以糖酪來化解初生櫻桃的酸澀。其間有人需要，便讓下人送一小盤，凡跟從人、駕車人，沒有一個不沾光的。

流飲則是新科進士最風騷的群體活動。宴會期間，他們置杯酒於流水之上任其漂流，流至誰面前，則由誰飲酒作詩，眾人再進行評比，這種文人酒會後來被冠以「曲江流飲」的名頭而蜚聲士林。這個形式的聚宴，有著深厚的歷史，東晉永和九年（三五三年），歲在癸丑，暮春之初，王羲之會江南文人騷客於會稽山陰之蘭亭，曲水流觴，唱歌作詩，這件事被記載於王羲之所書的《蘭亭集序》而名噪天下。

櫻桃黃雀圖／南宋／馬世昌／臺北故宮博物院藏

聚會除了上述的文雅方式，還有一些類似今天吃大排檔、吹牛胡侃的形式。據五代人王仁裕《開元天寶遺事》卷二記載，進士鄭愚、劉參、郭保衡、王沖、張道隱等十幾人，「不拘禮節，旁若無人」，每年春天帶著「妖妓」三五人，乘小犢車，聚集到曲江花木繁茂的一個角落，就草地而坐，脫去頭巾帽子，開懷暢飲。其間，有人甚至赤裸狂笑，還有鬥酒、大聲喧呼等怪異行為，自稱「顛飲」。這幾個「大唐嬉皮」只是留下了名字，其後事不得

曲江圖／唐／李昭道（傳）／臺北故宮博物院藏

而知，唯「家世殷富，騶僮布滿山谷，皆紈衣鼎食」的鄭愚青史有名，累官至尚書左僕射，有意思的是，這個「傷風敗俗」的廣東番禺「暴發戶」，還當過禮部侍郎。

當然，這是專屬成功者的宴會，對於沒及第的士子來說，曲江的宴會只是讓人惆悵。當年入京師長安赶考的江南舉子，若無緣在曲江參加瓊林宴，都要從咸陽的渡口坐船回家。天寶十二年（七三五年），有一個叫張繼的，登進士，然銓選落第。在歸鄉途中，船行至

仿李公麟明皇擊球圖（局部）／清／丁觀鵬／臺北故宮博物院藏

姑蘇的一個夜晚，他苦悶惆悵，想起曲江夜宴的繁華，寫下了千古名句「月落烏啼霜滿天，江楓漁火對愁眠」。

## 藝術家李隆基

對於夜宴這種群體宴會最癡迷的人，除了唐朝的富人，當數皇帝本人了。唐朝許多皇帝對於夜宴樂此不疲，唐太宗李世民也概莫能免，他登基後第一年——貞觀元年（六二七年）的正月初三就夜宴群臣，並奏《秦王破陣樂》為自己的武功做總結。

當然這當中最有名的要數唐明皇李隆基。「金屋妝成嬌侍夜，玉樓宴罷醉和春」，李隆基的夜宴生活是相當豐富的，至少從白居易留下的那首膾炙人口的《長恨歌》，我們可以想見李隆基和楊玉環曾經甜蜜地流連在華清宮的夜宴中：「驪宮高處入青雲，仙樂風飄處處聞。緩歌慢舞凝絲竹，盡日君王看不足。」

《劍橋中國隋唐史》（*The Cambridge History of China: Sui and T'ang China, 589—906 AD*）中是這樣描寫這個傳奇皇帝的：「唐代諸君主中在位期最長的玄宗帝是一位非常能幹的統治者……他是一個悲劇中的英雄，他在執政開始時政績顯赫，但後來被野心和狂妄引入歧途……他精於音律、詩文和書法，是許多藝術家和作家的庇護人。他還精通道家哲學，成了道教的主要保護人。儘管他早期的措施對佛教組織不利，但後來仍深深地沉溺於密宗佛教。作為一個普通人，他似乎與弟兄和家屬都有很深的情誼，甚至他執政時期的正式記載，也把他描繪成一個十分親切、體貼臣屬和直率多情的人。就在他去世的一代時間中，出現了大量與他名字有關的半傳奇故事和民間傳說，而他對楊貴妃的那種招致不幸和災難的感情成了中國文學中一大悲劇主題和無數詩詞、小說和戲劇的內容。」

夜宴還促使李隆基成為一個傑出的藝術家。閒暇時，他經常跑到梨園指揮樂隊演奏，「音響齊發，有一聲誤，玄宗必覺而正之」（《舊唐書．音樂志》）。這樣的水準，恐怕只有「曲有誤，周郎顧」堪比。

《舊唐書．玄宗本紀》這麼形容李隆基：「性英斷多藝，尤知音律，善八分書（帶有明顯波磔特徵的隸書）。儀範偉麗，有非常之表。」據說這位皇帝精通多種樂器，最擅長的是擊打羯鼓。羯鼓是一種從西域傳入的樂器，據說發源於羯人。羯鼓兩面蒙皮，腰部細，用公羊皮做鼓皮，故名。它發出的音主要是古時十二律中陽律第二律一度。古時，龜茲、高昌、疏勒、天竺等地的居民都使用羯鼓。據唐人南卓《羯鼓錄》記載，這種鼓的構造如下：「（鼓桑）如漆桶（原注：山桑木為

樂器圖／莫高窟第 217 窟

之），下以小牙床承之。擊用兩杖，其聲焦殺鳴烈……杖用黃檀、狗骨、花楸等木，須至乾緊絕濕氣，而復柔膩……棬（環狀零件）用剛鐵，鐵當精煉，棬當至匀。」

據《新唐書．禮樂志十二》記載，李隆基常說：「羯鼓，八音之領袖，諸樂不可方也（其他樂器是無可比擬的）。」他還作鼓曲《秋風高》，每當秋高氣爽，即奏此曲。當時的宰相宋璟深愛擊打樂，尤其擅長敲擊羯鼓，他對李隆基說：「擊鼓時，如果可以做到『頭如青山峰，手如白雨點』，便是擊羯鼓的能手。」（《羯鼓錄》）這是說擊鼓時頭不能動，且下手急促，就像急雨一樣。音樂家李龜年也善擊羯鼓。一次，李隆基問他打斷了多少根鼓杖。李龜年說：「臣已打折了五十枝鼓杖。」唐玄宗說：「你不算特殊，我打折的鼓杖都裝了三豎櫃了。」（劉餗《隋唐嘉話》）

唐代羯鼓／日本東京國立博物館藏

實際上，鼓手李隆基少年時就表現出了非凡的藝術才能。在嗣聖十七年（武周久視元年，七〇〇年），武則天七十六歲壽辰大宴時，只有十五歲的李隆基就表演了技巧很高的舞蹈《長命女》，博得祖母和群臣的喝彩。南唐人馮延巳有《長命女》一闋詞，曰：「春日宴，綠酒一杯歌一遍。再拜陳三願：一願郎君千歲，二願妾身常健，三願如同梁上燕，歲歲長相見。」我們可以推測，舞蹈《長命女》應該也是一部以女性為主角的祝福歌舞，當時李隆基男扮女裝，大受武則天的讚譽。

然而，李隆基登上皇位，除了因為他自己過人的才華和英武，他的哥哥李成器起了大作用——這位後來改名叫李憲的皇長子，本來應該是太子，卻把東宮之位讓與三弟李隆基，甘為寧王。李成器死後第二天，李隆基即下詔追謚他為「讓皇帝」，命令有司以皇帝之禮安葬，稱其墓曰「惠陵」，墓在今陝西蒲城境內。和李隆基一樣，李成器少年時也才氣過人，成年後精通音樂，尤其對西域龜茲音樂有獨到的見解，曾做過楊玉環的音樂教師，故唐人張祜有「梨花靜院無人見，閒把寧王玉笛吹」的詩句。

## 藝人

作為唐代中產階級的藝術休閒生活，夜宴在當時就是大劇場和酒會，於是，許多藝人也登上了歷史的舞臺。

在唐代藝人中身價最高的是李龜年，《明皇雜錄》卷下有證：「唐開元中，樂工李龜年、彭年、鶴年兄弟三人，皆有才學盛名。彭年善舞，鶴年、龜年能歌，尤妙制《渭川》，特承顧遇。於東都大起第宅，僭侈之制，逾於公侯。宅在東都通遠裡，中堂制度甲於天下。」這個集歌手、舞蹈家於一身的藝人，還是一位製作人，他參與制作的《渭川曲》，清新悠揚，情思動人，獲得過當朝皇帝李隆基的讚揚。而在中國古代音樂史上，由李龜年奏樂、李隆基擊鼓、李白填詞以及楊玉環主舞的《霓裳羽衣曲》，一直被視作豪華陣容傾情演出的音樂盛典，令人嚮往。

唐時，在長安還雲集了許多異邦的藝人，這些乘船、騎馬，不遠萬里來長安追求藝術夢想的藝人，大概類似今天進軍好萊塢的各國人士。其中最著名的是一個被稱作「黃須康兄」的康國人——康洽。

康國在唐代屬安西大都護府管轄。我們更為熟悉的「安西」出現在一首唐詩中：「渭城朝雨浥輕塵，客舍青青柳色新。勸君更盡一杯酒，西出陽關無故人。」這首詩的名字叫「送元二使安西」。作者是一個信仰佛教的畫家、詩人——王維。

在安西都護府治下的這些國家中，康國最大，又是諸國的宗主，其故址在今天的撒馬爾罕。《隋書．西域傳》記載，康國是康居的後裔，舊居祁連山北昭武城，因被匈奴攻破，西逾蔥嶺，分為多個小國，人民以國為姓，王室「並以昭武為姓，示不忘本也」。因此所有康國人都只有一個姓。

來自康國的藝人康洽，有著明顯歐羅巴人種的血統，史書記載他長著一頭飄逸的金髮，氣宇軒昂，有「美丈夫」之稱。據說此人體魄健美，目光深邃而憂鬱，以現在的審美來看，神似「貓王」艾維斯．普里斯萊（Elvis Presley）。唐人則喜歡稱康洽為「黃須康兄」，詩人李頎寫過《送康洽入京進樂府歌》，從詩中可知，康洽在京城常年演出新詩樂府，很受「中貴」歡迎，能夠「朝吟左氏《嬌女篇》，夜誦相如《美人賦》」，可見此人在中國文學方面的造詣也非常高。

另外一位來自于闐的音樂家尉遲青則是吹奏篳篥的高手。篳篥，就是今天樂隊中所用的「管」，這是一種吹奏蒼涼悲壯樂曲的樂器，類似胡笳。唐人杜佑《通典》卷一四四中說：「篳篥，本名悲篥，出於胡中，其聲悲。」

段安節《樂府雜錄》記載：「德宗朝有尉遲青，官至將軍。大曆中，幽州有王麻奴者，善此伎，河北推為第一手；恃其伎倨傲自負，戎帥外莫敢輕易請者。」一次，幽州一官員奉調入京，朋友餞行時，派人邀王麻奴來演奏一曲相送，被他當場拒絕了。盧姓使者氣得嘲諷說：「京城有尉遲將軍，冠絕今古，你的功夫比起他來，還差得遠呢！」王麻奴聽了不服，誇口說海內沒有人是自己的對手。幾個月後，他趕到長安，特意在尉遲青住的長樂里附近租了間客房住下來，從早到晚吹奏篳篥，顯示技藝。如此一連幾日，尉遲青路過其門，彷彿沒有聽見。王麻奴無奈，只好買通尉遲青的守門人，才終於見到了尉遲青，與之比試。尉遲青請王麻奴席地而坐，演奏一曲，王麻奴以高般涉調吹了《勒部羝曲》，曲終，累得汗流浹背。尉遲青只是點了點頭，對他說：「何必高般涉調也？」他即自取銀字管，以平般涉調吹了同一曲，輕鬆自如，音韻美妙。王麻奴泣涕愧謝，曰：「邊鄙微人，偶學此藝，實謂無敵；今日幸聞天樂，方悟前非。」他對尉遲青心悅誠服，將樂器擊碎，回家後終生不再談論音律。

在唐代，著名的篳篥曲有《勒部羝曲》、《離別難》、《雨霖鈴》、《道調子》等，其中《雨霖鈴》曲還有一段故事。天寶十五年（七五六年）六月，安史之亂的叛軍攻陷了長安，唐玄宗李隆基帶著宰相楊國忠和寵妃楊玉環，匆匆往西南而逃。剛走出長安一百多里，饑餓疲困的禁軍嘩變，殺了人人痛恨的奸賊楊國忠，並逼玄宗賜楊玉環自縊，這就是歷史上有名的「馬嵬坡之變」。殺楊貴妃後，禁軍隊伍繼續南行。由蜿蜒曲折、高入雲端的秦蜀棧道進入斜谷，又遇細雨綿綿。路途艱難，在棧道最險處，有鐵索供人攀扶，索上掛有鈴鐺，人走時手扶索鏈，鈴聲前後相應，以便相互照顧。玄宗在淅瀝的夜雨中，聽到斷斷續續的鈴聲，愁腸欲斷。此情此景，勾起了他對楊貴妃的無限思念，玄宗揮淚寫了一首樂曲《雨霖鈴》，寄託思念並抒發旅途愁苦之情。當時，梨園樂工張野狐（又名張徽）在玄宗身邊，他是天寶時的篳篥演奏家。玄宗讓他試奏《雨霖鈴》，樂聲深沉悲咽，聽到動情處，玄宗淚如雨下。後來回到長安，玄宗還經常叫張野狐為自己演奏此曲。

《雨霖鈴》曲調纏綿悱惻，到了宋代，受到失意文人的喜愛，他們爭相填詞傳唱，遂成為詞牌「雨霖鈴」的起源。北宋詞家柳永填的《雨霖鈴（寒蟬淒切）》，使該樂曲流傳開來，成為中國音樂史上著名的篳篥古曲。龜茲古樂器篳篥從中國傳入朝鮮和日本。今中國維吾爾族中流行的巴拉曼，仍然保持古龜茲篳篥形制，用葦子製作，與木製管相比，音

宮樂圖／唐／佚名／臺北故宮博物院藏
右上角宮女正在吹奏篳篥。

色略帶沙啞，悲涼愴然。

夜宴的主角有大咖和國際明星，當然也會有樂隊和組合。汾陽王郭子儀第六子——駙馬郭曖就以家伎組成了一個音樂團體，成員多半是他的姬妾、侍婢，其中多人是演奏、演唱的高手。這個家庭樂團中有一名侍婢名叫鏡兒，她姿容姣美，又彈得一手好秦箏，很得主人的歡心。一次，才子李端到郭曖家中做客，夜宴開始，音樂奏起，只見李端坐在一邊，既不飲酒，也不談話，只是目不轉睛地注視著彈箏的鏡兒。宴會盡歡而散，郭曖命人把桌上的金銀酒器全部包裹起來，作為鏡兒的嫁資，把鏡兒許配給了李端。

唐代宗大歷年間，文事荒廢，以炫技派詩歌為主的「大曆十才子」便登上了歷史舞臺，比如李端，其可誦者也不過閨情詩也。此為閒話，按下不表。

夜宴圖／明／唐寅／臺北故宮博物院藏

## 士人的夜宴

衣著華麗的貴族在豪華的大堂裡，或在走廊的幽會中忙著把臂交談，這樣的場景不僅僅是路易十四（Louis XIV）時代的宮廷生活，在九世紀的唐代宮廷，恰也如是。宮廷的夜宴，即使是歡娛，也是有秩序的歡娛。顯然，禮制下的宮廷夜宴並不能滿足聲色犬馬的全部需求，於是唐代士人的夜宴粉墨登場。

唐人是中國歷史上最喜好文學的人群。清康熙四十四年（一七〇五年）三月至次年十月，御定《全唐詩》共收詩人兩千二百多人，日本人根據文獻保存之逸詩，編成《全唐詩逸》三卷，又得詩人一百二十八人。而自清代末年敦煌發現遺書之後，從各種卷子之中又得不見著錄之詩人多名，即以中華書局出版之《全唐詩外編》、《全唐詩續拾》（合稱《全唐詩補編》）而言，又得詩人一千五百人左右。翻開史書，就連李隆基的親近宦官高力士都吟得了詩。

由此可知，夜宴吟詩是唐代士人最風騷、最不可少的一道節目。孟浩然《寒夜張明府宅宴》云：「列筵邀酒伴，刻燭限詩成。」一幫官員文人鬥酒鬥詩，酸酸臭臭，還要比個高低。就是在軍中宴飲之時，這種借酒而詩的風雅之事也是司空見慣。姚合《軍城夜會》中就說：「軍城夜禁樂，飲酒每題詩。」一群被衝動壓抑的粗曠大漢們，拿著陌刀亂吟詩，大有「夢回吹角連營」之意。姚合是唐玄宗時宰相姚崇之孫，愛茶如命，曾經拿詩換茶：「嫩綠微黃碧澗春，采時聞道斷葷辛。不將錢買將詩乞，借問山翁有幾人？」得虧是在唐朝，今天誰要拿詩去換茶，非得被採茶的姐姐唾一臉雪花白。

夜宴中，人們還進行多種酒令遊戲，酒令分雅令和通令。通令，就是划拳、猜碼、擲骰子，捋拳奮臂，叫號喧爭。唐代的夫子對此種通令鄙夷至極，認為有失風度，粗俗嘈雜，他們的高雅玩法叫雅令。雅令的行令方法是，先推一人為令官，或出詩句，或出對子，其他人按首令之意續令，所續必在內容與形式上相符，不然會被罰飲酒。行雅令時，必須引經據典，分韻聯吟，當席構思，即席應對，這就要求行酒令者既有文采和才華，又要有敏捷和機智，所以它是酒令中最能展示飲者才思的項目。

現在能夠知道的唐人酒令名目有二十多種，例如曆日令、罨頭令、瞻相令、巢雲令。其中有些酒令放在今天看，無異於「真心話大冒險」，甚至有人為此命喪黃泉。

《資治通鑑》卷一九五載，李世民繼位初年，「時太白屢晝見，太史占云：『女主昌。』民間又傳《秘記》云：『唐三世之後，女主武王代有天下。』上惡之」。一天，李世民在宮中與諸將宴飲。酒酣之時，他頒下酒令，讓各人行酒令，依次說出自己的小名。輪到職掌玄武門宿衛的左武衛將軍李君羨時，他自報小名「五娘」。一員勇猛的武將，卻有一個女子的小名，不由得引起哄堂大笑。而太宗聽到「五娘」的「五」與「武」諧音，不禁愕然，觸動了心病，不免格外留心。但太宗不露聲色，也笑著對李君羨說道：「何物女子，乃爾勇健！」當太宗進而得知李君羨的籍貫武安、官職左武衛將軍、封爵武連縣公，無不帶上一個「武」字時，內心就更震驚了，立刻就聯想到《秘記》傳言、太史卜象，以及太史令李淳風的一番話：「臣仰稽天象，俯察歷數，其人已在陛下宮中，為親屬，自今不過三十年，當王天下。殺唐子孫殆盡，其兆既成矣。」儘管李君羨是武將，不是女性，更不是太宗的親屬，然而「五娘」、「武安」、「左武衛將軍」、「武連縣公」應了「女主昌」、「女主武王代有天下」的「女」與「武」；他又職掌玄武門宿衛，應了「其人已在陛下宮中」、「其兆既成」。太宗心裡對這個屢立戰功且曾經受信任的李君羨深懷疑忌和憎惡，認為他就是威脅大唐天下的「嫌疑犯」。在宴飲後不久，太宗即將李君羨調離京城出任華州刺史。即使如此，太宗仍是耿耿於懷，之後，又以御史奏「君羨與妖人交通，謀不軌」，將李君羨殺死，並抄籍其家。

## 狎妓

唐代士人的夜宴必不可少的助興還有狎妓，水漾舟行，聲樂高奏，間有紅顏勸酒，這是唐代士人「雲上的日子」。宋人張端義《貴耳集》卷下言：「唐人尚文好狎。」尤其是士人宿娼狎妓，而朝廷毫無禁令，令後人吃驚。清人趙翼《題白香山集後》詩詠曰：「風流太守愛魂銷，到處春翹有舊遊。想見當時疏禁綱，尚無官吏宿娼條。」

仿周昉宮妓調琴圖／北宋／佚名／美國納爾遜・阿特金斯藝術博物館藏

唐代文人中，狎妓出名的是十六歲時寫下《賦得古原草送別》的白居易，人們耳熟能詳的「離離原上草，一歲一枯榮。野火燒不盡，春風吹又生」是這首詩的前半闋。長慶二年（八二二年），白居易自中書舍人出守杭州，徙蘇州，首尾五年。他曾經夜泛太湖，有「十隻畫船何處宿，洞庭山腳古湖心」之句。隨後，他在寄元稹的詩裡，又回味無窮地寫道：「報君一事君應羨，五宿澄波皓月中。」一在太湖上，白居易帶著十個美女泛舟，一連五日夜，好不風流快活。後來，宋人龔明之對白居易的風雅史很羨慕，在《中吳紀聞》卷一中酸溜溜地批評道：「白樂天為郡時，嘗攜容滿蟬態等十妓，夜遊西武丘寺，嘗賦紀遊詩，其末云：『領郡時將久，遊山數幾何。一年十二度，非少亦非多。』可見當時郡政多暇，而吏議甚寬，使在今日（指宋代），必以罪去矣！」

唐僖宗時，尚書李曜罷任歙州，與新上任的吳圓交代所留之事。其中有個陪酒妓，名叫媚川，生得聰明敏慧。李曜對她早已留心，可是自己已納營中的歌舞伎韶光為妾，只好將媚川託付給吳圓，希望他多給些照顧。臨行之前大飲，李曜別情難舍，作詩道：「經年理郡少歡娛，為習干戈問飲徒。今日臨行盡交割，分明收取媚川珠。」吳圓答詩道：「曳履優容日日歡，須言達德倍汍瀾。韶光今已輸

夜宴圖／五代十國／顧閎中（傳）／臺北故宮博物院藏

先手，領得蠙珠掌內看。」此事出自《抒情詩》，被收錄在《太平廣記》卷二五十二《詼諧八》。為何詼諧？歷代官員交割，從來只交割文書官印，沒見過託付照顧官妓的，可見唐人對於狎妓的熱愛。

自稱漢中山靖王後裔（和蜀漢皇帝劉備同宗）的唐代詩人劉禹錫，曾任蘇州刺史，當他參加司空榮銜的淮海節度使李紳的宴席時，看到那群色藝驚人的侑酒家妓，豔羨不已，立即寫了一首詩：「高髻雲鬟宮樣妝，春風一曲杜韋娘。司空見慣渾閒事，斷盡蘇州刺史腸。」題目雖是《贈李司空妓》，內容卻是給李紳看的。李紳見劉禹錫對自己的家妓如此傾倒，當即把美人贈給了劉禹錫。李紳在未發跡的時候，因兩首《憫農詩》（「春種一粒粟」和「鋤禾日當午」）而享有詩名，但顯達之後積極參與黨爭，日漸驕逸。范攄《雲溪友議》卷上記載，李紳寄居他鄉時，經常到一個叫李元將的人家中做客，每次見到李元將都稱呼「叔叔」。李紳發跡之後，李元將因為要巴結他，主動降低輩分，稱自己為「弟」或「侄」，李紳都不高興，直到李元將自稱「孫子」，李紳才勉強接受。

然而，「劉禹錫有妓甚麗」一事被丞相李逢吉知曉，李逢吉「性強愎而沉猜多忌，好危人，略無怍色」。他陰以計奪劉禹錫的家妓。李逢吉約劉禹錫說：「某日皇城中堂前致宴，諸位官員賢達的寵妾，都請早赴境會。」稍有姿色的婢妾到那一天便紛紛前來赴會。李逢吉命令守門人，獨獨把劉禹錫的家妓放進門去。京都的人對此舉動都深感驚異，但是誰也不敢說什麼。劉禹錫對此也無計可施，驚恐之餘，只好忍氣吞聲。第二天，劉禹錫與幾位親近的人前往拜謁，李逢吉見了他們，就像沒事人一樣，從容談笑，根本不提昨天的宴會到底是怎麼回事。劉禹錫等人也不敢發問，只是默然相視。拜見結束後，雙方行禮告退，劉禹錫唉聲嘆氣地回了家。他悲憤地寫下《懷妓》詩四首，其中有著深深的不甘和憤懣：「情知點汙投泥玉，猶自經營買笑金。從此山頭似人石，丈夫形狀淚痕深。」

唐代狎妓之盛，甚至影響到了審美。唐代女子大方穿性感的裙衫，「粉胸半掩疑晴雪」（方幹《贈美人》）。唐代許多壁畫、雕像中的菩薩仙女，一個個容貌秀麗，體態豐滿，紅唇潔齒，眉眼顧盼，甚至以半裸的姿態出現。據《京洛寺塔記》確認，唐代寶應寺壁畫中的釋梵天女，就是一個貴族家的妓女的肖像。

然而，風流總被雨打風吹去，紅顏、良宵和美酒總是易逝的繁華，就如同女子的年齡，到最後只剩下陳年的寂寞。《唐賢抒情集》有一則故事。唐武宗時，左庶子薛宜僚「充新羅冊贈使」，擔任新羅冊封使節的工作，由青州泛海。船屢因暴風雨受阻，至登州竟漂流回泊青州，他滯留驛站一年，其間，戀上一個叫段東美的飲妓，雙方生死相約。薛宜僚到新羅不久就得了病，病中還對他人說：「我怎麼在夢中總是見到東美呢？」過了幾天，他就死了。棺材運回青州後，段東美「乃請告至驛，素服執奠，哀號撫柩，一慟而卒」。《全唐詩》錄有薛宜僚《別青州妓段東美》一詩：「經年郵驛許安棲，一會他鄉別恨迷。今日海帆飄萬里，不堪腸斷對含啼。阿母桃花方似錦，王孫草色正如煙。不須更向滄溟望，惆悵歡情恰一年。」可見，淪落風塵的愛情並非全如雲煙般易逝，也有刻骨銘心的。薛詩間的惆悵與斷腸，恰如《少年維特的煩惱》（*Die Leiden des jungen Werther*）般令人感傷，為此嘆息。

## 杜秋娘

皇帝當然不能狎妓了，但皇帝也有自己的玩兒法。據說玄宗不宴飲的時候，就找人對弈。有一次他突發奇想，畫地為棋盤，用美女做棋子，在美女胸首碼上棋子之名，聽從號令進退，如某子被吃則代表該子的美女退出棋局。

但是，唐代有一位皇帝的妃子出身官妓，叫杜秋娘。《新唐書》、《舊唐書》、《資治通鑒》都稱她為杜仲陽。杜秋娘原名杜麗，大約於唐德宗貞元七年（七九一年）生於潤州（今江蘇鎮江）。其母是南京的普通官妓，與姓杜的官員相好懷孕。官員升遷，卻把情人拋棄，其母含憤生下孩子，無處托養，只好回南京妓院，把女兒帶在身邊。

杜麗十五歲時，鎮海節度使李錡以重金將她買入府中為歌舞伎。杜麗不滿於只表演別人編好的節目，自己譜寫了一曲《金縷衣》，聲情並茂地唱給李錡聽：「勸君莫惜金縷衣，勸君惜取少年時。花開堪折直須折，莫待無花空折枝。」此詩正合李錡之意，他當時就把她納為侍妾，並易其名曰「秋」，人稱杜秋娘。

唐德宗駕崩，李誦繼位為順宗，在位僅八個月就禪位給兒子李純，是為唐憲宗。唐憲宗試圖削減節度使的權力，李錡不滿，在元和二年（八〇七年）舉兵反叛，後來在戰亂中被殺，杜秋娘入宮為奴，仍舊當歌舞伎。一次，杜秋娘為憲宗表演了《金縷衣》，憲宗深受感動，兩人馬上陷入愛河，杜秋娘被封為秋妃。杜秋娘不僅是憲宗的愛妃，還是他的機要秘書。杜秋娘以女人的柔情和寬容彌補了憲宗年輕氣盛、性情浮躁的缺點，憲宗常常與她討論治國大事。不料到了元和十五年（八二〇年）正月二十七日，憲宗不明不白地死在宮中，有人傳言是內侍陳弘志蓄意謀弒，但當時宦官專權，此事不了了之。

二十四歲的太子李恆嗣位，是為唐穆宗。李恆把皇子漳王李湊交給杜秋娘教養。李

明皇弈棋圖／元／錢選／美國弗利爾美術館藏

恆好色荒淫，沉迷於聲色犬馬，不滿三十歲就一命嗚呼。十五歲的太子李湛繼位為唐敬宗，他只知道打獵遊玩，不理國事，不久在宮中被刺身亡。其弟李昂繼位為唐文宗。大和元年（八二七年），內侍王守澄與宰相宋申錫產生矛盾，杜秋娘見三位帝王連續暴斃，皆為宦官所弒，遂與宋申錫密謀，決心除掉王守澄，立李湊為帝。然而，宦官耳目眾多，其計畫被王守澄得知，結果是李湊貶為庶民，宋申錫謫為江州司馬，杜秋娘也削籍為民，返回鄉里，結束了她的「折花」歲月。

大和七年（八三三年），杜牧在南京重逢杜秋娘，見她紅顏老去，面容憔悴，遂寫一首《杜秋娘》長詩，記錄了她坎坷傳奇的一生。大和九年（八三五年）冬，南京發生軍變，全城遭殃，四十四歲的杜秋娘離家躲避，凍死在玄武湖畔。她去世以後，唐末詩人羅隱曾經前去憑弔，但連墳墓也找不到，於是作《金陵思古》詩：「柔姿曼態葬何處，天紅膩白愁荒原。」

## 仕女宴及燒尾宴

夜宴之外，從開元至天寶的三十餘年中，還流行著兩種專門為仕女舉行的野宴，那就是探春宴和裙幄宴。據《開元天寶遺事》卷四記載，探春宴在每年正月十五後的「立春」和「雨水」兩個節氣之間進行，參加者多為官宦及富豪家的年輕女子。屆時，她們會相約做伴，由家人用馬車載著帳幕、餐具、酒器及食品等來到郊外踏青遊玩，然後選擇一個合適的地點，搭起帳幕，擺設酒肴，一面行令品酒，一面圍繞「春」字進行猜謎、作詩、對聯等娛樂活動，直至日暮方歸。

由於此時的天氣乍暖還寒，春意未濃，相比之下，仕女們更感興趣的是裙幄宴。裙幄宴是上巳節（又稱女兒節，為每年的三月初三）前後舉辦的一種野宴，其遊宴方式有兩個特點。一是鬥花，就是比賽誰戴的鮮花漂亮、名貴。一些富家女子為了在鬥花中顯勝，不惜重金購買各種名貴花卉。二是在玩累以後，就選擇一個適當的地方，以草地為席，四面插上竹竿，再將裙子連接起來，掛在竹竿上，形成一個臨時的飲宴幕帳，女子們就在裡面設宴。這種宴會在裙帳中進行，故稱「裙幄宴」。

既然是宴會，就免不了吃吃喝喝。中宗景龍三年（七〇九年），依託韋氏家族上位的韋巨源官拜尚書令左僕射時，曾在其家中設宴請皇帝，並將那次「燒尾宴」上的菜點記錄為「食單」，

漢宮春曉圖（局部）／明／仇英／臺北故宮博物院藏

流傳至今。我們從北宋人陶穀的《清異錄》卷下《饌羞門》可以找到一部分清單。

韋巨源是世家大族子弟，《舊唐書》對他靠拍馬溜須、搜刮地皮往上爬的過程，有著詳細記述。這個媚臣精於食之道，他的「食單」所列菜色，名目繁多，葷素兼備，鹹甜並陳，僅擇其「奇異」者就有五十八味。如雞有「蔥醋雞」和用乳煮的「仙人臠」；鵝有「八仙盤」；魚有用魚白烹的「鳳凰胎」，用魚子烹的「金粟平䭔」，以及「乳釀魚」、「吳興連帶鮓」、「煎雲析魚羹」、「加料鹽花魚屑」等魚膾；鱉有「編地錦裝」；蟹有「金銀夾花平截」；蛙有「雪嬰兒」；炙品有用烤羊鹿舌拌的「升平炙」，用生蝦烹的「光明蝦炙」，用活鶉子炙的「箸頭春」，以及「水煉犢」、「龍鬚炙」、「金裝韭黃艾炙」、「乾炙滿天星」、「羊皮花絲」；肉羹有涼食的「冷蟾兒羹」，熱食的「白龍臛」和「卯羹」。還有摻和幾樣肉品合成的菜，如雞、鹿、糝拌的「小天酥」，羊、兔、牛、熊、鹿五種肉切絲合做的「五生盤」，各種肉切入沸油烹炸的「過門香」，等等。

至於料理方法，光明蝦炙是把油爆大蝦裝盤，擺成燈籠圖案；羊皮花絲是把羊肚切絲爆炒；紅羅丁是用奶油與血塊製成的冷盤；巨勝奴是把蜜和羊油置入麵中，外蘸黑芝麻油炸而成；貴妃紅是精製的加味紅酥點心；吳興連帶鮓是用生魚醃製的涼菜；甜雪是用蜜糖慢火燒炙太例麵（澄粉，一種無筋的小麥麵粉），其味甜，狀如雪；玉露團是奶酥雕花；格食是羊肉、羊腸、羊內臟纏豆苗製作；水煉犢是將牛犢肉用慢火煨熟，要將帶調料的水全部收乾；西江料是粉蒸豬肩胛肉屑；白龍臛是鱖魚絲煮的羹湯；湯洛繡丸是肉末裹雞蛋花；同心生結脯是生肉切成條後，打成連環回文式結子，再風乾成肉脯蒸食；仙人臠是雞塊用乳汁調和而成；蔥醋雞是加蔥、醋上籠蒸的全雞；鳳凰胎是雞腹中未生的雞蛋與魚白（魚胰臟）相拌快炒；五生盤是把羊、兔、牛、熊、鹿五種肉細切成絲，生醃成膾，再拼製成花色冷盤；逡巡醬是魚片、羊肉快炒；清涼碎是果子狸燒熟後冷卻，再冷切成盤；雪嬰兒是田雞肉裹豆莢（精細的豆粉），下鍋煎貼而成；金粟平䭔是魚子醬夾餅；金銀夾花平截是蟹肉與蟹黃平鋪於餅上，卷起後橫切成片；八仙盤是將烤鴨分成八樣形狀，裝盤上席；分裝蒸臘熊是用冬季醃製的熊肉分裝容器蒸熟；冷蟾兒羹是冷卻的蛤蜊肉湯；卯羹是兔肉湯；小天酥是雞肉、鹿肉剁成碎粒後拌上米糝製成；鴨花湯餅是鴨束加麵片；雙拌方破餅是角上有花的方形點心；御黃王母飯是肉、雞蛋、油脂調作料的蓋澆飯；天花饆饠是有果脯的餅；升平炙是用三百片烤好的羊舌配鹿舌涼拌；乳釀魚是羊奶燒整條魚；遍地錦裝鱉是羊油、鴨蛋脂烹甲魚。

這就是唐代著名的「燒尾宴」，奢侈，精貴，可稱為唐代「國宴」。

普通的唐人當然吃不上「燒尾宴」，但唐人的高級食物「饌玉」，仍然令人垂涎。王昌齡《芙蓉樓送辛漸》中有一句詩：「洛陽親友如相問，一片冰心在玉壺。」實際上，唐人的飲食製作，也極力追求一種冰清玉潔的透明效果。唐人的飲食品質高低、烹調技術的好壞的一個衡量標準，是其光潔透明的程度。故肉白如雪的生魚片，習慣稱為「玉鱸」；檔次較高的美酒，習慣稱為「玉液」。

段成式《酉陽雜俎》記載，在唐代，被稱為「衣冠家名食」的是「蕭家餛飩、庾家粽子」。蕭家餛飩勝在「漉去肥湯，可以瀹茗」，說明餛飩外形包得很好，油脂滲不出來，所以濾除漂浮油物之後，湯液透明，可以烹茶。庾家粽子的高明之處，就是因為它「白瑩如玉」。

此外，唐人還喜歡把美味可口的肉食和香甜爽口的水果、青翠欲滴的菜葉夾雜在一起，以此來提高飯菜的口感和觀賞性。「甘露之變」中伏兵紫宸殿的金吾大將軍韓約很會製作櫻桃饆饠，而且能保持水果顏色不變，堪稱飲食一絕。據考證，所謂饆饠，既不是「抓飯」，也不是「八寶飯」，而是一種帶餡的麵食，可鹹可甜，櫻桃饆饠則用櫻桃加以點綴，類似今天的果醬麵包或者裸麥葡萄麵包。

## 飲酒

詩人李白說過：「古來聖賢皆寂寞，唯有飲者留其名。」晉人王恭曾言：「名士不必須奇才，但使常得無事，痛飲酒，熟讀《離騷》，便可稱名士。」（《世說新語．任誕》）在繁華到落寞的盛唐，飲酒自然也就成了夜宴不可少的助興。

唐代酒的種類很多，馳名全國的主要有十餘種，據李肇《唐國史補》卷下記載：「酒則有郢州之富水，烏程之若下，滎陽之土窟春，富平之石凍春，劍南之燒春，河東之乾和蒲（葡）萄，嶺南之靈溪博羅，宜城之九醞，潯陽之湓水，京城之西市腔，蝦蟆陵之郎

天中佳景圖／元／佚名／臺北故宮博物院藏

官清、阿婆清。又有三勒漿類酒，法出波斯。三勒者，謂庵摩勒、毗梨勒、訶梨勒。」

蝦蟆陵郎官清和蝦蟆陵阿婆清產自京城長安的「蝦蟆陵」，位於常樂坊。唐代詩人白居易故居「東亭」，《琵琶行》一詩中琵琶女所住的「蝦蟆陵」，興慶宮勤政務本樓和花萼相輝樓廣場，紀念「中國第一老丈人」獨孤信的「趙景公寺」，都在此坊內。今天，這裡是西安交通大學校區。《唐國史補》卷下稱：「舊說，董仲舒墓門，人過皆下馬，故謂之下馬陵，後語訛為蝦蟆陵。」

三勒漿，其實是唐代從波斯傳入的一種果品酒飲料，本出自印度，由「三果」（庵摩勒、毗梨勒、訶梨勒）配製而成。庵摩勒其實就是現在中藥中的「餘甘子」，也叫油柑，生吃吞汁可治河豚中毒。毗梨勒又叫毗醯勒，《本草綱目．果部》記載：「樹

訶梨勒

毗梨勒

庵摩勒

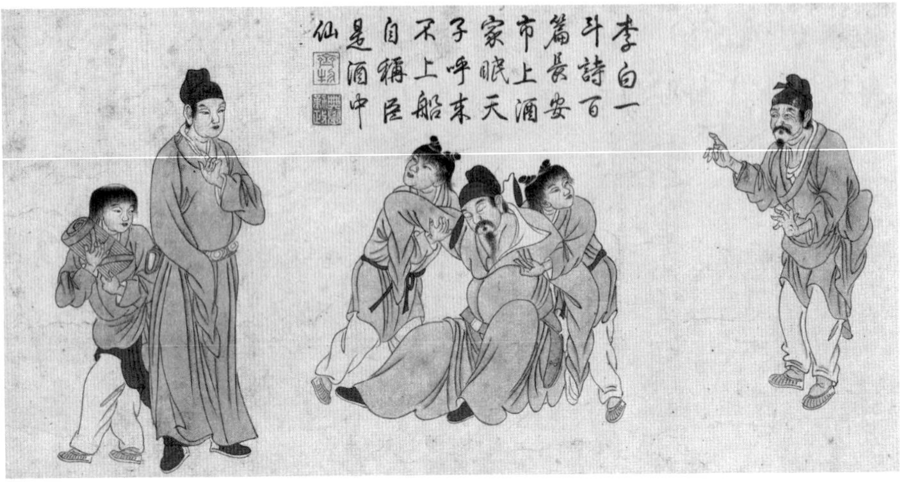


飲中八仙圖卷之李白／元／任仁發（傳）／臺北故宮博物院藏

似胡桃，子形亦似胡桃……番人以此作漿甚熱。」訶梨勒也就是訶子，《南方草木狀．木類》記載：「訶梨勒，樹似木梡，花白，子形如橄欖，六路，皮肉相著，可作飲。」這種混雜三種果實的飲料，有著濃郁的異族情調，其獨特的口味瞬間征服了唐人，令人癡迷不已。

唐代的釀酒技術與今不同。當時北方地區一般是採用大麴釀造，即以小麥為原料，或用生，或蒸熟，或炒熟，用水溲和、發酵，製成磚形曲餅，曬乾釀酒。南方則用小藥曲造酒，即以白米為原料，加入胡蔓草等藥汁，溲和成雞蛋大小的粉團，放在蓬蒿中蔭蔽，一個月發酵成曲，釀酒時用其溲和糯米，壓榨出酒。

「古之飲酒，有杯盤狼藉、揚觶絕纓之說」，唐人則「好鞍好馬乞與人，十千五千旋沽酒。赤心用盡為知己，黃金不惜栽桃李」（李白《少年行》）。自天寶以後，嗜酒之風更加盛行，出現了「風俗奢靡，宴處群飲，以喧嘩沉湎為樂……公私相效，漸以成俗」（《唐會要》卷五十四）的景象。李白人稱「醉聖」，白居易自稱「醉尹」，皮日休稱「醉士」，汝陽王李璡則自稱「釀王」兼「曲部

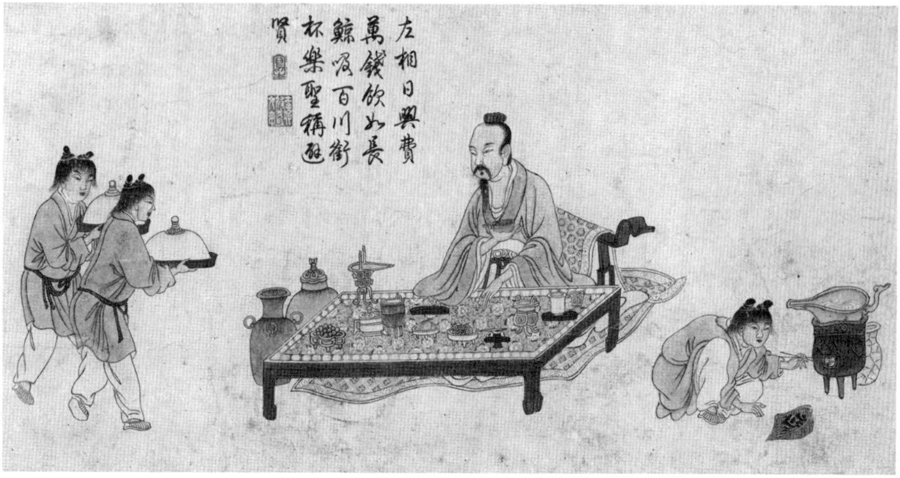


飲中八仙圖卷之李適之／元／任仁發（傳）／臺北故宮博物院藏

尚書」。

左丞相李適之（李承乾的孫子）「雅好賓友，飲酒一斗不亂，夜則宴賞，晝決公務」，他的酒宴豪華奢侈，日費萬錢。天寶五年（七四六年），李適之被李林甫排擠罷相，在家仍酒興未減，常常「樂聖且銜杯」。唐人馮贄的《雲仙雜記》卷二引《逢原記》載：「李適之有酒器九品：蓬萊盞、海川螺、舞仙盞、瓠子卮、幔卷荷、金蕉葉、玉蟾兒、醉劉伶、東溟樣。」這九件名貴的酒具，都有奇特的功能，精美絕倫。例如，蓬萊盞上雕刻了蓬萊三島的圖案，「注酒以山沒為限」；舞仙盞內裝機關，「酒滿則仙人出舞，瑞香球子落盞外」。

皇室貴族之家所用的酒具更加講究，有的堪稱稀世奇珍，楊貴妃「持玻璃七寶杯，酌西涼州葡萄酒」；「內庫有一酒杯，青色而有紋如亂絲，其薄如紙，於杯足上有鏤金字，名曰『自暖杯』」，玄宗用它飲酒，將酒倒入杯中，溫溫然有氣，不久就會滾如沸湯。

大臣石裕嗜酒如命，於家中自釀酒數甕。一日，裸其身，竟躍入甕中。又乘興語弟子：「吾平生喜飲酒，而身體毛髮尚未飲，未知酒之味。吾不可負之。」原來，灌飽了黃湯的他，遺憾身體毛髮還沒有嚐到酒味，今天才算如願以償，絕不對嘴和皮毛有厚薄之分。

《雲仙雜記》卷八引《玄山記》載，詩人元載步入仕途後，開始不會飲酒，同僚就採用各種辦法強迫他喝，他總是以鼻中聞到酒氣會醉為由推辭。其中一位同僚說：「可用術治之。」他拿針挑破元載的鼻尖，鉤出了一條青蟲如小蛇，假稱這是酒魔，除掉即可。於是，元載當天喝下一斗酒，五天之後加倍，直到嗜酒如命，不可收拾。

《唐國史補》卷下還記載了一種嗜酒的猩猩：「猩猩者好酒與屐，人有取之者，置二物以誘之。猩猩始見，必大罵曰：『誘我也！』乃絕走遠去，久而復來，稍稍相勸，俄頃俱醉，其足皆絆於屐，因遂獲之。」

## 夜禁

儘管唐人的夜生活如斯之豐富絢爛，然而，大多數都是發生在室內的宴會。實際上，唐朝是中國歷史上少有的嚴格執行「夜禁」的朝代。這一方面導致後人對唐時夜生活的質疑，另一方面也讓人們對夜禁下唐人的風花雪月充滿了好奇。

夜禁的城市是什麼樣子的？先看看雨果在《鐘樓怪人》中的描述：「街道可是越來越黑暗，越來越冷清了。夜禁的鐘聲早已敲過，偶或在街上能遇見個把行人，在住家窗戶上能瞅到一線燈光……那數不清的小街、岔路口和死胡同，錯綜複雜，彷彿是被貓撓亂了的一團線。」

《唐律疏議》卷八《衛禁》說：「又依《監門式》：『京城每夕分街立鋪，持更行夜。鼓聲絕，則禁人行；曉鼓聲動，即聽行。若公使齎文牒者，聽。其有婚嫁，亦聽。』」暮

上元燈彩圖（局部）／明／佚名

鼓響後，開始實施夜禁，這包括關閉坊市大門和禁止居民無證夜出兩方面措施。唐代的夜禁只是把居民夜間行動限制在坊內，有證的人和迎親隊伍是可以上街的。不守規矩的夜貓子被抓到了，不是挨板子，就是交錢贖罪，在《元典章．刑部》中有處罰條例，可據此推想唐時情況：「違者笞二十七下，有官者笞一下，准贖元寶鈔一貫。」夜禁什麼時候結束呢？京師各條街道由專人負責晨暮傳呼，作為居民行止的信號。即使是大臣到宮中朝拜皇帝，也須有頭戴紅色幘巾的衛士呼報時間。

透過以上內容可知，雖然有唐一代嚴格執行夜禁，卻不是一些人想的那樣陰森恐怖，夜禁並沒有禁止夜生活。實際上，就今天的城市生活經驗來看，即使不夜禁，你晚上也不可能跑到更遠的地方去，乘夜在四九城亂竄的樑上君子和盜墓者除外。

真實的歷史是，在制度和欲望的博弈中，制度往往敗北。隨著社會的興盛，或許更多的唐人習慣了安逸和玩樂，嚴格的夜禁制度漸漸放鬆，各大城市中的夜市悄然興起。宋敏求《長安志》卷八記載，崇仁坊「工賈輻湊，遂傾兩市，晝夜喧呼，燈火不絕」。王建的詩句中出現「夜市千燈照碧雲，高樓紅袖客紛紛」（《夜看揚州市》），「水門向晚茶商鬧，橋市通宵酒客行」（《寄汴州令狐相公》）等情景。

而官方正式承認的全民夜生活，少得可憐，那就是每年一次的上元燈節。《歲時廣記》卷十《上元上》引《唐西京新記》載：「京師街衢有金吾，曉暝傳呼以禁夜行。唯正月十五日夜，敕許金吾弛禁，前後各一日以看燈。」元宵節前後的夜晚，可謂「大唐狂歡節」，男女盡情出遊，人潮擁擠，熱鬧非凡。《古今事文類聚前集．天時部》引《雍洛靈異小錄》載：「唐朝正月十五夜，許三夜夜行，其寺觀街巷，燈明若晝，山棚高百餘尺……士女無不夜遊，車馬塞路，有足不躡地浮行數十步者。」

既然是狂歡，人就容易興奮。景龍四年（七一〇年）正月十四夜，中宗李顯與韋后微行觀燈於長安市里，還放縱宮女數千人出遊，結果到了第二天，有許多宮女私奔、逃跑。

與此相對應的是中世紀歐洲狂歡節的情況，透過《狂歡史》（*Burgo Pamidge, A History of Orgies London: Anthony Blondm, 1958*）中引用安東尼・曼戴（Anthony Munday）的這些描述可見一斑：

「羅馬有一次狂歡節，持續三四天，他們稱為『謝肉』。其間教皇有意離開羅馬，聽任城中喧鬧狂歡。紳士們穿著各式各樣的服裝，有的裝扮成女郎，有的則扮成土耳其人，總之，每個人都顯得稀奇古怪。他們不是騎馬，就是坐在車上，沒有人徒步行走，因為徒步行走過於危險。滿街車馬橫衝直撞。

「藝伎們興高采烈，她們在窗臺上鋪上床單，人就斜靠著站在上面，聽憑下面的紳士們將香水之類拋灑在自己的臉上。

「人人都戴著面具，因此彼此面對面也不知道是誰。如果有人嫉恨某人，也許這時就是誅殺仇敵的最好機會，誰也不會制止他，這時刻，法律業銷聲匿跡……傷害事件層出不窮，有的是蓄意謀殺，有的則遭車馬踐踏或衝撞。然而，人們對此毫不在意，照樣狂歡不誤。」

這樣恣意縱情的狂歡，或許才符合我們對唐朝的猜測，尤其是第一次參加上元燈節的人，當時的心情該有多麼興奮，簡直難以想像。

# 第三章　從揚州到長安

## 揚州夢

天寶二年（七四三年），唐玄宗李隆基和楊玉環的時代，揚州僧鑒真應日僧邀請第一次東渡，為風浪所阻。這一年，陝州刺史兼水陸轉運使韋堅在今西安市東郊長樂坡下、滻水之上，興建了一座人工湖，時名「廣運潭」，這個湖其實就是一個貨物轉運港。

唐代銅鏡

唐朝人喜歡說的一句俗諺叫作「南舟北馬」，但是在這一年，以馬代步的長安人被眼前的景象驚呆了：來自全國各地的船隻都彙集在這個轉運港裡，船上滿載貨物和各地被指派向朝廷進獻的土貢——來自北方的紅氈鞍韉；來自南方的略帶酸澀的紅橘；來自東北的用粉紅色絲綢緄邊的毛織物，以及來自西域的深紅色的絳礬。所有的貨物都被換裝到小斛底船上，後晉修的《舊唐書》中記載：「駕船人皆大笠子、寬袖衫、芒屨，如吳、楚之制。」

李隆基和楊玉環親自參加了廣運潭的開潭儀式，陝縣尉崔成甫為了邀功，命婦女大唱：「潭裡船車鬧，揚州銅器多……」銅器是揚州的特產，而又以銅鏡最出色，為重要的貢品。《太平廣記》卷二三一「李守泰」條引《異聞錄》的一則故事說：「唐天寶三載五月十五日，揚州進水心鏡一面。縱橫九寸，青瑩耀日。背有盤龍，長三尺四寸五分，勢如生動。玄宗覽而異之。」水心鏡又名「江心鏡」，是唐代最講究的鏡品，據說為農曆五月端午的午時於揚子江心船上鑄成，鑄造之時，有神仙異人參與，鏡背的龍紋則是真龍化身，可在大旱之年助雲行雨。

揚州的特產氈帽在元和中興的憲宗朝曾經名噪一時。唐人李匡乂《資暇集》卷下記載，元和十年（八一五

揚州江心鏡／新加坡亞洲文明博物館藏

年）六月，時任御史大夫的名相裴度主張對淮西用兵，遭到反對派的忌恨，他們派人行刺裴度，但當時裴度戴著一頂揚州產的氈帽，「刃不即及，而帽折其簷」，得以倖免於難。裴度是戴著揚州氈帽脫險的，「既脫禍，朝貴乃尚之。近者布素之士亦皆戴焉」，以至供不應求。據說在陰間都搶手，太山府君判官柳澥送別李敏求的游魂時，也拜託對方：「此間甚難得揚州氈帽子，他日請致一枚。」（薛漁思《河東記·李敏求》）李廓《長安少年行十首·其一》詩中說，「金紫少年郎……剗戴揚州帽」。這成為富貴公子圈的一種時尚。裴度還因揚州氈帽而得福，憲宗認為他能夠逃過一劫，全是天意，任命裴度為淮西招討使，裴度平定了淮西的內亂，被封為「晉國公」。

八世紀和九世紀的中國，兩都之外的另一個中心即是揚州，所謂「腰纏十萬貫，騎鶴下揚州」。「揚州夢」究竟是怎樣的夢境？如果我們做最世俗的比喻，九世紀的「揚州夢」和二十世紀的「美國夢」，殊途而同歸。只不過當人們紛至遝來，擁向當時的拜金城市之時，鑒真卻選擇了跨海東去。

既然有如此多追尋「揚州夢」的人，那麼，就有淘金成功者。李肇《唐國史補》卷中說，「揚州有個姓王的老闆，人稱王四舅，他家大業大，在商界非常有名望，但他異常低調，「揚州富商大賈，質庫（當鋪）酒家，得王四舅一字，悉奔走之」。大曆、貞元年間，揚州有一個叫俞大娘的女商人，專門從事淮北與江西之間的船舶運輸，非常賺錢。她的航船在同行中是最大的，「居者養生、送死、嫁娶悉在其間。開巷為圃，操駕之工數百」。羅隱《廣陵妖亂志》也記載：「有大賈周師儒者，其居處花木樓榭之奇，為廣陵甲第。」這些在揚州經商發達的成功人士，聲勢烜赫，生活奢靡無度。

## 揚州瘦馬

鑒真渡海去日本百年後，日僧圓仁於唐文宗開成三年（八三八年）七月抵揚州，是年在揚州度歲，他見到的情況是：「街店之內，百種飯食，異常彌滿。」（《入唐求法巡禮行記》卷一）自唐代開始，烹飪「南味」已漸漸分為三類，西南長江中上游為川味，東南長江中下游為淮揚味，嶺南珠江和閩江流域為粵味。淮揚處於長江中下游，臨江瀕海，漁業發達，水產豐富，時鮮蔬菜終年不斷，再加上烹飪技術的交流融會，自成一格。

彼時的揚州，已經是酒樓、飯館林立，比起鑒真東渡時，更加浮華昌盛。

有錢有閒階級大聚揚州，於是，消磨時光的風月場所便理所當然地成為揚州一大特色。花花公子杜牧回憶起客居揚州為官時的情形，道：「十年一覺揚州夢，贏得青樓薄幸名。」有文學評論家在談及杜牧心境時，用「不羈、瀟灑」形容之，然而，我們酌情揣事，杜牧的本意應當不是感慨時光之變遷，而是誇耀自己在青樓的輝煌生活史。

關於杜牧的吃花酒歷史，于鄴的《揚州夢記》有詳細記載。杜牧為牛僧孺淮南節度府掌書記，公務之餘，他在揚州縱情宴遊娛樂。揚州乃旅遊勝地，城內每到夜晚，青樓之上常有上萬盞紅紗燈懸掛起來，燦爛輝煌，照徹夜空，九里三十步的長街上，熙來攘往著頂珠戴翠的人群；遠遠望去，猶如仙境一般。杜牧就常到這裡冶遊，沒有一晚上不來的。又有兵卒三十人換成便服尾隨在他的身後，暗中保護他。但杜牧以為自己的行蹤絕無人知曉，心裡頗為得意。其實他到什麼地方尋歡作樂，牛僧孺無不心中有數。就這樣過了幾年，到他被升任侍御史時，牛僧孺在正堂設宴為他餞行，席間告誡他說：「以您的才華和氣概，在新的位子上，自能化險為夷，應付餘裕；但要顧慮的是您在風情方面不能控制自己，說不定可能影響尊體的健康。」杜牧因誤解了對方的好意，便說：「本人幸而能夠自我管束，不至於煩您操心的。」牛僧孺笑了笑，沒有說什麼，當即讓侍僕拿來一隻小書匣，在杜牧面前打開，裡面是尾隨他的那些兵卒的密報，共有上千份，上面寫的內容都是：某天夜晚杜書記到了誰家，沒有出事；某天晚上在哪一家宴飲，也沒出事……

關於揚州的青樓和風塵女子，白居易《有感》說過這麼一句話：「莫養瘦馬駒，莫教小妓女。」被稱作「揚州瘦馬」的揚州歌伎，曾經風靡大唐。

「瘦馬」顧名思義，就是瘦弱、嬌小的意思，完全是鹽商變態的心理需要。同時，揚州出現了專門養瘦馬的地方。揚州城裡和周邊農村那些衣食無著的貧寒人家，不得不賣掉自己生養、本來就瘦弱的女兒，去充當瘦馬，來度過那些窘困無助的日子。買了五六個女子回來，就開始養瘦馬。養者，即調教。光有形體瘦弱，這還不夠。瘦馬的舉手投足，一顰一笑，都必須嚴格符合鹽商的審美趣味。譬如走路，要輕，不可發出響聲；譬如眼神，要學會含情脈脈地偷看；等等。

「揚州瘦馬」聞名了數個世紀，以至到了一八三〇年代，易君左作《閒話揚州》，稱：「古人說的煙花三月下揚州，全國的妓女好像是由揚州包辦，實則揚州的娼妓也未見得比旁的地方高明。」從而引發了一場轟動全國、震驚文壇的軒然大波。「一二・八」事變後，江蘇省級機關一度疏散，易君左隨教育廳的一部分人暫時遷移揚州，住在揚州南門街。揚州清秀雅致的景觀和獨特的歷史文化形態引起了易君左的興趣。他利用這個機會，一面大量閱讀關於揚州的筆記文稿和歷代地方史志，一面縱情遊覽，僅平山堂一處，他就遊覽過二十多次，寫下了大量的日記、詩歌和小品文。回到鎮江後，易君左根據客居揚州的見聞，兼之查閱的文史資料，寫成了《閒話揚州》，由當時設在上海的中華書局出版，於一九三四年問世。

《閒話揚州》出版半年後，因為說了些「揚州瘦馬」的閒話，以至讓揚州的婦女同胞感到了影射的恥辱，於是以婦女界領袖郭堅忍為代表，揚州人組成聲勢浩大的「究易團」，聲討、抗議、告狀，攪得易君左惶惶不可終日。直至最後，揚州婦女界將易君左告上鎮江地方法庭。第一次開庭，易君左懾於揚州人民的浩大聲勢，未敢到庭。第二次開庭，易君左來了，神情沮喪，被帶入被告席，忽有人高呼：「揍易君左這個渾球！」一庭外喊打聲不絕於耳，嚇得易君左面無人色。後來，地方名士王茂如出面調解，原被告雙方達成如下協定：一、易君左公開向揚州人民道歉，賠償名譽損失八百元；二、中華書局銷毀《閒話揚州》版本。易君左公開在《民意日報》上道歉，離任江蘇省教育廳編審室主任之職。

這件事情影響之大，以致朱自清先生在《我是揚州人》一文中說：「我有些討厭揚州人，我討厭揚州人的小氣和虛氣……我曾經寫過一篇短文，指出揚州人的這些毛病。後來要將這篇文章收入散文集《你我》裡，商務印書館不肯，怕再鬧出《閒話揚州》的案子。這當然也因為他們總以為我是浙江人，而浙江人罵揚州人是會得罪揚州人的。」

## 揚州到長安

鑒真東渡成功使唐代的揚州更加受到世界的矚目。僖宗廣明元年（八八〇年），新羅人崔致遠來到了揚州，在淮南節度使高駢帳下任書記官和都統巡官，此後五年，他親身參與了揚州的政治經濟和文化生活。

中和四年（八八四年），崔致遠被唐代皇帝許以唐使節的身分歸國。後來，他把在唐朝的公文及詩歌、散文整理成一部二十卷的專著——《桂苑筆耕集》，將大唐文化傳播到新羅，被譽為「東國文學之父」、「新羅文化的聖人」。崔致遠在淮南幕時，和幕主高駢關係密切，為了向高駢祝壽，崔致遠曾特地獻上「海東人形參一軀，銀裝龕子盛」和「海東實心琴一張，紫綾帒盛」；重陽節時又送給高駢「蓬萊山圖一面」；中和節時（唐德宗始定，相傳為太陽真君的誕辰，在每年二月初一），再敬贈「人參三斤，天麻一斤」。這些新羅特產，或是摘採於美麗的山水之中，或是出自巧匠之手，又經歷了萬水千山的長途跋涉，因此十分名貴。

唐天寶六年（七四七年），揚州人口達四十七萬人，僅阿拉伯商人就有五千多人。來這裡學取真經和漢文化的日本遣唐僧人和留學生絡繹不絕。清末以後，漕運不經運河，揚州也就逐漸衰落。抗日戰爭之前，揚州人口是十二萬人，只有唐朝繁榮時的四分之一。

然而，即使揚州如斯繁華，揚州人心目中的天堂聖地仍然是京師長安，而非其他。二十一歲即高中進士的劉禹錫被貶為連州刺史時，寫過一首反映當地民情風俗的俚歌，題為「插田歌」，描述了揚州人的「長安夢」。一位跟著「上計吏」押送賦稅、物產、貢品進了一趟長安的揚州小夥子，回到家鄉以後，開始向鄉人講述自己進城的感悟和所見。他目睹了長安之繁盛和瑰麗，再也不想回鄉務農。他走了個後門，獲得補為衛士的機會，馬上就要進京任職，並且相信自己兩三年以後就要「做官人」，甚至就要大富大貴了。

這個故事讓懷有「揚州夢」的人未免感到沮喪，然而實際上，正如後人不時地希望夢回那個「菊花、寶劍和酒」的時代一樣，身處在那個時代的唐人對於長安也懷有嚮往。

唐人普遍以能夠擔任京官，尤其是秘書省、翰林院、國史館這一類清職、要職為榮。開元四年（七一六年），尚書右丞倪若水出為汴州刺史，恰逢揚州採訪使班景倩入為大理少卿，進京時路過大梁，倪若水在西郊設宴餞行。宴罷，班景倩登舟，倪若水望其行塵，謂官屬曰：「班公是行若登仙，吾恨不得為騶僕。」默然良久，乃返。羨慕之情，溢於言表。

在唐代，從揚州到長安的路途是一條漫長的水上旅行，江南的才子從揚州坐船出發，沿江南運河到京口渡長江，再順山陽瀆北上，進而轉入通濟渠，逆黃河、渭河向上，最後才可以抵達長安。《新唐書・劉晏傳》記載，有一年長安鹽價暴漲，朝廷命從淮南取鹽三萬斛，以救關中之急。詔令下達後，僅用了四十天時間，就從揚州將鹽如數運到長安，當時人以為奇事。今天，從揚州坐火車到西安不過十來個小時，去南京坐飛機則更快。而運河則早已失去漕運的功能，時空之變遷，令人感嘆。

## 東都洛陽

在唐帝國數以百計的大城市中，揚州代表了商業的浮華，對唐人來說，除了長安，還有一座城市是他們難以忘卻的，那就是東都洛陽。

在本質上，洛陽是屬於歷史的。而給歷史中的洛陽做注腳的，則是奢華和風靡。

大業六年（六一〇年）正月十五，歷史上著名的「享樂主義者」隋煬帝舉辦了一個相當於現在元宵燈會的國家級嘉年華活動。這次活動的排場相當大，全國的百戲、奇技藝人會聚洛陽，盛大的演出活動持續了一個月，每天晚上端門街都是燈火通明，人聲鼎沸，使國家財政預算出現大規模赤字。

不過隋煬帝不在乎，他又讓洛陽東市所有的店鋪進行裝修，「簷宇如一，盛設帷帳，珍貨充積，人物華盛」。哪怕是一個賣菜攤，也要鋪上用龍鬚草編織的漂亮席子，擺上美酒佳餚。

隋煬帝還在洛陽舉辦了國際貿易會，不計成本地吸引西域商賈，使絲綢之路很快繁榮起來。帝國的絲綢等運往西域，西域的珍寶也大量進入洛陽。這個奢華的帝王傾盡全國的

GDP瘋狂享樂，以致在大業十三年（六一七年）二月，李密圍逼東都，占據洛口倉之後，洛陽城內缺糧，而官庫貯存的布帛堆積如山，貴族、官僚家裡「以絹為汲綆（井繩），然布以爨（焚布生火做飯）」。

到了九世紀時的唐代，洛陽發展成為與長安並立的中國最輝煌、最美麗的城市之一。洛陽有宮殿、亭園和大批官員。洛陽還以特有的新鮮水果、美麗的花卉、帶有彩色圖案的錦緞、精美的絲綢布以及各式各樣的陶瓷製品而著稱於世。

牡丹／清／惲壽平／臺北故宮博物院藏

作為唐朝的大都城，洛陽的地位僅次於長安；而就其人口而言，洛陽有一百多萬人口，是唐朝的第二大城市。但是，武則天時代的洛陽，有著某種更為溫馨、高雅的精神生活氣氛，也許這得益於武則天對它的命名——神都。

弘道元年（六八三年）十二月初四，唐高宗崩於洛陽紫微宮貞觀殿。在最後的歲月裡，他十分想念都城長安以及母親靈魂的寓所大慈恩寺，然而他終未能如願。因為遵照他的皇后武則天的意願，帝國的中心已經暫移洛陽。此後，武則天在掌權期間，除了回長安住過

明皇幸蜀圖／唐／李昭道／臺北故宮博物院藏

兩年（長安元年十月至長安三年十月），一直居留洛陽。

武則天為何如此癡迷洛陽？司馬光在《資治通鑑》卷二〇〇中解釋說，武則天害死王皇后、蕭淑妃以後，「數見王、蕭為祟，被髮瀝血，如死時狀。後徙居蓬萊宮，復見之，故多在洛陽，終身不歸長安」。《舊唐書．后妃傳上》亦載：「后則天頻見王、蕭二庶人披髮瀝血，如死時狀。武后惡之，禱以巫祝，又移居蓬萊宮，復見，故多在東都。」岑仲勉先生認為，武則天「長期留居東都，無非為其曾在長安出家，避洛可以縱情荒淫享樂起見」。

或許是早年在宮闈鬥爭中殺戮過多，登基之後的武則天更加投入佛事。據《唐會要》記載，垂拱三年（六八七年），武則天拆毀乾元殿，在原地基上建明堂。次年正月初五（一說當年十二月二十七日），明堂落成，高二百九十四尺，底部東西南北各廣三百尺，共三層，上為九龍捧鳳，鳳高十尺，用純黃金裝飾，中間有一根十圍粗的大木柱，上下貫通，下面安置鐵製水渠，號「萬象神宮」。

武周時代，南市是洛陽巨大的市場，南市的占地面積達兩個街區（「坊」）。在這個市場裡，有一百二十個分類經營商品的集市或街，整個市場包括數千家單獨的商店和貨棧。對於居住在洛陽的外國人來說，洛陽城裡有平時奉祀外國神的寺院，其中有三所寺院是拜火寺，從而證明了波斯移民的存在。武周時代的洛陽城延續了隋煬帝時代開創的風範，時尚潮流，繁華異常，並且是國家重要的考場，在當時盡顯風流，眾多才俊會集於此，開後世建立書院研究典籍之風。

武則天時代洛陽的宮殿群——洛陽宮和萬象神宮，是歷史上最華美的宮殿群之一。而高宗在洛陽時行政的上陽宮，「南臨洛水，西拒瀫水，東即宮城，北連禁苑」，其正門正殿皆東向，傍洛水做橫亙一里長的長廊，並做虹橋跨洛水與西上陽宮相連。宿羽宮和高山宮亦輝煌壯麗，承高臨深，有眺望之美。因宮室過於壯麗，其建造者司農卿韋弘機被指責為誘導皇帝棄儉從奢，獲罪丟官。

時至今日，洛陽南市已消散於市井的犄角旮旯，從洛陽王城廣場東市百貨大樓的名字裡依稀可尋東市的印痕，至於那些瓊樓玉宇，只能站在隋唐遺址公園上想像了。而溫柔坊和恭安坊這兩個有名的坊，現在蹲著洛陽師範學院。定鼎門則被高爾夫球場占據了，只是不知精英們揮杆的時候，是否會擊中唐朝的塵埃。

洛陽還因為武則天與牡丹的關係而為人所知。據說這位女皇是一個極富感情的人，尤好牡丹，她將長安的一些牡丹帶到洛陽來，牡丹也就在洛陽繁盛了。據唐人舒元輿《牡丹賦序》說，那個時候，從貴族到平民，每家都種牡丹，盛開的牡丹彌漫開來，如同四野的河水般燦爛。每年暮春之月，遊玩的書生、花癡和狂士如同犯了「花粉期綜合症」般迷醉，這一場面成了洛陽的一大盛景。

每一年，牡丹花盛開的時候，整個洛陽城，都充滿了花香，這種香味很特別，不沖，卻香氣襲人。隨著陣陣春風吹拂，牡丹花的香味傳得更遠。面對這名花，縱然有無限春愁秋恨，都可以消除。

## 益州成都

今天翻開中國古代的城市歷史可以發現，對於唐代來說，兩京之外的揚州，只是諸多大城市中的一個。成都在當時叫益州，在天下長安、洛陽之外的各州郡排名中位列第二——揚一益二。揚州自古就是煙柳繁華之地、溫柔富貴之鄉，成都則以豐富的物產和發達的商業、手工業著稱。唐代中期的成都，其規模和人口是隋朝時的十倍。成都的聞名，還在於它是唐帝國大逃亡時的後花園。有唐一代，皇帝逃跑的第一選擇必然是過秦嶺下成都。以至到了唐朝後期，皇帝不得不在成都屯下重兵，保證自己成功逃亡。

天寶十五年（七五六年）七月二十八庚辰日，玄宗的車駕抵達成都。他們在成都城外清點士兵和宮女時，發現「扈從官吏軍士到者一千三百人，宮女二十四人而已」。這些狼狽的士兵和宮女日夜兼程，穿越秦嶺崎嶇的山路，日曬雨淋，個個蓬頭垢面。玄宗在成都待了一年又兩個月。成都有當今天子駐紮，蜀郡升為成都府，號「南京」。史籍沒有記載玄宗在成都的生活細節，只說禁衛軍和蜀軍發生矛盾，把這個逃難的皇帝嚇得膽戰心驚。

一百二十多年後，廣明元年（八八〇年）十二月，黃巢的軍隊攻入長安，當天百官退出朝堂，聽說亂兵已入長安城，分路躲藏。只有五百名神策軍士兵護衛著唐僖宗自金光門悄悄出城，福王、穆王、澤王、壽王及幾個妃嬪也隨鑾駕而去，百官竟無人知曉皇帝去向。唐僖宗晝夜不停地奔馳，隨從大多跟不上。唐僖宗的車駕既已遠去，長安城中的軍士及坊市百姓爭先恐後地闖入皇家府庫盜取金帛。入城的黃巢坐在一架金色馬車上首先到達。隨後的軍隊——此時已達數十萬眾——全部穿著錦緞，頭髮一律紮著紅絲帶。僖宗一路奔逃到成都，途中沒有人供給糧食，幸虧後面趕上的漢陰縣令李康用騾子運糗糧數百馱獻給行營，隨從逃亡的軍士才有飯吃。

光啟元年（八八五年）正月，僖宗自成都起程，三月重返長安。不料到了當年臘月，河中節度使王重榮的大軍又進逼長安，僖宗第二次逃亡成都，結果在半路上生病了，跑到興元（漢中）就煞住腳。

唐代成都的城市人口數量約為十萬戶，五十萬人。街道共有三四百條，各類「坊」也有一百二十個。季節性的專業市場有春天的茶市、夏天的扇市、秋天的藥市等。這時候，成都的造紙業、製瓷業跟織錦、漆器一樣名聞全國。唐朝政府曾經做出規定，凡各種公文和重要圖書，一律以益州麻紙書寫。邛崍產的「邛三彩」，寓居成都的詩人杜甫曾經用手摸過，說它的質地像玉一樣溫潤，胎底像霜雪一樣潔白。

浣花溪，在成都西郊。明人鐘惺《浣花溪記》說：「出成都南門，左為萬里橋。西折纖秀長曲，所見如連環、如玦、如帶、如規、如鉤，色如鑒、如琅玕、如綠沈瓜，窈然深碧，瀠回城下者，皆浣花溪委（指水流彙聚處）也。」杜甫在浣花溪邊建立了草堂。薛濤也曾居浣花溪，這個女校書喜歡在住處造紙，採用木芙蓉皮做原料，加入芙蓉花汁，製成深紅色的精美小彩箋，用於寫小詩酬和，人稱「薛濤箋」或「浣花箋」。浣花溪水清滑，所造紙箋光潔可愛，為他處所不及。關於「浣花箋」，有很多題詠，韋莊有詩曰：「浣花溪上如花客，綠暗紅藏人不識。留得溪頭瑟瑟波，潑成紙上猩猩色。手把金刀擘彩雲，有時剪破秋天碧。不使紅霓段段飛，一時驅上丹霞壁。」（《乞彩箋歌》）李商隱也有詩讚曰：「浣花溪紙桃花色，好好題詩詠玉鉤。」（《送崔珏往西川》）

《太平廣記》卷一二二《報應二十一》收錄唐人盧氏《逸史》的片段，記載了成都一則傳奇的官員奪別人妻子的故事。

天寶末年，有一個姓張的人任劍南節度使。中元節那天，他下令給成都城內的寺院隆重裝扮，任憑善男信女去遊覽。原來，華陽人李尉的妻子非常美麗，有閉月羞花之貌，蜀地的人都聽說過。張某也知道這些傳聞，忍不住想一窺究竟，特意製造機會。

各寺院如期展出各種奇器珍寶，全城百姓都出來遊覽了，凡是有州縣官員的眷屬前來觀賞的，手下人一定去報告張某。唯有李尉之妻沒來。張某失望至極，又派人向鄰居打聽，原來李妻「果以貌美不出」。張某再次下令，召集成都的能工巧匠，在開元寺的大院裡製造奇器。工匠們「極其妙思，作一鋪木人音聲，關戾在內，絲竹皆備」。這是一整套能演奏出各種音樂的木人，並有控制木人動作的機械裝置，而且樂器種類齊全。張某對此非常滿意，「令百姓士庶，恣觀三日，云『三日滿，即將進內殿』」，也就是說，木人樂隊只展出三天，其後將送往京城獻給皇帝。

這次展覽異常熱門，百里之內，車輛和轎子塞滿道路。「二日，李君之妻亦不來。三日欲夜，人散。」這時，有探子報告，李妻乘轎子出門，帶著一個丫鬟朝開元寺方向而來。張某連忙換上衣服到開元寺去，躲入院內一尊中空的佛像，以便偷看。一會兒，李妻抵達，先叫丫鬟確認屋內無人，才下轎。張某見到她，不禁感嘆道：「乃神仙之人，非代所有！」意思是說李妻一定是仙女，如此美麗，絕非人間所有。張某暗自思量如何能得到李妻。湊巧，「李尉以推事（審理案件）受贓（賄賂），為其僕所發（舉報）」。張某乘此機會，加重懲罰李尉，「奏杖六十，流於嶺南」，李尉蹊蹺死於流放途中。張某再施手腕，最終得到了李妻。

這個故事中類似今天音樂八寶盒的機械木人樂隊，十分奇巧，實際上，唐傳奇記載了很多類似的機關和神奇物品。如唐人牛肅《紀聞》說，開元年間，東海郡的馬待封擔任宮廷技師，「能窮伎巧」，「於是指南車（方向儀）、記里鼓（計算距離的儀器）、相風鳥（測定風向的儀器）等，待封皆改修」，其精良巧妙，超過前人。尤其是為皇后造的梳妝檯，「中立鏡臺，台下兩層，皆有門戶」。皇后梳洗打扮時，開啟梳妝檯，便有木製機械美人，手執毛巾、梳篦出現在面前，「至於面脂、妝粉、眉黛、髻花，應所用物」，都是機械美人拿著，按照次序來到皇后面前。皇后妝罷，機械美人手持梳妝用品離去，妝台諸門皆關閉。「其妝台金銀彩畫，木婦人衣服裝飾，窮極精妙焉。」

## 廣州港

廣州是另外一個重要的港口城市，和揚州不同的是，廣州被稱為「通海夷道」，主要用於對外交往。當時從廣州出發，沿今越南海岸航行，穿過新加坡海峽、蘇門答臘島、錫蘭島（今斯里蘭卡島）到達印度半島西岸。在此分為兩路：一路進波斯灣，沿東岸抵幼發拉底河口的烏剌國，陸行至當時世界商業中心之一巴格達；另一路由印度半島橫渡印度洋，到達非洲東部的三蘭國，也可通到烏剌國。這是當時世界上溝通亞非兩洲最長的一條遠洋航線，全長一萬多公里。

薛愛華在《撒馬爾罕的金桃：唐朝的舶來品研究》中記載了這些海客在廣州的生活、貿易情形：「那些皮膚黝黑的外國人，在廣州出售他們帶來的氣味芬芳的熱帶木材和幾乎近於神奇的藥材，求購大捆的絲綢、成箱的瓷器和奴隸。他們從事的貿易活動使那些甘願放棄北方的舒適生活，來到南方經商營利的商人發了大財，同時也使廣州城和嶺南道的統治者得以具有了超乎尋常的崇高地位……」

《唐大和上東征傳》講到天寶九年（七五〇年）鑒真從海南島來到廣州，看見珠江上的情景是：「江中有婆羅門、波斯、昆侖等舶，不知其數，並載香藥、珍寶，積載如山。其舶深六七丈。師子國、大石國、骨唐國、白蠻、赤蠻等往來居住。種類極多。」婆羅門即現在的印度，波斯即現在的伊朗，昆侖即現在的馬來半島、印尼，師子國即現在的斯里蘭卡，大石國即大食國，指阿拉伯帝國，骨唐國、白蠻、赤蠻現已無法弄清其具體方位。鑒真看到的這些外商，大抵來自從今馬來半島到阿拉伯半島之間的地區。

《中國印度見聞錄》記載，回曆二六四年（八七七年九月十三日至八七八年九月二日），黃巢率叛軍進攻廣州，遭到了城內居民的抵抗。黃巢圍城多日，才得以破城，入城後，便放縱士兵，屠殺城內居民。據熟悉中國的人說，不計罹難的中國人，僅寄居城中經商的伊斯蘭教、猶太教、基督教、拜火教的教徒，總共有十二萬人被殺害。後來，另一位阿拉伯地理學家馬蘇第（Al-Masudi）在《黃金草原與寶石礦產》（*Meadows of Gold and Mines of Gems/Muruj adh-dhahab wa ma’adin al-jawhar*）中說被害的人數是二十萬人。

廣州還有著唐帝國最先進、數量最多的戰船。德宗興元元年（七八四年），杜佑為嶺南節度使，在廣州督造戰船，有樓船、艨艟、鬥艦、走舸、遊艇、海鶻六種，「其船，闊狹、長短隨用大小；勝人多少，皆以米為率，一人重米二石。其楫、棹、篙、櫓、帆、席、絙索、沉石、調度，與常船不殊」。

《唐國史補》卷下記載：「南海舶，外國船也，每歲至安南、廣州。師子國舶最大，梯而上下數丈，皆積寶貨。至則本道奏報，郡邑為之喧闐。有蕃長為主領，市舶使籍其名物，納舶腳，禁珍異，蕃商有以欺詐入牢獄者。舶發之後，海路必養白鴿為信。舶沒，則鴿雖數千里，亦能歸也。」彼時，遠航的海客已經知道使用馴養的信鴿來傳遞資訊。又記載：「舟人言：鼠亦有靈，舟中群鼠散走，旬日必有覆溺之患。」人們也發現了動物對於自然危險的預知性，在海船上養一窩老鼠，如果老鼠倉皇亂竄，那意味著有大浪或海嘯。

一世紀，波斯灣北岸的阿曼（Oman）出現一種用棕櫚纖維捆紮的馬達拉塔船（madarata）。後來，這種造船技術在錫拉夫（Shiraf or Siraf，波斯最大的海港）和阿曼發展成用椰索繩縫合、用油灰填塞船縫的新式縫合木船。中世紀早期，阿曼和阿拉伯半島南部沿海的船工還創造出用椰索縫合的單桅木船，叫作「馬卡布」（markab）和「賽發納」（safinah）。直到九世紀，阿拉伯的船隻仍然有「用繩索（不是用釘子）拼合的」，「用繩索槧拴合船板，是錫拉夫船特有的特點」。

東征傳繪卷（局部）／日本唐招提寺藏
新任遣唐使藤原清河前來拜會鑒真。

唐代，這種用桄榔纖維縫合木船的技術在嶺南沿海流傳。劉恂《嶺表錄異》卷中云：「桄榔樹，枝葉並蕃茂，與棗、檳榔等小異。然葉下有鬚，如粗馬尾，廣人采之，以織巾子。其須尤宜鹹水浸漬，即粗脹而韌，故人以此縛舶，不用釘線。」劉恂還記載了時人發明用「橄欖糖」填塞船縫的方法：「橄欖樹……樹枝節上生脂膏如桃膠，南人采之，和其皮葉煎之，調如黑餳，謂之橄欖糖。用泥船損，乾後，堅於膠漆，著水益乾耳。」

為了模擬和驗證唐代「廣州通海夷道」（遠洋航線帆船利用季風及海流的航海術航行到廣州）的便利，紀念阿曼著名航海家艾布．阿比達（Abu Ubayda）曾於八世紀中葉乘船來廣州的事蹟，以及慶祝阿曼的國慶，一九八〇年由阿曼蘇丹卡布斯（Sultan Qaboos Bin Said）倡議和資助，仿照唐代的木雙桅三帆船，造成了以阿曼國古都蘇哈爾（Sohar）命名的「蘇哈爾」號帆船，搭載航海家、海洋生物學家、潛水夫、攝影師、醫生等二十多人，於十月二十三日從阿曼首都馬斯開特（Muscat）出發來廣州。全船不裝近現代動力設備，全憑季風鼓帆行駛；也不配備科學儀器，而是借助於羅盤針、占星術等中世紀方法判斷方位和航行。「蘇哈爾」號戰勝了大海的浩渺鯨波，沿著唐代大食到廣州的航線，駛過了唐代中外文獻所記載的七個海——波斯海、拉爾海、海爾肯德海、質或硤海、軍突弄海、孟加拉海、西支那海，歷時二百一十六天，航程長達六千英里（九千六百公里至九千八百公里），於一九八一年七月一日順利到達珠江口，並駛入廣州港洲頭咀碼頭。

西湖圖／元／佚名／美國克利夫蘭藝術博物館藏

## 杭州

另一座江南名城杭州此時還沒有達到南宋國都臨安的輝煌，但已經顯露出風華絕代的顏色。隋初把錢唐縣升為杭州州治，特別是接著而來的江南運河在七世紀初開鑿，從此，杭州到中原，有了直達的水路交通。杭州成為江南運河的終點，又是運河與錢塘江的交匯處，而作為州治的柳浦，恰恰又是南渡去會稽的要津。這樣，杭州就躍升為一個商業城市，因而得到了迅速的發展。此外，喜愛狎妓的白居易在杭州充分展示了自己的政治才華，他主持疏浚了西湖，並疏通了六井的阻竇，使之恢復充沛，自此，西湖成為中國人心目中最喜愛的湖。

有唐一代，平民百姓來西湖是散步，遊歷的詩人則是來西湖懷念一個女子——蘇小小。蘇小小，錢塘名倡，身世沒有詳細記載，卻出現在眾多唐代文人的筆下。長著一張絲瓜臉的詩人李賀，曾經騎著小毛驢，在西湖邊寫下懷念這位女子的傳世詩歌：「無物結同心，煙花不堪剪。」

開元十三年（七二五年），大理少卿袁仁敬出任杭州刺史時，發動百姓造林，「植松於行春橋西，達靈竺路，左右各三行，每行相去八九尺，蒼翠夾道，陰藹如雲，日光穿漏若碎金屑玉，人行其間，衣袂盡綠」（清雍正《西湖志》卷三）。這就是後世聞名的西湖九里松，可惜在清季毀於一旦。

很多中國人都知道「緣定三生」這句話，三生分別代表「前生」、「今生」、「來生」，《紅樓夢》第一回便有這麼一個緣定三生的故事：「只因西方靈河岸上三生石畔，有絳珠草一株，時有赤瑕宮神瑛侍者，日以甘露灌溉，這絳珠草始得久延歲月。後來既受天地精華，復得雨露滋養，遂得脫卻草胎木質，得換人形，僅修成個女體，終日游於離恨天外，饑則食蜜青果為膳，渴則飲灌愁海水為湯。只因尚未酬報灌溉之德，故其五內便鬱結著一段纏綿不盡之意……那絳珠仙子道：『他是甘露之惠，我並無此水可還。他既下世為人，我也去下世為人。但把我一生所有的眼淚還他，也償還得過他了。』」彼岸花也就是曼珠沙華，在古梵文佛經中，意指地上之花。在西方，它是由神魔之血混合後誕生的。

而三生石便在杭州，唐人袁郊《甘澤謠．圓觀》記載。隱士李源住在洛陽惠林寺，和住持圓觀（他書或作圓澤）交好，互為知音。兩人相約去四川遊玩，上青城、峨眉，同訪道求藥。圓觀想游長安、出斜谷，從北部陸路入川，而李源想上荊州、出三峽。爭此兩途，半年未決。最後在李源的堅持下，兩人從長江水路入川。行舟至南浦時，停泊於山下，遇見一群婦女正在河邊汲水。圓觀一見她們就哭了，說他之所以不願意走水路，正是因為他註定要做其中那個懷孕三年的王姓婦人的兒子，現在既然遇到了，就躲不開了。他和李源相約十二年後的中秋月夜在杭州天竺寺外相見。當晚，圓觀便圓寂了，孕婦也順利產子。過了三天，李源去探視嬰兒，繈褓中的男娃果然對著他一笑為驗。十二年後，李源如約來到杭州天竺寺，見到一個牧童唱道：「三生石上舊精魂，賞月吟風莫要論。慚愧情人遠相訪，此身雖異性常存。」李源與之相認，牧童說他就是圓觀，但是塵緣未了，不能久留，唱道：「身前身後事茫茫，欲話因緣恐斷腸。吳越江山遊已遍，卻回煙棹上瞿塘。」唱完他就離去了。

如今，人們天天穿梭在唐代大城市廢墟之上的人流裡，趕公車，然後在菜市場和電視機旁度日。在西安、揚州、成都、廣州和杭州這些昔日盛唐的大城市中，有許多人像蒲公英一樣飛走，五年之內，他們當中有百分之八十左右的人都會離開，嫁人生子、改行、跳槽到對手公司、自立門戶。曾經，一個來自英國北部的搖滾樂團，神韻合唱團（The Verve），在巔峰時刻毅然宣布解散，留下的是告別作「History」唱片封套上的一句話：「所有告別都該是突然而來的。」有的時候，你會發現，迷戀一個城市遠遠比迷戀一個人的靈魂容易得多。

## 坊市

一八九三年，在芝加哥舉辦的世界哥倫布紀念博覽會（World's Columbian Exposition）引發和推動了美國的「城市美化運動」（City Beautiful Movement），帶動了美國地方政府一系列的改革運動，如衛生改革運動、保證城市開放空間運動、住房改革運動等，形成了許多影響至今的規劃制度。

當時美國進行「城市美化運動」及城市規劃的動機，一是用城市建設來炫耀，同時促進城市經濟的發展；二是企圖以政府有限的介入來協調對土地資源的使用，控制土地投資等資本主義市場經濟的自發行為。

實際上，唐代的城市規劃已經預設了各種社會勢力追求控制城市土地資源以謀取利潤的土地投機行為，因此唐代自立國開始，承襲了前代的一些做法，在城市建設上實行坊市制度，即嚴格區分商業貿易的「市」與居民住宅區「坊」，並加以嚴密的管理控制。

當時，從京城到各地州縣均設置「市」，各大城市的「市」中更是店鋪林立，貿易繁榮。在北方，京城長安東市，南北居二坊之地，「街市內貨財二百二十行，四面立邸，四方珍奇，皆所積集」（宋敏求《長安志》卷八）；而在南方的揚州，古稱廣陵，「當南北大沖，百貨所集」，也吸引了諸道節度觀察使來此與民爭利，「多以軍儲貨販，列置邸肆」（《唐會要》卷八十六《市》）。

自唐中期起，商業的繁榮和市場的擴大日益衝破坊市制度的限制。一方面，在「市」

以外各坊有形形色色的商肆店鋪日漸散布，貿易交換不再局限於「市」內進行。而且，有許多小商販挑著擔子走街串巷，直接深入居民區進行商業貿易。另一方面，嚴格實施的夜禁措施漸漸放鬆，夜市開始出現在長安、揚州、汴州等大城市。同時，唐代城市中的市場規模也不斷擴大，成為市民進行商品性消費時最重要的硬體。

商業發達使唐朝的城市更具吸引力，很多胡商和使節在唐朝各個城市定居，富豪也湧入了城市置業。於是，房地產業成了城市最熱門的行業之一。

唐中宗嫡女長寧公主就是一個知名的「房地產開發商」。她出嫁時，母親韋后賜給她兩千五百戶的采邑，比親王的待遇還多三倍，另外還有數不清的金銀賞賜。哪知道，這位酷愛房地產開發的公主為了把府邸打造成洛陽城的地標，又是圈地，又是裝修，直接把公主府裡的錢花光了。

隨後，為了緩解資金壓力，長寧公主又打著韋后的名義在長安圈占了兩塊升值潛力巨大的地皮——高士廉府邸和左金吾衛的軍營。圈到手後，她立即開始蓋房，硬是把兩處合二為一，成為長安城的新地標。接著，長寧公主開始進軍商業地產，她把府邸西邊的空地圈了過來，開發成豪華馬球場，以增加自己開發物業的配套價值。後來，她聽說當年唐太宗愛子魏王李泰的老宅子不錯，有池塘三百畝，升值前景可觀，就再次出手，強行圈了過來，開發成超豪華別墅。除了在京城城區拿地，她還特別留意郊區有升值潛力的地塊。洛陽剛取消了永昌縣的設置，她就把縣衙搶到手，開發成自己的新府邸。

李隆基平定韋後之亂之後，貶長寧公主駙馬楊慎交為絳州別駕，命夫婦二人一同前往。長寧公主當時在洛陽的府邸剛剛建好，還沒來得及住進去。她含淚退出房地產界，交出這片宅邸作為景雲祠，也就是唐睿宗李旦的紀念堂，又出售了長安的兩處豪華府邸。長寧公主在賣府邸的時候，光木石等建築材料的價值便值二十億萬錢，這還不包括傢俱、裝修、地段價值，著實讓帝國人民開了一回眼界，要知道，在開元、天寶年間，一斤米也不過十文錢。

建中四年（七八三年）六月，經歷過安史之亂後的唐帝國，藩鎮與朝廷的戰火愈演愈烈，自討伐叛藩以來，「月費錢百三十餘萬緡，常賦不能供」。掌管戶部實權的判度支趙贊把目光瞄向了數百年積累的「房地產」，向當朝皇帝德宗建議實行稅間架與除陌錢二法（《資治通鑑》卷二二八）。

所謂稅間架，就是徵收房屋稅。根據《資治通鑑》的記載，「所謂稅間架者，每屋兩架為間」。也就是說，兩個並列的屋架之間的空間為一間，以此為徵稅單位。此外，還按照房屋分為三個等級，「上屋稅錢二千，中稅千，下稅五百」。與此相配合的除陌錢就是徵收房地產交易稅。不管公私贈予還是買賣，每緡（千錢）官留五十錢（收百分之五）；以物相貿易者，折錢計算。為防止偷稅漏稅，德宗在物業稅徵收上有著嚴格規定，凡是膽敢隱藏實有房間的，杖打六十。對於勇於揭發這些藏匿行為的舉報人，則獎勵五萬錢（敢匿一間，杖六十，賞告者錢五十緡）。一時間，全帝國不見納稅人，只見線人滿天飛。

然而，經歷過安史之亂後，帝國的元氣大傷，再不復貞觀、永徽、武周、開元、天寶的盛世，彼時的帝國，戰亂紛紛，房地產價值一落千丈，人們居無定所，說不定明天就要因為戰爭捲鋪蓋跑路了，因此，這個短命的唐代房地產改革只有幾個月就夭折了。

## 商業社會

如何在大城市的繁雜格局中統一人的內部世界和外部世界，充分維護和發展城市中各個區域、各種文化、各種人群的多樣性和各自特性，這個問題是美國城市理論家劉易斯·芒福德（Lewis Mumford）一九六一年在《城市發展史》（*The City in History: Its Origins,*

*Its Transformations, and Its Prospects*）中提出的。實際上，在唐朝，伴隨著大城市的出現，這些問題也顯現了出來，然而，唐朝的大城市在一個相當長的時間裡保持著昌盛的發展——至少從表面上看是如此。

薛愛華在《撒馬爾罕的金桃：唐朝舶來品研究》一書中做過論述。第一，這一時期是一個時間漫長、富足安定、物價低廉的時代，「南詣荊、襄，北至太原、范陽，西至蜀川、涼府，皆有店肆，以供商旅。遠適數千里，不持寸刃」（《通典．食貨七》）。第二，隨著商業貿易的發展，古老的自然經濟開始動搖，並最終在開元十九年（七三一年）被得到官方認可的貨幣經濟取代了。貨幣經濟地位確立的結果，促成了經濟狀況的空前繁榮，而像揚州和廣州這樣的商業中心尤其如此。第三，新的金融界不僅代表了商人和中間商的全盛時代，而且也宣告了獨立自耕農的崩潰，唐朝創建初期授予自耕農的小塊土地在八世紀時就已經喪失殆盡了，大量無土地者為龐大的城市運轉提供了人力資源。

城市商業社會的建立，相當程度上是由於唐代農業社會的安定與富足，唐朝政府很重視農田水利灌溉。據史載，在唐前期一百三十多年中，興修的水利工程達一百六十多項，分布於全國廣大地區。隨著水利的發展，唐代的灌溉工具也有相應的進步。當時，除了以前已有的桔槔、轆轤、翻車還在普遍使用，人們又創造了連筒、筒車和水輪等灌溉新工具，大大提高了灌溉效率。唐自統一全國以後，農業生產開始恢復，到玄宗開元年間發展到高峰。農業生產發展的結果，使糧價越來越便宜。開元十三年（七二五年），「東都斗米十五錢，青、齊五錢，粟三錢」（《資治通鑑》卷二一二）。此後直到天寶末年，物價長期穩定。

唐人李翱《平賦書》說：「一畝之田，以強並弱，水旱之不時，雖不能盡地力者，歲不下粟一石。」《新唐書．食貨志》載：「憲宗……乃以韓重華為振武、京西營田、和糴、

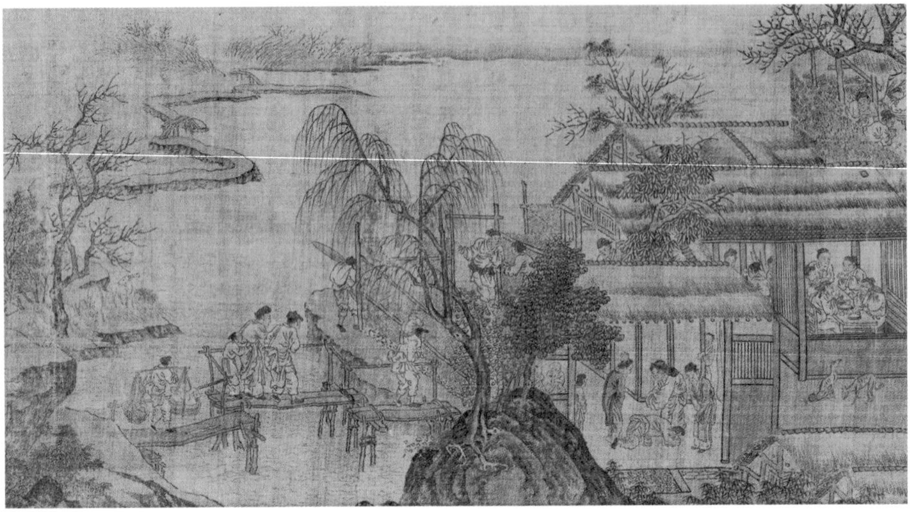

耕漁圖（局部）／唐／李思訓／臺北故宮博物院藏

水運使……因募人為十五屯，每屯百三十人，人耕百畝……墾田三千八百餘頃，歲收粟二十萬石，省度支錢二千餘萬緡。」由此材料計算，屯田者共耕田一千九百三十畝，合畝產為一．〇二五石。唐量畝產一石合三．八一石，再考慮到種豆等因素，打九四折，折合為畝產三．七五石，折合今市制為畝產三三四斤。而據經濟史專家吳慧研究，清代的平均畝產比明代（畝產三四六斤）共增加二十一斤，也不過為三六七斤。

除此之外，帝國強大的影響，保證了前來交易的各國胡商的安全和相對公平，那個時候，從中亞到長安的絲綢之路納入帝國的統治版圖下，使這條商路不但可以受到帝國軍隊的保護，還有順暢的郵路和驛站。

於是，商業的繁華、富足安定的農業社會、強大的帝國影響，自然造就了文藝的繁華，這也使今天我們能夠從各種典籍詩歌中體會唐代給予的想像力。從物質到精神，唐代呈現給我們的是一個完整的盛世 DNA 圖譜，而城市，只是其濃縮的體現罷了。

# 第四章　胡人的唐

## 西市

貞觀四年（六三〇年），來自唐帝國西北的酋長們為皇帝李世民獻上了一個令後世中原皇帝羨慕不已的尊號——「天可汗」，意為李世民不僅是大唐皇帝，更是諸蕃共尊的萬王之王，「敬之如父，禮之如天」。

實際上，「天可汗」的稱號被後世皇帝羨慕甚至仰慕，不僅在於其稱呼上的尊貴，更在於一種實質性的政治體系。李世民以大唐皇帝的身分兼行可汗事，諸蕃既維持本族風俗，又接受大唐官職。

此後，胡人開始以大唐公民的身分登上大唐帝國的歷史舞臺，從西北的絲綢之路到南方的大海，甚至高麗和日本，都有胡人的蹤跡。這些天生的漂泊者和遊牧者，就像中世紀遊蕩歐亞大陸的吉卜賽人，不同的是，吉卜賽人以賣藝為生，胡人則大多數以經商聞名。

當然，長安也雲集了很多胡人藝術家。

唐胡人俑

唐德宗貞元年間，來自西域康國的少數民族音樂家，宮廷裡的著名樂師康昆侖代表東市，與西市推出的琵琶高手鬥曲。後來各種筆記描述的現場場景，大都做過藝術加工，突出了其中的戲劇化效果。段安節《琵琶錄》載：「正（貞）元中，康昆侖琵琶第一手。兩市樓抵鬥聲樂，昆侖登東彩樓，彈新翻羽調《綠腰》，必謂無敵。曲罷，西市樓上出一女郎抱樂器云：『我亦彈此曲。』兼移在楓香調中，下撥聲如雷，絕妙入神。」白居易《琵琶行》中「輕攏慢撚抹復挑，初為霓裳後六么」一句，便來自這場比拼。

今天，當我們在西安高新區的唐城牆遺址公園看到地面上那幅唐長安城全貌圖時，會發現「東市」、「西市」鑲嵌在諸多「坊」間。東市位於現在西安交通大學一帶，在當時主要是國內市場。西市則位於西安市勞動南路和東桃園村之間，是當時世界上最重要的國際性市場和時尚娛樂中心。相比東市，西市更嘈雜，更大眾化。西市也是處決犯人的地方。此外，西市的外國貨也比東市多。

依照唐朝法令，每個集市都要陳列出寫明其專營貨物名稱的標誌，每個集市都被貨棧環繞，而且都有自己獨特的商品種類和一位首腦（行頭）。大多數胡商都來到西市，陳列

唐加彩胡人俑

出自己帶來的要出售的商品。透過西市時，你會看到一排排的屠宰市、金屬器皿市、衣市、馬市、絲綢市和藥市。

八世紀中葉以後，茶葉商人特別受消費者的歡迎。新的飲茶風尚並非僅在漢人中流行，據說，來到長安的回紇人在辦事之前，第一件事就是驅馬前往經營茶葉買賣的店鋪。這些嗜茶者的同胞——回紇高利貸商人，在西市的胡商中占有重要的地位。

當其盛時的西市，是長安城中一個著名的酒類生產地，唐代名酒「西市腔」即產於此。唐代手工業與商業分工並不明顯，按照《唐六典》對工商業所下的定義，「工作貿易者為工，屠沽興販者為商」。工作貿易者是自製自銷，也就是手工業者兼經商。造酒業就屬於此類。西市不僅經營酒買賣，也進行酒類生產。「西市腔」是產於西市酒家的最有名的品種，品質高，價格貴，享譽全國——唐代的茅臺也。

由於西市的國際化地位，這裡的傳奇逸事多被載入史冊。唐人張鷟《朝野僉載》卷六記載，唐代魏伶做長安西市丞時，養了一隻紅嘴烏鴉，經常在熱鬧的地方向人要錢。如果有人給它一文，它就銜著送到魏伶的住處，每天能收幾百文，人們叫它魏丞烏。

那個時候，長安胡人薈萃，奇貨雲集，突厥王子仔細揣摩著來自印度的珠寶商的神情舉止，日本的參拜者則以驚奇的目光凝視著粟特的商隊。而有些人則得到了財富。薛愛華在《撒馬爾罕的金桃：唐朝舶來品研究》一書中講道，一位阿曼的猶太商人從唐朝帶回了一隻黑瓷瓶，瓶子上蓋著金蓋，裡面放著「一枚黃金製作的魚，魚的眼睛是用紅寶石鑲嵌成的」，而且「瓶子裡還添加了品質最上乘的麝香」，「光是瓷瓶裡盛放的東西的價值就達五萬第納爾」。

回紇王供養像／莫高窟第 409 窟

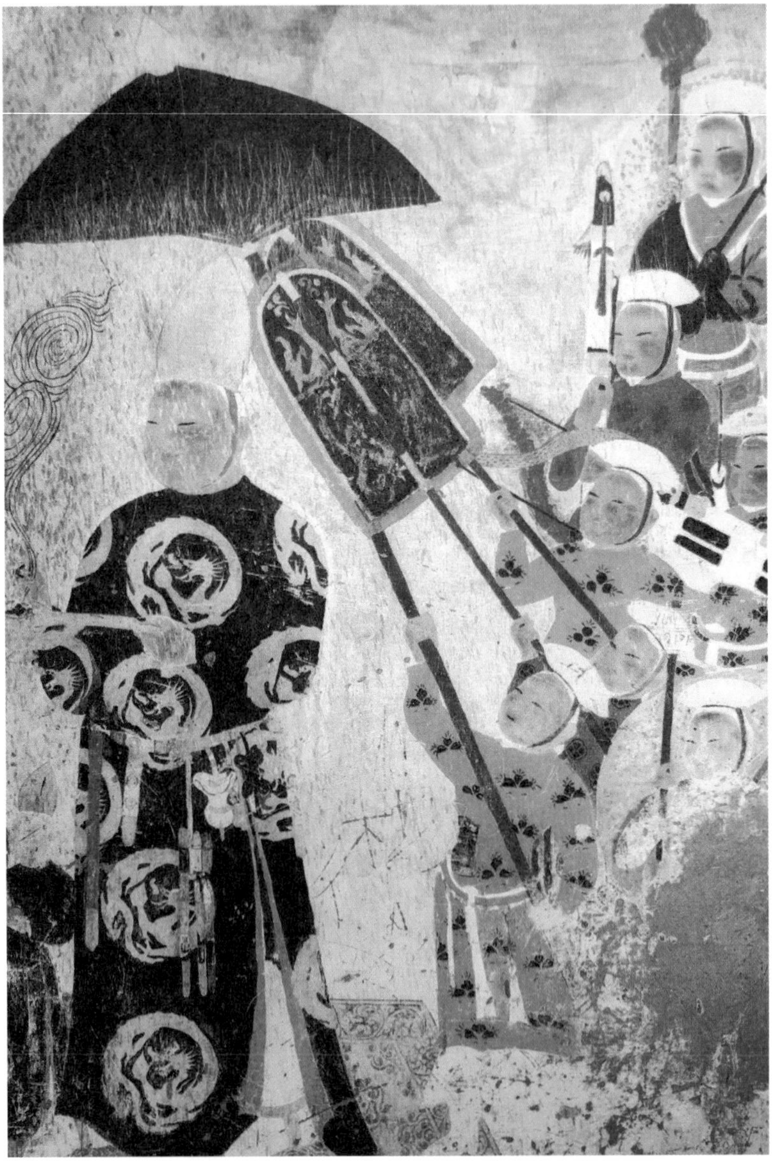

## 突厥人

在來往帝國的胡人中，最驍勇的是突厥人，傳說他們的祖先是中亞大陸上的草原狼。現在全球約有一億三千萬名使用突厥語族語言的人，他們大多自稱突厥人或突厥人後裔。

便橋會盟圖（局部）／明／仇英／美國弗利爾美術館藏
唐太宗端坐於龍輦之中，突厥首領頡利在便橋橋頭俯首求和。

貞觀四年（六三〇年），來自唐帝國心臟的部隊大破突厥頡利可汗（阿史那咄苾）於陰山，東突厥滅亡，帝國的勢力控制到貝加爾湖以北。頡利可汗和家人在這次戰役中淪為俘虜。作為突厥君主的頡利可汗，曾經在貞觀元年（六二七年）帶領十萬名突厥騎兵攻入渭水，但最終以退兵收場，或者是因為膽怯，或者是因為李世民的確有出眾的才華，這一次是突厥離長安最近的一次，他們屯軍的涇陽，離長安只有七十里。頡利可汗被捉到長安城後，李世民授其為右衛大將軍，賜以田宅。他的形象也被刻成石像，列置於唐太宗昭陵北司馬門內，為十四位少數民族首領石像之一。但他的後人最終沒有回到他們熟悉的阿爾泰山。二〇〇五年十月，頡利可汗之子阿史那婆羅門的墓誌銘發現於西安市東郊，現藏西安碑林博物館。

阿史那是突厥的王室姓氏。《周書》卷五十《突厥傳》記載了突厥起源的傳說。突厥人的祖先出於索國，在匈奴之北。其部落大人叫阿謗步，兄弟十七人，其中一個叫伊質泥師都，狼所生也。後來突厥人的部落被滅，伊質泥師都由於身具異稟，能徵召風雨，而活了下來。伊質泥師都娶了兩個妻子，據說是夏神和冬神之女。伊質泥師都的大兒子訥都六後來被奉為共主，定族號為突厥。訥都六有十個妻子，所生子皆以母族為姓，他最疼愛的小老婆，就姓阿史那。

五世紀，突厥人成為柔然的種族奴隸，被迫遷居金山（今阿爾泰山）南麓，為柔然主人鍛鐵，被稱為「鍛奴」。後來，這個自詡為神狼子孫的民族強盛之時，建立了草原帝國，其疆域從西域的蔥嶺（帕米爾高原）到北庭的牙帳，再到遼東的渤海，回紇、室韋、契丹、薛延陀、鐵勒、粟特、黨項（羌）、奚族等數十個族群蜷縮在它的腳下瑟瑟發抖，吐谷渾、高昌、龜茲、於闐、疏勒、朱俱波、蔥嶺、高句麗、百濟、新羅等十幾個國家對之俯首稱臣。就連中原漢人王朝，也一度因為隋帝國的崩潰，被擺上了汗國的餐桌當待宰羔羊。在大唐統一天下的過程中，每一場重要戰役，背後都有這個北方霸主的影子。

突厥人的武力一度震懾了中原，成為強者的標誌。據《資治通鑑》卷一九六記載，李世民的長子李承乾「好效突厥語及其服飾，選左右貌類突厥者五人為一落，辮髮羊裘而牧羊，作五狼頭纛及幡旗，設穹廬」，他自坐帳舍之中，命左右烹羔以進，拔佩刀割肉，與眾共啖。突厥人給中原漢地留下印象最深的，就是它那支來去如風、驍勇善戰的騎兵部隊。這支騎兵最盛時有四十萬人，雖然人數較中原王朝的軍隊並不為多，但往往能以寡潰眾，令對手不寒而慄。一般來說，突厥騎兵由三部分組成，即侍衛之士、控弦之士和柘羯。李淵太原起兵之後，從突厥購買了良馬兩千匹，還借來了小部分突厥騎兵，西突厥部落的史大柰更是率領部下的騎兵在會甯歸附了李淵。

《大慈恩寺三藏法師傳》記載了玄奘曾經目擊突厥人圍獵、服飾、營帳以及宴飲的情況。「循海西北行五百餘里，至素葉城，逢突厥葉護可汗方事畋豬，戎馬甚盛。可汗身著綠綾袍，露髮，以丈許帛練裹額後垂。達官二百餘人皆錦袍編髮，圍繞左右。自餘軍眾皆裘毼毳毛，槊纛端弓，駝馬之騎，極目不知其表」，「可汗居一大帳，帳以金花裝之，爛眩人目。諸達官於前列長筵，兩行侍坐，皆錦服赫然，余仗衛立於後。觀之，雖穹廬之君，亦為尊美矣」。可汗出帳迎接玄奘，一同入席。突厥人拜火，不設床（坐榻），因木裡含火，所以敬而不居，只是在地上鋪上一層層毯子。但仍為法師安放了一張鐵交床，鋪上褥墊請他就座。不一會兒，又請隨行的大唐使者和高昌使者進入幕帳，遞交國書、信物，可汗一一過目，很是高興，讓使者就座。接著命人擺酒奏樂，可汗與各大臣、使者飲酒，另外要來葡萄漿請玄奘喝。於是，相互敬酒酬謝，種種酒器交錯遞傾，四方音樂鏗鏘起伏，雖然是蕃俗之曲，也很娛人耳目，樂人心意。又過一會兒，又有食物送到，都是烹製好的新鮮羔羊、牛犢之類，擺滿面前。另外製作了素食，有餅飯、酥乳、石蜜、刺蜜、葡萄等請法師享用。食畢，又送上葡萄漿，接著請玄奘說佛法。

突厥以狼作為部落的圖騰，所以突厥人的酋長在牙帳前豎立繪有狼頭的旗幟，「示不忘本」，後世突厥汗國可汗的大旗上亦繪製金狼頭，可汗有叫「附離」者，侍衛也稱「附離」，附離即突厥語之「bori」，漢語意為狼。可汗徵發兵馬時，刻木為信，並附上一枚金箭，用蠟封印，以為信符。各部接到信符，立即應徵作戰，戰馬的裝備、給養皆由牧民自備。突厥人善戰，以戰死沙場為榮。實行火葬，死者集屍於帳內，子孫及親屬殺羊、馬祭奠，並走馬繞帳七周，其中一人至帳門前用刀割破自己的臉，血淚交流，連續七次。隨後，擇日取死者平生所乘之馬和經常服用之物，與屍體一同焚化，收其骨灰。春、夏死者，待秋時葬；秋、冬死者，待春季葬。埋葬之日，各地親友前來會祭，仍舉行設祭走馬和割面儀式。葬畢，於墓前立石豎標，依生平殺人之數立石，殺一人，立一石，並以供祭的羊、馬頭掛於石標上，石上刻有死者相貌及生前所經過的戰爭場面。

貞觀四年（六三〇年）之後，很多突厥部落前來投降。唐朝政府把大量的突厥人口安置在長城沿線，很多突厥貴族則住進了長安，有一萬戶之多，相當於長安人口的二十分之一。若干年後，阿史那的後代因為擅殺牲牛宴賓客，觸犯了武則天的耕牛法令，被貶官罷爵，剝奪了阿史那姓氏，賜姓「殺牛」，連同奴從族人被發往慶州洛源縣白於山下編管配遣。時至今日，除了昭陵外面的石像和陪葬墓群的土山依然矗立，突厥阿史那家族曾經在大唐居留的所有痕跡都煙消雲散了。

唐朝詩人李白的出生地碎葉城，突厥語發音為「Suyab」，就是突厥汗王的夏宮所在地素葉城，位於今吉爾吉斯托克馬克（Tokmok）西南。東突厥滅亡後，西突厥可汗阿史那賀魯曾經在這裡被唐帝國大將蘇定方擒拿。碎葉城一度名列安西四鎮之一，當年唐朝軍隊修建了周長達二十六公里的城牆。據西去取經的唐僧玄奘記述，自「凌山行四百餘里至大清池（熱海，今伊塞克湖（Issyk-Kul））」，「西行五百餘里至素葉水城（碎葉城），城周六七里，諸國商胡雜居」。綜合李白《寄東魯二稚子》一詩及魏顥《李翰林集序》的記載，李白與原配許氏生有一女一子，其子名伯禽，小字明月奴；後又與魯地一婦人同居，生庶子名天然，小字頗黎。「奴」是對孩童的暱稱，「明月奴」就相當於明月兒或小月亮的意思，由此可見李白愛月之癡，愛子之深。但「頗黎」用漢語就沒辦法解釋其意義，有人說它和上述突厥語中「狼」的譯音一樣。

## 時尚

「長尾理論」告訴我們，「尾部」和「頭部」在各自內部及其相互之間，對於流行和時尚的定義、概念、潮流具有相類似的傳染力或者說在媒介的支援之下具有了某種對「主流特質」的傳遞管道，使「主流」、「流行」、「時尚」可以突破時間和空間以及邏輯、身分的限制，迅速向另外的方向和領域轉換。

時尚的力量就在於對生活潛移默化的影響，經商的胡人不僅帶來了新奇好玩的物品，也使陌生又新鮮的風俗迅速以長安為中心，傳到帝國的東西南北，成為帝國最熱門的話題。《貞觀政要》直接記錄了這一時尚盛行的情形：「長安胡化極盛一時。」

於是，穿胡服、奏胡樂、坐胡床（交椅，一種可以折疊的輕便繩椅，背後設有靠背）等融入了唐人的日常生活。唐人韋絢《劉賓客嘉話錄》記載，大曆十三年（七七八年）十二月，劉晏升為尚書左僕射。有一天，他凌晨上朝點卯，「時寒，中路見賣蒸胡餅之處，熱氣騰輝，使人買之。以袍袖包裙帽（士大夫所戴的一種高頂垂裙的帽子）底啖之，且謂同列曰：『美不可言，美不可言』」。堂堂宰相派人從路邊攤買小吃，用袖子包熱餅再罩上帽子，捧著大嚼起來，吃得滿嘴油香，還不忘給五星好評。這讓一起等著去上朝，肚子餓得咕咕叫的同僚看了，情何以堪！

也有人因為買了熱餅，邊走邊吃而丟官，據《朝野僉載》卷四記載：「周張衡，令史出身，位至四品，加一階，合入三品，已團甲。因退朝，路旁見蒸餅新熟，遂市其一，馬上食之，被御史彈奏。則天降敕：『流外出身，不許入三品。』遂落甲。」從四品外官即將升為三品大員的張衡，不過是下班時在街頭買一張餅，騎在馬上就啃起來，結果讓晉職機會飛了。都是嘴饞惹的禍，「吃貨」當引以為戒。

唐代麵食／新疆阿斯塔那墓出土

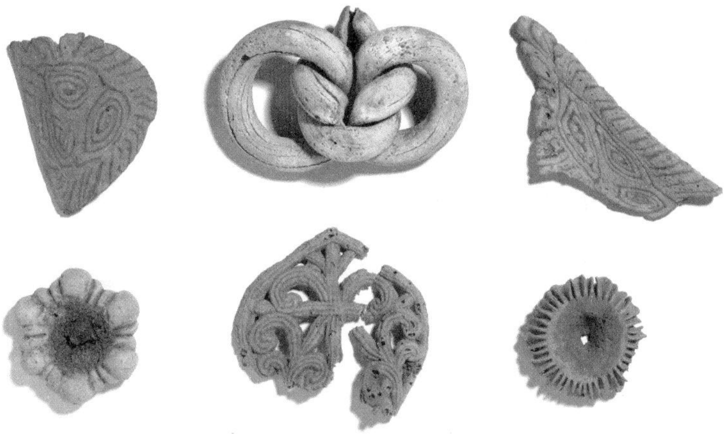

在唐代，胡餅在長安盛行，以至連皇帝賜予來長安拜訪的各國使節雜客的膳食中都有胡餅的名字。日本遣唐僧圓仁在《入唐求法巡禮行記》中就記載：「開成六年（八四一年）正月六日，立春，命賜胡餅寺粥。時行胡餅，俗家皆然。」

至於唐代胡餅的樣子和做法，百科全書《齊民要術》卷九《餅法》中記載：「作燒餅法：麵一斗，羊肉二斤，蔥白一合，豉汁及鹽熬令熟，炙之。麵當令起。」在今天北方常見的燒餅和陝西常見的肉夾饃中，尚能看到些許胡餅的影子。

劉晏的宅邸在安邑坊，位於長安東南，這個地方靠近東市，出幽男怨女，其中一位幽獨的安邑坊女寫過這樣的詩句：「巴陵一夜雨，腸斷木蘭歌。」像安邑坊女這麼婉約的女子，在唐人中屬於少數人。唐代婦女生活在強健、豪邁的胡風文化氛圍中。唐朝女性在家庭生活中擁有一定的法定繼承權，女性可以單獨為戶主，具有獨立的經濟地位，還可以為女官。這種社會地位的強勢，使唐代女性身體豐滿，性格也變得「妒悍」。段成式《酉陽雜俎》卷八《黥》記載：「大曆以前，士大夫妻多妒悍者，婢妾小不如意輒印面，故有月點、錢點。」「吃醋」之說便源自唐代。所謂「婦強夫弱，內剛外柔」，「怕婦也是大好」，竟成為唐代筆記小說中津津樂道的話題。

## 薩珊波斯

正是由於唐朝對胡人的開放態度，以及唐帝國的強大，在有唐一代，長安不但是胡人定居、經商的天堂，還是流亡人士的避難所。

唐時流寓長安之胡人，最顯赫者自推波斯薩珊王朝後裔卑路斯（Firuz）及其子泥涅師（Narsieh）二人，他們上演了一出真實的《波斯王子：時之刃》——關於仇恨、復國和故鄉的悲劇史詩。

王朝的始祖薩珊（Sassan），據說是阿契門尼德家族（Achaemenid）的後裔，大流士（Darius）的子孫，而且武藝高強，被擁護者稱為「偉大的戰士和獵手」。而他的職業，則是祆教（Zoroastrianism，即拜火教）的祭司，伊什塔克爾城（Estakhr）的阿納希塔（Anahita，江河女神）神廟聖火守護者。他是薩珊王朝開創者阿爾達希爾一世（Ardashir I）的祖父或外祖父。

極盛時期的薩珊王朝有四大行政區、二十七個行省，帝國的領土以今伊朗和伊拉克為主要組成部分。都城泰西封（Ctesiphon），其位置大致與現代巴格達重合，不過，就像北宋的開封一樣，這裡四面平原，無險可守。薩珊王朝統治時期，泰西封被羅馬人攻占過兩次。

六五一年，也就是唐高宗永徽二年，立國四百多年的薩珊王朝被大食軍隊擊潰，波斯王子卑路斯窮無所歸，逃往吐火羅（今阿富汗北部）避難，他於永徽五年（六五四年）遣使入唐告難並請兵救援。當時唐朝正忙於和西突厥的阿史那賀魯爭奪西域權益，無力出兵蔥嶺以西，加之高宗認為波斯太遠，出兵將消耗帝國的人力、物力，婉言謝絕了波斯王子的請求。

後來，卑路斯在吐火羅人的幫助下，收復了疾陵城（今伊朗東北部），並居於此。龍朔元年（六六一年），因大食人的進逼，卑路斯再次遣使唐朝，請兵救援。此時，唐朝已征服西突厥，蔥嶺東西原屬西突厥的各個部落的宗主權轉歸唐朝，唐朝在此設置羈縻州府進行統治。局勢的變化使唐高宗答應了波斯王子的請求，他派遣王名遠到吐火羅地區設置羈縻州，同時在卑路斯所在的疾陵城設波斯都督府，並於龍朔三年（六六三年）任命卑路斯為都督。卑路斯感激唐朝的幫助，相繼於乾封二年（六六七年）和咸亨二年（六七一年）派使者入貢於唐。上元元年（六七四年），卑路斯被大食人逐出疾陵城，不得不來到長安避難，他受到高宗賞賜，拜右武衛將軍，但不久即在長安病死，未能回到故土波斯。

卑路斯死後，他的兒子泥涅師被唐朝冊立為波斯王。調露元年（六七九年），唐高宗任命裴行儉為「安撫大食使」，發波斯道行軍，護送泥涅師回國。但這次行動並非真要幫助波斯復國，而是假借冊封「波斯王」之名，在途中襲擊西突厥餘部與吐蕃聯合的軍事力量。從裴行儉的上書就可知其本意：「今波斯王身沒，其子泥涅師充質在京。望差使波斯冊立，即路由二蕃部落，便宜從事，必可有功。」因此，當裴行儉率軍在碎葉城擒獲西突厥餘部的首領，平定叛亂以後，隨即立碑紀功而還。永隆元年（六八〇年），泥涅師在唐軍的護送下到達吐火羅，他在這裡堅持與大食人作戰二十餘年，直到景龍二年（七〇八年）回到唐朝，被授予左威衛將軍。但是，他和父親一樣客死異鄉，長眠於長安。

與卑路斯同來大唐的波斯帝國王族中，以阿羅憾（Abraham，原名 Wahrām）最為耀眼。他在唐顯慶年中就官至右屯衛將軍、上柱國、金郡開國公，還擔任過唐朝的「拂林國諸蕃招慰大使」。《大唐故波斯國大酋長右屯衛將軍上柱國金城郡開國公波斯君丘之銘》記載了這個波斯人的一生。

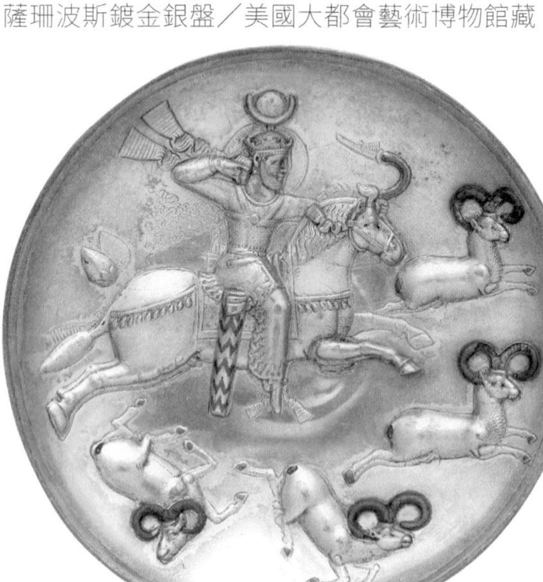
薩珊波斯鍍金銀盤／美國大都會藝術博物館藏

阿羅憾生於六一六年，從小由國王的女僕照料。他十四五歲時，正當庫思老二世之女普蘭杜赫特（Purandukht）、阿扎米杜赫特（āzarmīdukht）相繼為女王。從此時起不到兩年時間，先後有十二位國王繼位，每位國王在位時間平均不足兩個月。薩珊王朝滅亡之際，波斯人根據《贊德・瓦赫蘭・耶斯恩》，盛傳此時為教主瑣羅亞斯德（Zarathustra）升天後一千年之末，烏希達爾（Hūshētar）已經出生在錫斯坦（Sīstān）的卡揚塞湖（Kayānsēh）畔，將蒙受啟示，成為先知。一個名叫瓦赫蘭（Wahrām）的英雄將幫助他擊敗伊朗諸敵。這個神話中的瓦赫蘭就應驗在同名的阿羅憾身上。因此，阿羅憾在波斯人中有極大的威望。

龍朔元年（六六一年），援救卑路斯的唐軍便是由阿羅憾與王名遠率領。他們渡過烏滸水（今阿姆河），以縛喝（今阿富汗北部）為活動中心，在那裡立下了高宗御書的紀功碑，然後分遣使節前往十多個國家建立羈縻都督府。阿羅憾本人前往迦布羅斯坦（Kāwulestān），即喀布爾河流域的健馱邏王國，設置修鮮都督府，作為疾陵城的波斯都督府的後援。仍然保持獨立的瑣羅亞斯德教政權（如裡海地區的陀拔斯單諸國），或是仍然有很強的瑣羅亞斯德教社團的地區（如帕爾斯），紛紛派兵前來支持。這段歷史後來被寫進《班達希經》（Bundahishn，即《創世紀》）和《贊德・瓦赫蘭・耶斯恩》，附麗在救世英雄瓦赫蘭身上，成為我們今天看到的文本。阿羅憾和王名遠完成建立羈縻體制的任務後，返回唐朝覆命。

卑路斯、泥涅師兩代波斯王先後在唐朝終老之後，阿羅憾一躍成為蕃王中地位最高者。延載元年（六九四年）八月，他召集大唐諸蕃王，聚錢買銅鐵，鑄造了武則天時代著名的紀念碑——天樞，立於洛陽皇城端門（正南門）。

天樞星，又名北斗一，北斗七星之首，全天第三十五亮星。這座以天樞星命名的紀念碑，全名叫「大周萬國頌德天樞」，由太后武則天親自題字。《資治通鑑》卷二〇五記載，天冊萬歲元年（六九五年），「夏，四月，天樞成。高一百五尺，徑十二尺，八面，各徑五尺。下為鐵山，周百七十尺，以銅為蟠龍麒麟縈繞之。上為騰雲承露盤，徑三丈，四龍人立捧火珠，高一丈。工人毛婆羅造模，武三思為文，刻百官及四夷酋長名」。唐人張彥遠《歷代名畫記》卷八介紹幾位擅長塑像者，「皆巧絕過人」，其中有「天后時尚方丞」毛婆羅，《新唐書．五行志一》也提到「中宗時……中郎將東夷人毛婆羅」，可知他是高麗人或新羅人。尚方就是尚方監，在唐代掌管百工技巧諸務。曾經媚附武則天寵臣張易之的宋之問，就做過這個官職。

作為初唐有名的詩人，宋之問因其低劣的人品而遭人唾棄，不僅表現在其對待政治趨炎附勢的態度上，也表現在一樁廣為流傳的命案上。自古文人都愛好文字，一日，宋之問見其外甥劉希夷《代悲白頭翁》中的兩句「年年歲歲花相似，歲歲年年人不同」頗有妙處，而且此詩尚未發表，便想占為己有。劉希夷不從，宋之問惱羞成怒，叫僕人用裝了土的袋子將劉希夷壓死。這被稱作「因詩殺人」。

和天樞一同矗立在洛陽的還有「天堂」，這是電影《狄仁傑之通天帝國》裡通天浮屠的真實原型。作為武則天禮佛的宮中道場，天堂是一個神聖的佛教聖地，一共有五層，推測高度達一百二十米，是洛陽歷史上最高的建築。《資治通鑑》卷二〇四記載，垂拱四年（六八八年）十二月二十七日，明堂成，「又於明堂北起天堂五級，以貯大像（原注：懷義所作夾紵大像也），至三級，則俯視明堂矣」。在洛陽城外百餘里，都可以與之遙遙相望，由此可見，這是一個極其宏偉壯麗的建築。

最後的波斯帝國王族寄生的地方吐火羅國，是一個後世看來異常神祕的中亞王國，在今阿富汗北部。四五千年前，一支歐羅巴人幾經輾轉，來到新疆塔里木盆地北部地方，並在漢唐時期創造了輝煌的文明，這支歐羅巴人就是我們所稱的「吐火羅人」。一八九〇年，

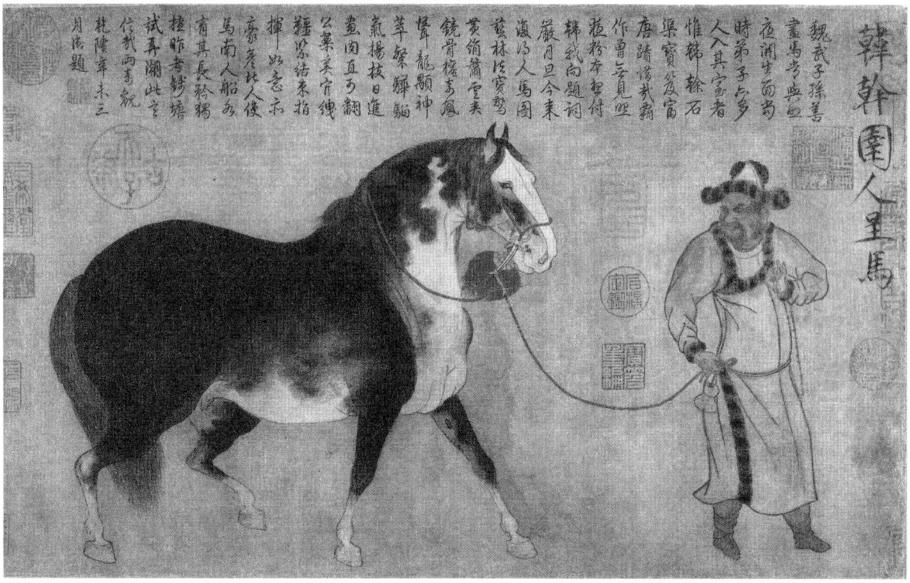


圉人呈馬圖／唐／韓幹／美國大都會藝術博物館藏

英國軍官鮑爾（H. Bower）從庫車當地人手中購得一些樺樹皮寫本。這些寫本輾轉到達印度後，在西方學術界引起轟動，吐火羅語開始出現在學界。

唐高宗永徽元年（六五〇年）五月，吐火羅國遣使獻大鳥於長安，「高七尺，其色玄，足如駝，鼓翅而行，日三百里，能噉鐵，夷俗謂為駝鳥」。從此，這種世界上最大的鳥類開始在中國繁衍。時至今日，陝西已經成了中國最大的鴕鳥繁衍基地。

顯慶年間，大唐以吐火羅境內的阿緩城置月氏都督府，冊其君骨咄祿頓達度為吐火羅葉護、挹怛王、使持節二十五州諸軍事。玄宗開元十五年（七二七年），吐火羅葉護阿史那支汗那飛表求援於唐，表稱：「奴身罪逆不孝，慈父身被大食統押。應徹天聰，頌奉天可汗進旨云：『大食欺侵，我即與你氣力。』奴身今被大食重稅，欺苦實深。若不得天可汗救活，奴身自活不得，國土必遭破散，求防守天可汗西門不得。伏望天可汗慈憫，與奴身多少氣力，使得活路。又承天可汗處分突騎施可汗云：『西頭事委你，即鬚髮兵除卻大食。』其事若實，望天可汗卻垂處分奴身，緣大食稅急，不求得好物奉進，望天可汗照之。所欲驅遣奴身，及須已西方物，並請處分奴身，一一頭戴，不敢怠慢。」開元、天寶間，吐火羅人數次為大唐獻馬、異藥、乾陀婆羅二百品、紅碧玻瓈等珍奇異品。

肅宗乾元初，吐火羅甚至發兵與西域九國援兵東進中原，幫助唐軍打擊安史亂軍，吐火羅軍當時被編在朔方軍之下。吐火羅葉護管轄的護蜜國王紇設伊俱皋施也在乾元元年（七五八年）來朝，被賜姓李。十三世紀後，吐火羅消失在歷史的長河中。

## 胡商與寶物

避難到長安的亡國波斯人，後來都成了商人、平民和大唐的貴族，像蒲公英般散落在大地上。他們的海船經常停靠的城市有揚州、泉州和廣州。波斯人李元諒曾在潼關領軍，後屢立戰功，先後升任御史中丞、華州刺史兼御史大夫、鎮國軍節度使、檢校工部尚書、右僕射、右金吾衛上將軍、隴右節度使等職務，被唐朝廷實封七百戶，賜甲第女樂，並授予其子六品正員官。波斯人安附國也參加了唐軍，曾任左領軍左郎將、上柱國、右戍衛大將軍等軍職，封邑七百戶。波斯人石處溫曾任四川利州司馬、萬州刺史。

在唐人心目中，波斯人善經商，尤其精於識寶，往往不惜重金以求寶，最終均會得手，而且雖然老病垂死，也要把寶物留給後人。他們藏匿寶物的方式相當詭異和殘忍，通常是用刀子割開胳膊或者肚皮，把寶物放進去儲藏或者溫養。

唐人皇甫氏所撰志怪小說《原化記》中，講了一則「鬻餅胡」的故事。

某舉人住在京城長安，鄰居中有一個賣餅的胡人。胡人無妻。數年以後，胡人忽然病了。舉人常去看他，並送些熱水、草藥給他。但是他一直沒好。臨終時，胡人告訴舉人說：「我在本國的時候很有錢，因為戰亂就逃到這裡來。本來和一個同鄉約定一起來的，他到現在還沒到，所以我只能等在這裡，不能到別處去。遇到您這樣體恤我，我沒有什麼報答您，我的左胳膊皮下有顆珠子，珍惜了多年，如今死去，也就用不著了，就送給您吧！我死後，請把我埋葬。您得此珠，也沒什麼用，此地人也沒有識貨的，如果聽說有胡人到此，您就拿著珠子去找他，應該能賣個好價錢。」舉人同意了。胡人死後，舉人剖開他的左胳膊，果然取出一顆珍珠。珍珠大如彈丸，不怎麼有光澤。舉人把胡人埋葬之後，把珠子拿出去賣，乏人問津。

三年之後，忽聽新近有胡人到來，舉人前去賣珠。那胡人見到珠子，大吃一驚說：「您是怎麼得到這寶珠的？這不是此處能有的，是從哪兒弄來的？」舉人將實情相告。胡人流淚說道：「那個人是我的同鄉啊！我們本來約定同來尋這寶物，但是我在海上遇上大風，流轉好幾個國家，所以延誤了五六年。到此之後，剛要追尋，不料他已故去。」於是胡人提出了買珠的要求。舉人見珠子不太名貴，只要了五十萬。胡人依價付錢。舉人問他此珠有何用。胡人說：「漢人有一種法術，把珠子拿到海上去，用油一石，煎二斗，它就變成一把曲刀。拿著這把曲刀下海，身上不濕，龍神害怕，可以獲取珍珠。」

唐人戴孚所撰《廣異記》卷七則記載，近世有一個波斯胡人，來到扶風的客棧，見主人門外擱了一塊方形大石，就對石頭觀望了好幾天。主人問其原因。胡人說：「我要用石頭擣衣。」於是他出兩千錢求買，主人很高興，立刻一手拿錢，一手交貨。胡人把石頭運出來，當眾剖得徑寸珠一枚。他以刀破臂腋，把寶珠藏在胳肢窩內，便回母國。隨船泛海，行十餘日，船忽然快要沉了。船長知道是海神求寶，問遍了船中人也沒找到，無寶送給海神，就想把胡人扔下海。胡人害怕，只好剖腋取珠。船長念咒：「若求此珠，當有所領。」

海神便伸出一手，甚大多毛，捧珠而去。

武則天時，西蕃某國獻給她毗婁博義天王的下頷骨和辟支佛的舌頭，還有青泥珠一枚。武則天把下頷骨和舌頭懸掛起來，讓百姓瞻仰。下頷骨很大，像一把小交椅；舌頭是青色的，大如牛舌頭；珠子像拇指那麼大，微微發青。武則天不知青泥珠的珍貴，把它送給西明寺的和尚了。和尚把這顆珠子裝在金剛的腦門兒上。後來和尚講經，有一個前來聽講的胡人見了這顆珠子，就兩眼死盯著，目不轉睛。十幾天裡，他總在珠下凝視，心並不用在聽講上。和尚心裡明白，於是向胡人道：「施主想要買這顆寶珠嗎？」胡人說：「如果一定能賣，我保證出重價。」和尚最初的要價是一千貫，漸漸漲到一萬貫，胡人全都答允。於是定到十萬貫，成交。胡人買到此珠之後，剖開腿上的肉，把珠子納入其中，然後回國。和尚不久就把此事向武則天稟奏了。武則天下令尋找這個胡人。幾天之後，使者找到了那胡人，詢問寶珠在什麼地方，他說已經把寶珠吞到肚子裡了。使者要剖開他的肚子檢驗，他沒辦法，只好從腿肉中取出寶珠來。武則天召見那胡人，問道：「你花重價買這珠子，要用它幹什麼呢？」胡人說：「西蕃某國有個青泥泊，泊中有許多珍珠寶貝。但是淤泥很深，無法將珍寶弄上來。如果把這顆青泥珠投到泊中，淤泥就會變成水，那些寶貝便可以得到了。」於是武則天拿青泥珠當寶貝。直到唐玄宗時，這珠還在。

同樣地，在《廣異記》中還記載了波斯人識寶的故事。乾元中期，國家因為出兵收復長安、洛陽，軍情吃緊，糧餉不足。監察御史康雲間是江淮度支使，他對江淮一帶的商旅百姓提出了加稅五分之一的要求，以補充當時急用。洪州是江淮之間的大城市，康雲間讓錄事參軍李惟燕掌管洪州之事。有一個和尚，自願捐輸一百萬，並從腋下掏出一隻小瓶來，瓶子有拳頭般大小。問他瓶裡裝的是什麼，他神祕兮兮不肯吐實。李惟燕因為要用這收入供給許多人，不能不接受他認捐，就裝作吃驚地說：「大師是如何得到這東西的？一定要賣它，可不能違背價格呀！」有一個波斯胡人見了就照價買下小瓶，然後離開了。胡人來到揚州。長史鄧景山知道這件事，就問那胡人。胡人說：「瓶中是紫靺鞨。人得了它，就能受到鬼神的保護，入火不燒，涉水不溺。這是一種無價之寶，不是明珠珍寶比得上的。」這或許是《阿拉丁》的中國版本。後來，那胡人又被官方加稅一萬貫。胡人樂捐了大筆錢財，並不在乎，寧可納獻換來人身安全，保有寶物。其實瓶中裝的是十二顆珍珠。

除了珠寶、「紫靺鞨」之外，胡商經營的寶物還有「銅碗」、「寶骨」、「冰蠶絲錦」、「玉清宮三寶」、「輕繪」、「消面蟲」、「琉璃珠」、「象牙」、「碧頗黎鏡」、「郎巾」、「寶劍」、「寶鏡」、「流華寶爵」、「銷魚精」、「龜寶」、「龍食」、「九天液金」、「寶母」等，種類繁多，不一而足。

圓形無孔的波斯銀幣亦因製作精美而備受唐人喜愛，這種銀幣的正反兩面都有花紋，正面為國王的半身像。波斯薩珊王朝時，每一任新王登基，就要為他另鑄新幣。所以，從這些銀幣上可以看出各王的冠冕及其特徵。王像旁有用缽羅婆文（Pahlavi）書寫的古波斯銘文。銘文的周圍，環繞有細小聯珠組成的圓圈。在聯珠圈外還有四個新月抱星圖案，分布於上下左右。銀幣背面的圖案是古波斯的國教——祆教的祭壇，壇上有熊熊火焰。祭壇兩旁為缽羅婆文書寫的「某王之火」銘文，另外還各鑄有一個站立人像，或是祭司，或是國王。

「波斯胡」帶來唐朝的，除了珠寶和奇珍，還有一種叫「末利」的花朵，這種雪白、清香的花朵一到中國就受到了人們的喜愛，今天，我們稱它為茉莉。十四世紀波斯抒情詩人哈菲茲（Hāfez，Shams al-Din Muhammad）的詩歌中，「茉莉」一詞頻頻出現，比如「因羞於與你的嬌顏媲美，茉莉借風之手用塵遮掩嘴」。

除此之外，唐人的飯桌上，還有時興的「波斯草」，今天我們稱為菠菜。但最初，菠菜是道教方士的密食，服丹藥的道士透過吃菠菜抵消攝入汞化合物帶來的不適。

## 胡姬

在唐代，那條第一次在德國人李希霍芬（Ferdinand von Richthofen）的著作《中國：我的旅行見聞和據此所作研究的成果》（*China, Ergebnisse eigner Reisen und darauf gegründeter Studien*）中被命名的「絲綢之路」（die Seidenstraße），絕不僅僅是一條從長安通往西域、中亞抑或遙遠歐洲的商貿道路。對於一個人來說，如果流浪是一種天賦，那麼，穿越過亞細亞的迷霧，你找到的還有你的呼吸，以及你被歷史擊中的戰慄。當你在地圖上仔細辨認撒馬爾罕、安西四鎮和陽關的時候，人類用行走開始的最初的虔誠，會遠遠超過面對地圖上的尺規所能達到的認識。

這些胡人騎著高高的駱駝，經中亞細亞、天山南路，到達長安。他們帶來的除了奇珍異寶，還有胡姬。她們身上那些異域的、開放的、幽怨的、迷離的美，瞬間征服了大唐。

胡姬一般長著金黃或黑色的波浪卷髮，眼珠是藍色、綠色或者黃色的，看起來像是貓眼寶石。她們身著翻折領連衣窄袖長裙，衣身寬大，下長曳地，腰際束帶。其翻領及袖口

波菜

茉莉

均加紋飾，紋樣多鳳銜折枝花紋。她們頭梳椎狀的回紇髻，戴珠玉鑲嵌的桃形金鳳冠，簪釵雙插，耳旁及頸部佩戴金玉首飾，腳穿笏頭履。

胡姬工作的酒肆主要開設在西市和春明門到曲江一帶。往來的除了富豪、貴客和公子

唐房陵大長公主墓壁畫

唐三彩胡姬

哥兒，還有酒徒和詩人。比如帝國有名的詩仙李白在詩作《少年行・其二》中寫道：「五陵年少金市東，銀鞍白馬度春風。落花踏盡遊何處，笑入胡姬酒肆中。」胡姬是長安那些架鷹遛狗的少年的夢中情人，他們光顧胡姬招手的酒肆，在裡面逗留吃酒，流連忘返。李白的另一首詩《前有一樽酒行・其二》還寫到了這些胡姬的強顏歡笑：「胡姬貌如花，當壚笑春風。笑春風，舞羅衣，君今不醉將安歸。」這些從中亞、西亞來到中原的嬌客，克服了旅途的艱辛，強顏歡笑的時候，也在思念家鄉和親人。

這些胡姬擅長跳一種胡旋舞，她們在音樂中急速起舞，如雪花在空中飄搖，柔軟的腰肢蓬草般迎風飛揚，觀眾幾乎不能看出她們的臉和背。但善跳胡旋舞的女子，多數在宮廷，她們是母國送給唐帝國的「貢人」。

所謂「貢人」，是將人作為「方物」，即地方土特產的一種，獻給大唐朝廷，供皇室或貴族官僚玩賞。一般而言，這些人大都具有迥異於常人的特點。在記載貢人的《冊府元龜》中，就有四批胡旋女子和鸚鵡、玳瑁、生犀及名馬一起被送到大唐的宮廷。她們中有一個名叫「曹野那姬」的曹國女子，成為皇帝一度迷戀的姬妾，也是唐史記載中僅有的一位胡人嬪妃。

在唐代，曹國有「曹」、「東曹」、「西曹」之分，在今撒馬爾罕附近。作為昭武九姓中的小國，曹國在歷史中的記述很少，但作為康國的附屬國，估計風俗人情與康國相近——以國為姓，土地沃壤，稼穡備植，林樹蓊鬱，花果滋茂，多出善馬。

《新唐書》、《唐語林》都記載，唐玄宗的女兒壽安公主是由「曹野那姬」生育的，曹野那姬的出身來歷不明，甚至連「美人」、「才人」等低級封號都沒有。史書只是說曹野那姬懷孕九個月就生下女兒，按古人說法不足十月，因而唐玄宗不喜歡這孩子，起小名為「蟲娘」。他讓蟲娘穿著道教的羽衣在宮內道家壇觀消災趨吉，以「師娘」稱呼之。玄宗退位成為太上皇時，廣平王李豫拜見祖父，玄宗指著蟲娘說：「這是我的女兒，你以後應給她一個名號。」等到李豫即位為唐代宗，就封姑姑蟲娘為壽安公主，讓她以皇女的身分出嫁。

蟲娘下嫁的人叫蘇發，《酉陽雜俎》記作蘇澄，蘇澄在唐史中有其人，為一道士，因此蟲娘的丈夫應該叫蘇發。但唐史中不見蘇發其人事蹟。倒是清人《金石萃編》卷七十九記載：「大曆中，發任華陰縣令，時禮部尚書河東裴公出牧鄱陽，敦與發、徹同送……」大曆是代宗的年號，因此我們推知，蘇發乃武功蘇氏家族的世家子，僅此而已。

## 西出陽關

在中世紀的唐代，往來於唐朝的胡人，讓知識分子們可以看到更遠的世界，游離的胡商、龐大的帝國版圖，讓唐人的世界地理觀比起之前的時代都豐富得多。更重要的是，自漢武帝時代流傳下來的「男兒出塞」的血液被重新點燃。

有唐一代，西出長安是一件悲壯的事情。

當時的咸陽，叫渭城，隸屬京畿道。唐人送別，東至三十里灞橋，西至四十里渭城，折柳依依，舉杯戚戚，曲終人散，別意無窮。

出了咸陽便是向西的絲綢之路，路上要經過吐蕃人的領地，穿過沙漠和戈壁，遠遠望見一座關，便是玉門關了。長年住在藍田縣輞川山莊的唐代詩人王維，曾經西出咸陽送朋友往安西都護府赴任，在雨中的咸陽道，他寫下了名句「渭城朝雨浥輕塵，客舍青青柳色新。勸君更盡一杯酒，西出陽關無故人」。

在有過遠行西域經歷的文人中，我們知道的有這些閃耀的名字：駱賓王、岑參、高適、王昌齡、王之渙、王翰、李益、王維、李頎、盧綸、孟浩然……

琉璃堂人物圖／五代十國／周文矩／美國大都會藝術博物館藏
畫作描繪王昌齡與其詩友在江寧縣丞任所琉璃堂廳前聚會吟唱的情景。

出西域的詩人，有宦遊、任職、探親等類型，但最多的是奔功名去的。功名只向馬上取，真是丈夫一英雄。而其中修成正果者，乃高適也。

高適早年閒散困頓，是一個遊俠子，也就是無業的混混，直到天寶八年（七四九年）四十九歲時，才因「宋州刺史張九皋深奇之，薦舉『有道科』」。他中第後，卻只得了個封丘縣尉的小官，大失所望，最後在五十二歲「高齡」，掛冠而去，奔赴安西，為功名做最後一搏。天寶十二年（七五三年），高適入隴右，成為河西節度使突厥人哥舒翰的幕僚，為掌書記。安史之亂後，他曾任淮南節度使、彭州刺史、蜀州刺史、劍南節度使等職，封渤海縣侯。

《舊唐書》曾言：「有唐以來，詩人之達者，唯適而已。」然而，高適這個盛唐詩人第一高官，卻因為當官久了而喪失了詩人的本色。安史之亂後，曾經和他在開封喝酒閒逛的好朋友李白因為站錯隊而入獄，高適

卻不拉他的哥們兒一把，五十八歲的李白便被發配到貴州的夜郎。這幾乎是一個定律，文人一旦富貴，便無悲憫之心；一旦為官，便須從仕途的高度來思考「拯救李白」的政治風險。洗淨遊俠的油彩，露出來的卻是政客的底色。

在這些出西域的詩人中，詩歌最好的應當是「詩家天子」王昌齡，「青海長雲暗雪山，孤城遙望玉門關。黃沙百戰穿金甲，不破樓蘭終不還」就出自他的筆下（《從軍行．其四》）。可惜這個才華橫溢的詩人只當過秘書省校書郎和龍標尉這樣的小官。

開元二十八年（七四〇年），悲情詩人王昌齡北歸，遊襄陽，訪另一位出過關的詩人孟浩然。孟浩然患疽病，快痊癒了，兩人見面後非常高興，孟浩然吃了些許海鮮而癰疽復發，竟因此而死，真是不幸。

## 王玄策

出西域的文人想要得到功名，除了參贊

軍事，還有一條路，那就是用柔弱的手指，握住帶血的陌刀，在戰爭中取得功名。其中最有名的是一個被我們遺忘的文人，曾經當過今天柳州融水縣令的王玄策。

七世紀時，印度分為東南西北中五個部分，其中中天竺很快強大起來，統一了印度半島，建立摩揭陀國（Magadha）。摩揭陀國的國王屍羅逸多（戒日王）對唐帝國很友好，恰逢唐僧玄奘到印度取經，屍羅逸多就特意接見玄奘，打聽唐太宗李世民的為人。當屍羅逸多得知李世民是一位「聖德」的君主後，決定兩國通使，以示永好。

貞觀十五年（六四一年），屍羅逸多派了一個使團來到長安。李世民接見後，很高興，過了兩年，派了一個使團回訪，王玄策擔任副使。第一次出使，王玄策只是個配角，不算起眼，也有史學家認為，當時王玄策的身分算是翻譯，總之不是很重要。

貞觀二十一年（六四七年），王玄策第二次出使印度。這一次，王玄策不僅是正使，還是歷史上一場最具戲劇性戰爭的主角。這次出訪，朝廷給他配了一個叫蔣師仁的人擔任副使。使團有三十多人，還攜帶了大量贈給印度半島各個國家的禮物。因為是第二次出使，王玄策認為會和上次一樣，賓主雙方在友好氣氛中回顧傳統友誼，然後設宴歡娛一下，最後帶著幾部佛經回國交差。

沒想到，王玄策剛一上路，摩揭陀國就出大事了。國王屍羅逸多死了，「國中大亂，其臣那伏帝阿羅那順篡立」。這一年的四月，王玄策使團進入印度境內。篡位的新王阿羅那順聽說大唐使節入境，竟派了兩千名兵將伏擊。王玄策從騎多死，他本人被擒扣押。

後來，王玄策和蔣師仁尋機逃脫。他們策馬自印度大陸北上，渡過岡底斯河，越過興都斯坦平原，以喜馬拉雅山脈為目標，一路來到了尼泊爾王國（泥婆羅）。在這裡，王玄策與尼泊爾王談判，以迎娶文成公主而與唐具友好關係的吐蕃王中之王的名義，向尼泊爾借得七千名騎兵。王玄策大怒之餘，繼續檄召鄰近唐各部軍府節度使及近處各大唐藩屬國，又集兵馬萬餘，自為總管，以蔣師仁為先鋒，直撲天竺。吐蕃贊普松贊干布聞訊，也發兵一千二百人助王玄策。

在中天竺的國都茶鎛和羅城外，王玄策一戰擊潰天竺數萬象軍。阿羅那順大驚，守城不出。王玄策一心報仇，拿出唐軍攻城的各種方法——用雲梯，用拋石車，用火攻——狠攻月餘。貞觀二十二年（六四八年），茶鎛和羅城兵潰城破，王玄策一路追來，斬殺天竺兵將三千人，天竺兵將落水溺斃者萬餘名，阿羅那順逃回摩揭陀國。

王玄策乘勢攻入摩揭陀國，發誓要盡滅天竺。而天竺兵將與唐軍（算是外籍軍團）一接戰便潰不成軍。阿羅那順棄國投奔東天竺，求助東天竺王屍鳩摩發援兵，接著再收集散兵殘將準備反攻唐軍。天竺人不通兵法，只知蠻鬥，王玄策、蔣師仁設分兵伏殺計，引阿羅那順上鉤，一舉全殲其殘部，活捉了阿羅那順，餘眾盡坑殺。最後，阿羅那順妻子擁兵數萬人據守的朝乾托衛城，也被蔣師仁攻破，遠近城邑望風而降，中天竺摩揭陀國滅亡。

由於東天竺派兵支持阿羅那順，王玄策準備順勢再亡東天竺，屍鳩摩嚇得魂飛魄散，忙送牛馬萬頭、弓刀瓔珞財寶若干，向唐師謝罪，以示臣服大唐。王玄策方才罷兵回朝述職，同時將阿羅那順披枷戴鎖押回長安。

王玄策俘獲的人員中，有一名天竺方士，名叫那羅邇娑婆。這個胡僧吹噓自己有二百歲高齡，專門研究長生不老之術，並信誓旦旦地說，吃了他煉的丹藥，一定能益壽延年，甚至可以在大白天飛升成為仙人。

後來，天竺方士那羅邇娑婆不知道透過何種手段「潛伏」到了唐太宗李世民的身邊，接著，唐太宗就命他在金飆門內給自己造「延年之藥」，並且派人到處採集奇藥異石，供作煉丹材料。那羅邇娑婆隔三岔五就拿一些五顏六色的小藥丸來給唐太宗吃，不久，唐太宗中毒而死。此時距王玄策歸國僅僅一年。唐太宗去世後，王玄策因此仕途受阻，終生再未升遷。

## 怛羅斯之戰

胡風盛行以致影響到社會價值觀的情形，終於讓關隴士族和關東士大夫警覺，感到了一種國家文化安全的威脅。宮廷之中刮起的胡風，讓夫子驚恐不已：萬一皇帝不再行周禮，萬一天下人不再敬祖宗，那豈不是國將不國？這樣的擔心伴隨著胡風的盛行，貫穿了整個唐代。到了唐後期，杜甫的粉絲元稹還寫了一首詩，酸溜溜地表現了士人對於胡風如斯之盛的不滿：「自從胡騎起煙塵，毛毳腥膻滿咸洛。女為胡婦學胡妝，伎進胡音務胡樂……胡音胡騎與胡妝，五十年來競紛泊。」（《和李校書新題樂府十二首．法曲》）

實際上，大唐皇帝被擁為天可汗後，需要維繫各國間的和平。仲裁列國紛爭，為天可汗之首要任務；維護各國獨立，不受強國侵略，為天可汗另一職責。為表示對天可汗之絕對服從，各國嗣君即位，必由天可汗下詔冊封。各國軍隊必須接受天可汗之徵調，亦得受徵召至中國平亂。征吐谷渾、征高麗等，都有徵發西域漠北等各族軍隊參戰。然而，這些胡人的可靠度，相當值得懷疑。

天寶十年（七五一年），大食國也就是阿拉伯帝國，對西域的威脅日深。安西節度

唐中亞人俑

使高仙芝為翦除大食國在西域的羽翼，率安西軍精銳兩萬人並諸胡各部一萬人，進軍怛羅斯〔Talas，今哈薩克江布爾城（Jambyl）附近〕，與呼羅珊總督阿布・穆斯林（Abu Muslim）率領來援大食國的騎兵及附屬國聯軍十餘萬人在怛羅斯城下展開決戰。最終，卻因為隨軍出征的葛邏祿部胡人反叛，大敗而回，安西軍精銳幾乎損失殆盡。戰爭中許多唐人被俘，被帶到中亞有名的古城撒馬爾罕，將造紙術傳給大食國人，後來又傳入敘利亞、埃及和摩洛哥。一一五〇年，造紙術從北非傳入西班牙後，又傳到歐洲其他國家。

唐軍隨軍書記官杜環作為俘虜中的一員來到了大食國，被俘之後流離大食國十二年，遍游黑衣大食國（阿拔斯王朝，以巴格達為首都）全境，並由此開始其傳奇的遊歷生涯，成為第一個到過北非並有著作的中國人。杜環直到寶應元年（七六二年）才回國，儘管不是自願和主動，他的「經行」仍然有著重要的價值。可惜的是，《經行記》早已亡佚，並沒能全部留下來。我們所能看到的，是杜環的叔叔（或者伯父）杜佑在自己的書中保留的片段。杜佑是唐朝的一位政治家，著有《通典》。

在阿拔斯王朝的大城市裡，杜環不但發現那裡已有來自中國的綾絹機杼，還目睹一些中國工匠（金銀匠、畫匠及紡織技術人員）在當地工作，例如京兆人樊淑、劉泚為「漢

唐章懷太子墓壁畫《客使圖》

匠起作畫者」，河東人樂還、呂禮為「織絡者」。他甚至到過被唐人稱為拂菻國的東羅馬：「拂菻國亦曰大秦。其人顏色紅白，男子悉著素衣，婦人皆服珠錦。好飲酒，尚乾餅……其俗每七日一假，不買賣，不出納，唯飲酒謔浪終日。」這段記載反映了東羅馬人膚色白裡透紅，男人穿單色衣服，婦女愛好服飾，喜歡喝酒，吃麵包，每七天有一天休息娛樂的實際情況。

怛羅斯之戰時，在長安城內的大食商人尚佩帶製作精良的彎刀，唐帝國並沒有因此而制裁他們，他們的阿拉伯金幣仍然和波斯薩珊王朝的銀幣一樣受唐人的喜愛。其實，真正的阿拉伯彎刀都是取印度烏茲（Wootz）鐵礦所鑄，有獨特的冶煉花紋，十分鋒利。在中世紀，印度出產的一種叫烏茲鋼，是製作刀劍的頂級用鋼，每年阿拉伯商人都要向印度進口大量的鋼用於武器製造。這種鋼在鑄造成刀劍時表面會有一種特殊的花紋——穆罕默德紋。這種特製的彎刀最終威脅帝國版圖，安西都護府首當其衝。但怛羅斯之戰是大食國唯一的一次勝利，此後，在高仙芝的戰友封常清的帶領下，帝國軍隊又把大食國人趕回波斯或者更遠的西亞。

安史之亂時，高仙芝和封常清由於「出師不利」，在天寶十四年（七五五年）十二月被李隆基草草處死。安祿山父子和史思明父子發動的叛亂，給唐朝社會造成了巨大創傷。安史之亂攪亂了朝廷和人民的心態，致使唐玄宗冤殺兩員大將，而且在平亂過程中和以後很長一段時間裡，唐朝境內出現了對胡人的攻擊和對「胡化」的排斥。

《舊唐書》記載，高仙芝臨刑前，對著封常清的屍體說：「封二，你從貧賤到顯赫，是我提拔你當副將，又代我做節度使，今日咱倆又同死於此，這是命中註定的吧！」但有意思的是，最初熱血青年封常清向高仙芝（時任安西都知兵馬使）投書自薦為侍從的時候，並未被高接納。高嫌他長相太差，因為封常清身材細瘦，還斜眼、腳短跛足。而高仙芝則是一位美男子：「（仙芝）美姿容，善騎射，勇決驍果。」（《舊唐書・列傳第五十四》）

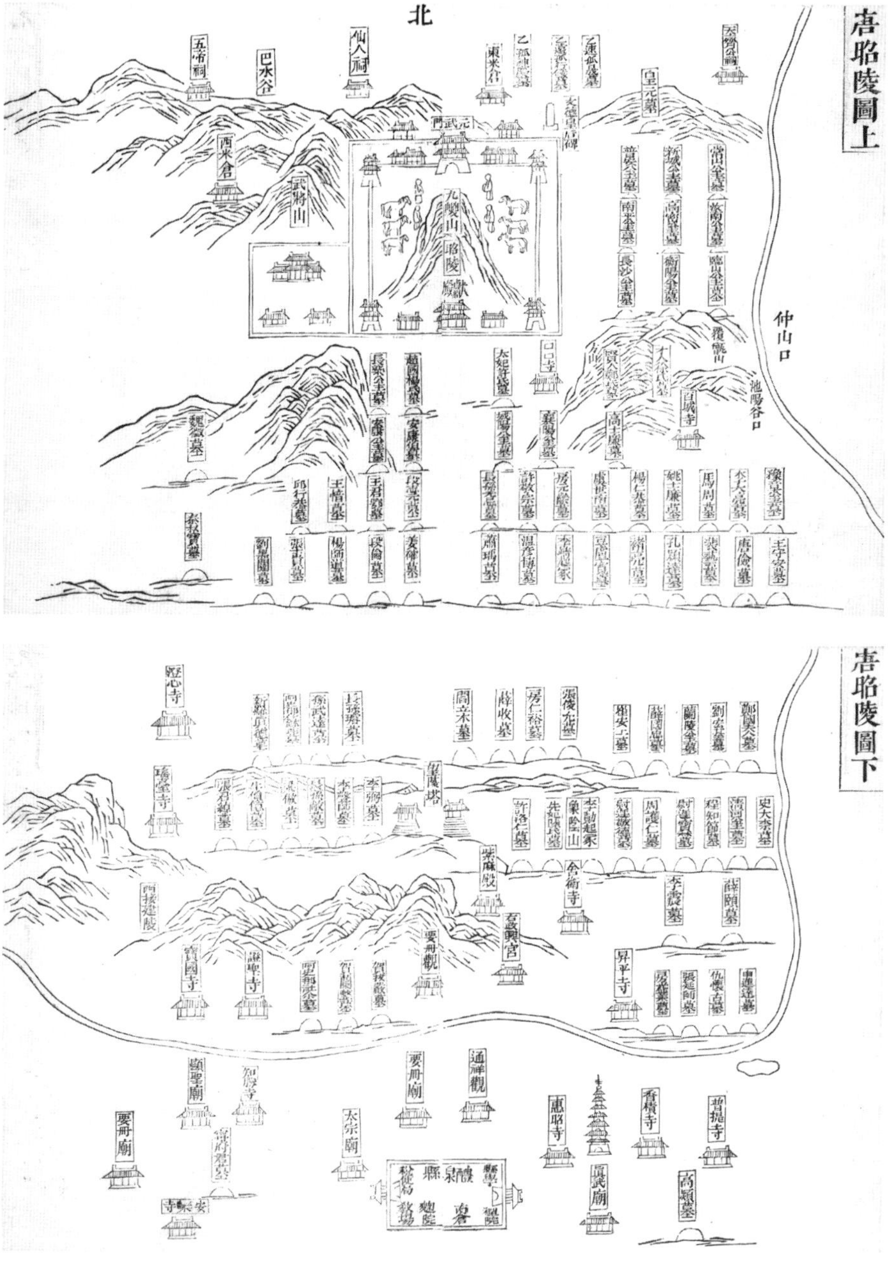
唐昭陵圖上
北
五帝祠
巴水谷
仙人祠
東米倉
西米倉
武將山
九嵕山
昭陵
仲山口
池陽谷口
唐昭陵圖下
要冊廟
太宗廟
通神觀
惠昭寺
香積寺
普提寺
高頴墓

《長安志》所載《唐昭陵圖》

## 國際化的氣場

貞元三年（七八七年），吐蕃占據河隴，西域道路阻絕，安西、北庭前來朝廷奏事的官員以及西域朝貢使節滯留長安，日用所需供給浩繁，使朝廷不堪重負。因為按照唐律，蕃國使入朝，其糧料各分等第給：南天竺、北天竺、波斯、大食等國使，給六個月糧；屍利佛誓、真臘、訶陵等國使，給五個月糧；林邑國使，給三個月糧。

結果檢括的結果令唐人大吃一驚，滯留長安的使臣多達四千人，朝廷準備停止供給，但遭到西域國使臣的強烈反對。

大唐的宰相，為儒、道、釋三家所共同讚頌的李泌獻策，建議由唐朝組織使臣，或假道回紇，或經由海道遣返本國；有不願歸者，應向鴻臚寺提出申請，「授以職位，給俸祿為唐臣」。這時諸國客使在唐朝境內已滯留了三十餘年，最多者達四十餘年，結果沒有一個人願意返回本國，於是朝廷將諸國使臣分隸左右神策軍，「王子、使者為散兵馬使或押牙，餘皆為卒」。每年節省經費達五十萬緡。

唐昭陵六駿碑照片／日本東京國立博物館藏

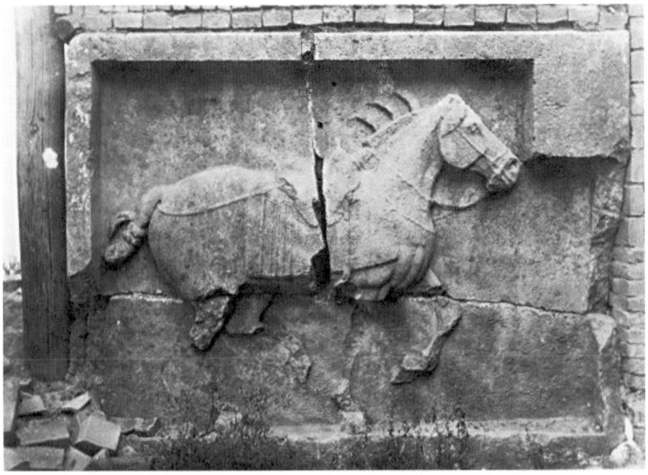

胡人胡風大放異彩的唐朝，給後世帶來了無限遐想，可以毫不誇張地說，正是由於外來民族新鮮的文化，唐朝在中國歷史上展現出不一樣的包容、大氣和開放。正是這種「國際化」的氣場，使唐朝成為中國人懷念不已的一個朝代。陳寅恪先生這樣說：「李唐一族之所以崛興，蓋取塞外野蠻精悍之血，注入中原文化頹廢之軀，舊染既除，新機重啟，擴大恢張，遂能別創空前之世局。」（見《李唐氏族之推測後記》，《金明館叢稿二編》）

根據可考證的歷史資料顯示，唐高祖李淵的母親獨孤氏，是代北鮮卑族。而李淵祖父李虎儘管曾用名「大野虎」，擔任過西魏政權的太尉、柱國大將軍，但沒有史料說明他為漢人還是胡人。李淵的妻子竇氏，生建成、世民、玄霸、元吉四子，其祖上為鮮卑宇文部，源自匈奴。

昭陵為唐太宗李世民的墳墓，有內外兩城。外城遺址已難考證，門內當年建有獻殿，存放李世民生前服用器物。北門曰玄武門，又稱司馬門。原有十四個「蕃酋」的石雕像和馳名中外的「昭陵六駿」等浮雕。而在突厥的葬俗中，主人死後，隨從會騎著馬繞著其墓地轉圈，把馬殺掉，埋到墳墓裡。無論是突厥貴族，還是牧民，死後都要與馬共葬，只是數量不同。中國的帝陵中，為什麼只有在李世民的昭陵裡會有戰馬石刻？昭陵至今未被打開，據稱也未被盜過，或許若干年後我們可以從昭陵裡得到答案。

實際上，血緣和種族的問題在唐朝不是很受關注。隋朝只有三十多年，唐朝面對的歷史遺產主要是南朝和北朝。魏徵在《隋書》卷七十六《文學傳》序中，專門總結了南朝與北朝文學的異同優劣：「江左宮商發越，貴於清綺，河朔詞義貞剛，重乎氣質。氣質則理勝其詞，清綺則文過其意，理深者便於時用，文華者宜於詠歌。此其南北詞人得失之大較也。若能掇彼清音，簡茲累句，各去所短，合其兩長，則文質斌斌，盡善盡美矣。」

經歷過南北朝時期的戰爭、殺戮和遷徙，到了唐朝，人們更多是對一個大一統的和平、安穩國家的滿足，人民相對寬容、明朗，胡人不再只是外來民族，更多的是外來的文化和文明。因此，各個民族的才子、佳人、奸豪、英雄，才會在這個萬花筒般的朝代，登上歷史的舞臺。

# 第五章　帝國時代的莊園

## 鄉里

在唐代，官方對「村」下了定義：「在邑居者為坊，在田野者為村。」意思是，城市裡的人居住的地方叫「坊」，城市之外的人居住的地方叫「村」。今天我們經常說「鄰居」，唐代「四家為鄰」，也就是說四戶人家就叫一鄰，是鄰居。五戶為一保，一百戶為一里，五里被稱為一鄉。（《舊唐書．食貨志》）

「村」在唐代還不是正式的行政單位，由於「聚族而居」的村落是當時最常見的村民居住形態，「村」在唐代更多是一個社區的概念，而管理一百戶的「里」才是行政單位。

之所以說唐代的村莊像「社區」，是因為唐代村莊有圍牆、大門，和我們今天的社區極為相似。《太平廣記》記載了一對男女在村莊門口一見鍾情的故事，說是臨汝郡（河南汝州）李家莊有個王乙「因赴集，從莊門過」，結果在莊門遇到了一位十五六歲的女子，兩人一見鍾情。女子讓侍婢傳話給他，王乙便不去趕集了，「徘徊槐陰，便至日暮，因詣莊求宿」，在人家村莊前的大槐樹下徘徊到傍晚，進去借宿。晚上，女子「適出門閉，逾垣而來」，女子晚上翻牆來與王乙相會。

在唐代，民居是不能隨便蓋的，不同的階層住宅的規模、房屋數量、大小都要遵守一定的形制要求。《唐會要．雜錄》記載，唐文宗時代規定：「又庶人所造堂舍，不得過三間四架，門屋一間兩架。」平房的樑與樑之間叫「間」，檁與檁之間叫「架」，三間四架就是房子正面有三間房，進去之後每間房的進深只允許採用四根檁子，所謂門屋就是有屋頂的門。

透過這個規定我們可以想像一下唐代一般的民居樣子：一間小小的門屋，周圍是一堵有頂的牆圍起來的回廊，進門之後是院子，正對面是一座有三間房的懸山式平房。院子裡安置著豬圈、雞圈和牲口棚，農具擺放在廊院臺上，回廊的下面種著唐人喜愛的牡丹、芍藥和菊花，院子四角或許是桑樹、槐樹或棗樹。

《舊唐書・玄宗本紀》中記載了天寶元年（七四二年）的州縣鄉數及戶部掌握的戶口數：「其年，天下郡府三百六十二，縣一千五百二十八，鄉一萬六千八百二十九。戶部進計賬，今年管戶八百五十二萬五千七百六十三，口四千八百九十萬九千八百。」

全國一萬多個鄉組成了唐帝國最基礎的行政單元，讓這些鄉在國家治理下正常有序地運轉，並不是一件容易的事情。

唐代國家政務機構的主體是尚書六部、州、縣三個行政層級，國家運轉的基本機制是這樣的：皇帝作為元首，中央政府的行政命令和裁決都要用皇帝的名義下發制、敕，尚書省則下發「符」到州、縣官府，轉發皇帝命令文書及處理基本的政務，再由縣下「帖」給鄉官和里正以傳達到每戶人家。（《唐六典》說「大事則聽制敕，小事則俟省符」。）

白居易《策林・人之困窮由君之奢欲》一文中說，「君之命行於左右，左右頒於方鎮，方鎮布於州牧，州牧達於縣宰，縣宰下於鄉吏，鄉吏傳於村胥，然後至於人」，形象地描述了唐代中樞政令下達到基層的行政流程。

唐代的里正也不是什麼人都能當的，《通典》記載了里正的任職資格：「諸里正，縣司選勳官六品以下白丁清平強幹者充。其次為坊正。若當里無人，聽於比鄰里簡用。」任職條件為勳官六品以下品德高尚、處事幹練之人。一般有軍功之人才會授勳，如果里中無勳官，可用鄰里中有勳官或本里清平強幹之人擔任。

到了唐代後期，里正由原來的選任轉為向豪民富戶輪流差派。到了宋代，鄉吏均由鄉村富豪輪流擔任，中國古代的鄉官制最終完成了向職役制度的蛻變，一直延續到民國。

## 律令

配合唐代行政運作的，是唐人的律令。

二〇二〇年五月二十八日，第十三屆全國人民代表大會第三次會議表決透過《中華人民共和國民法典》，宣告中國「民法典時代」的到來。唐代雖然沒有民法典，但唐律和唐令都有不少涉及民法的章節。比如《唐律疏議》的《戶婚律》、《雜律》。「唐令」中專章設置民法規範《戶令》、《賦役令》、《倉庫令》、《廄牧令》、《關市令》、《喪葬令》、《雜令》。這些法律條文涉及物權、債權和繼承、婚姻，和我們今天的民法典所涉及的法律領域基本相同。

唐代的法律形式分為「律、令、格、式」。律是「正刑定罪」的法律，即明確刑名定罪量刑的法律；令是「設範立制」的法律，即規定國家制度和尊卑貴賤等級的法律；格是「禁違止邪」，即規定各機關官員職責許可權和活動原則的法律；式是「軌物程事」，即規定各機關辦事程式和公文表式的法律。

今天，很多人都需要租房，租房要簽訂租房合同。吐魯番出土有一件《杜定歡賃舍契》（編號 65TAM40:28），是唐代人的「租房合同」。

高昌縣崇化鄉人杜定歡從證聖寺僧人練伯處租了「里舍中上下房伍間，有門壹具」，租金是「錢三拾文」，租期到「二年二月卅日」，杜定歡分兩期交納房租，每期「與錢拾伍文」。而且「立契已後，不得悔」，若反悔，「錢肆拾文，人不悔人」。然後「畫指為驗」，就是當事人在契約後部親手畫上自己一根手指長度的線段，並畫出指尖、指節的位置。最後還有舍主、賃舍人杜定歡以及協力廠商保人「知見人所寶悅」一起簽名。

這份契約裡，租房人、房屋位置、大小、租金、繳納方式、租房期限、違約條件、擔保人全都有，和今天的協力廠商租房合同極其相似。

一九七三年，新疆吐魯番阿斯塔那第五〇九號墓出土了一份唐代宗時期紙本的《唐寶應元年六月康失芬行車傷人案卷》〔編號為73TAM509:8(1)(2)號〕，則記載了七六二年發生在高昌城的一場「車禍」。

兩位八歲的粟特小朋友，男孩金兒和女孩想子，在高昌南門玩耍，商人張游鶴的店鋪就開在這裡。一個叫康失芬的三十歲雇工，駕牛車把城裡的土坯運出城外，路過此處時，他的牛車把金兒和想子軋傷了。金兒傷勢嚴重，腰部以下的骨頭全部破碎，性命難保；想子腰骨損折。這起交通事故發生後，金兒的老爸史拂和想子的老爸曹沒冒一致決定：打官司。

史拂向官府提交了起訴書，說明自己兒子被牛車輾傷的事實，要求官府予以處理：「男金兒八歲在張遊鶴店門前坐，乃被靳嗔奴家雇工康失芬將車輾損，腰已下骨並碎破，今見困重，恐性命不存，請處分。」然後是曹沒冒提交起訴書，意思與史拂差不多。

隨後，一個叫「舒」的官員（唐朝公文中官員署名的時候，只署名不寫姓氏）接手了這個案子。他先是查問康失芬。第一次，康失芬承認他趕牛車軋人的事實無誤；第二次，「舒」詢問康失芬案情詳情，康失芬回答說，牛車是他借來的，由於他對駕車的牛習性不熟悉，當牛奔跑的時候，他努力拉住，但「力所不逮」，終於釀成事故；第三次，「舒」問康失芬有什麼打算，康失芬表示願為傷者治療，如果受傷的人不幸身死，再按法律來處罰自己。「舒」最後同意了康失芬的這個意見。

根據審判文書的記述，高昌縣勾檢官錄事「誠」作出勾檢的時間是寶應元年六月十九日，「誠」上報給高昌縣丞「曾」後，「曾」於當天簽署了審理意見：「依判諮，曾示，十九日。」在曾作出審理意見後第三天，高昌縣最高司法長官縣令「舒」作出了終審判決：「放出，勒保辜，仍隨牙。餘依判。舒示。廿二日。」在本案中，從立案到判決，共計用了十四天。

## 稅與兵役

唐代的農民亦需要繳納農業稅，唐代前期均田制下農民需要繳納的是租、庸、調三種。所謂租就是納糧，庸就是勞役，調是指本地織品。《舊唐書．食貨志》記載，在「租」的規定上，全國都以粟為納糧對象，嶺南則是納米。「庸」，是指成年男丁每年要為官府服役二十天，遇閏年加兩天。如果你不想服役，可以納絹代役，每天交三尺絹。「調」，每戶每年交絹二丈，綿三兩；如果是產布的地方，納布二丈五尺、麻三斤。那些內附的胡人則需要拿羊抵稅：「上戶丁輸羊二口，下戶三戶共一口。」富足的胡人每個成年人交兩隻羊，貧窮的三戶人家交一隻羊。如果遇到「水旱蟲霜」的自然災害，唐政府會根據災害的危及程度減免稅收：「十分損四以上免租，損六以上免租調，損七以上分課役具免。」

均田制是中國古代最後一次政府頒布實行於全國的田制，自安史之亂後，均田制開始崩潰，貴族和富豪、寺院兼併了大量土地，唐政府能夠收到的租庸調急劇減少，政府財政面臨破產。大曆十四年（七七九年）四月，宰相楊炎上書唐德宗，建議改革賦稅制度，創行兩稅法。兩稅法不是指收兩種稅，而是因為這種稅分夏秋（農曆六月、農曆十一月）兩次徵收，所以叫兩稅。

兩稅法具體是什麼意思呢？其實就是取消租庸調這種按人頭收稅的方式，由國家定出總稅額，各地依照國家分配的數目向當地人按每戶收稅。

這中間就涉及兩個問題。第一個問題是要把全國有多少戶人梳理清楚，於是唐政府就把土著戶和客居戶都按照實際居住地編入現居州縣的戶籍。第二個問題是每戶人家情況不一樣，要如何量稅？唐政府依照每戶人家丁壯人數、財產多少（包括田地、動產不動產）、田地肥瘠定出三等九級的戶等，每戶人家按照自己所處的等級繳稅。那些沒有固定住處，四處經商的商人，經商所在州縣按其收入徵收他們財產三十分之一的稅。（《舊唐書·列傳第六十八》）

兩稅法以財產的多少為徵稅標準，開了中國以貨幣計稅的歷史先河，這項制度影響了中國此後一千多年中國歷代政府的稅收機制。

在唐代，由於稅收和人結合得非常緊密，所以唐政府對於戶籍的管理非常嚴格。唐代每三年舉行一次名為「定戶」的全國農戶等級評定，每年要進行一次「貌閱」，「閱其貌以驗老小之實」，就是透過一對一檢閱人的樣子，來查核有無低報年齡及偽報老病的種種情況。有多嚴格呢？北宋編撰的百科全書性質的史學類書《冊府元龜》記載：「若一人不實則官司解職，鄉正里長皆遠流配。」二〇一〇年，中央民族大學民族博物館入藏十餘件吐魯番地區出土的唐代文書，其中有一件是交河縣要求鹽城百姓在指定日期接受縣令貌閱的帖文，這是目前我們見到的唯一一件有關唐代貌閱的官方文書。其中有「若將小替代，影名假代，察獲一人以上，所由各先決重杖卌，然後依法推科」。這佐證了唐代貌閱的嚴格：如果發現有虛報年齡、冒名頂替的，不管三七二十一，先打四十杖，然後再依法定罪。（《文物》雜誌二〇一六年六月刊《新疆吐魯番新出唐代貌閱文書》）

和唐代農民息息相關的還有唐代的兵役，唐代並不是很多人以為的強制兵役。錢穆先生的演講合集《中國歷代政治得失》一書就對唐代的兵役有詳盡解讀，唐代前期實行的

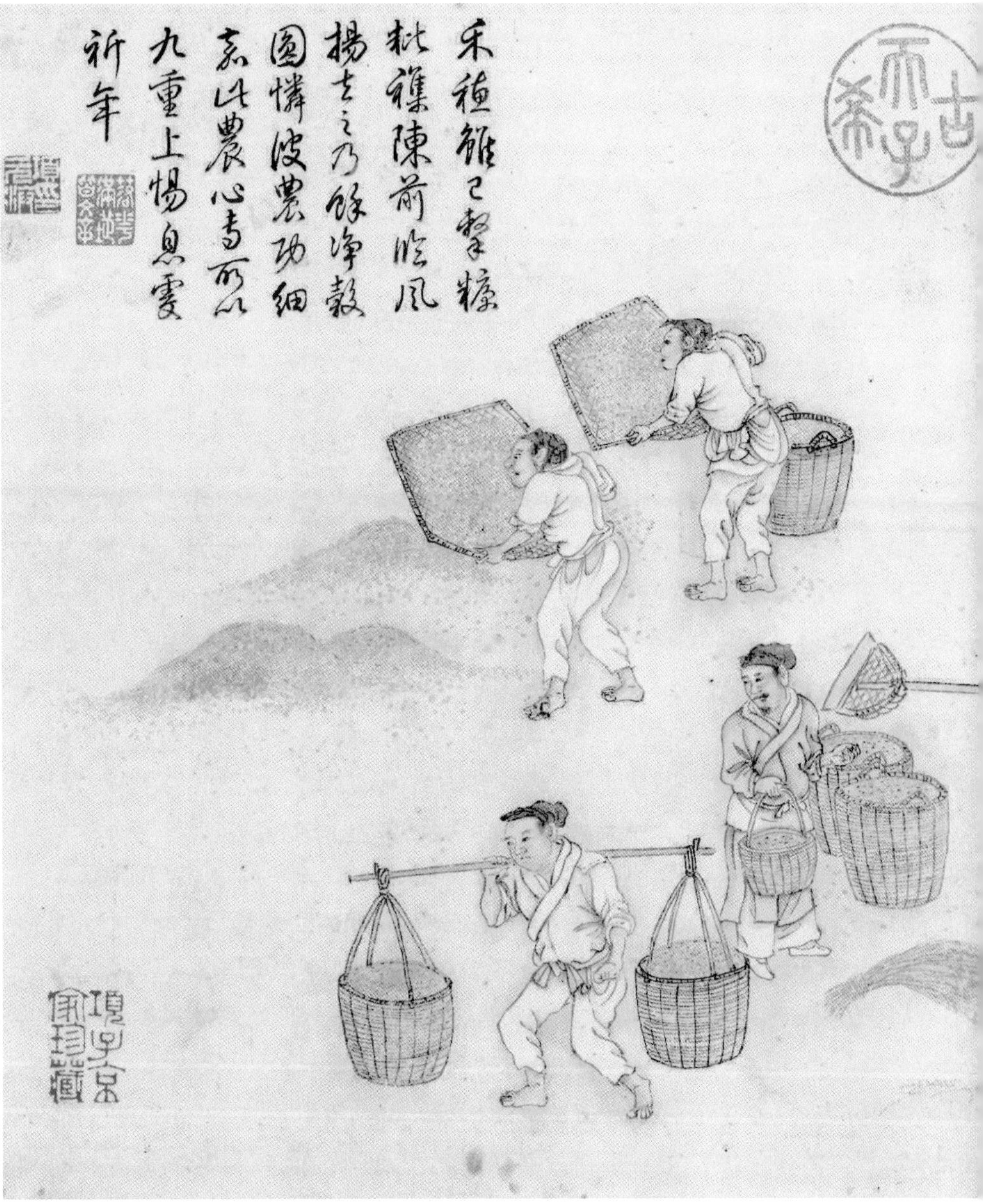

摹樓璹耕圖（局部）／元／程棨／美國弗利爾美術館藏

是延續自隋代的府兵制，當時平民的戶口劃分為九等，並不是人人都具有當兵資格，政府從中選取上等、中等之家中願意當兵的民戶（當時下三等民戶，是沒有當兵資格的）單獨編入折衝府，稱為府兵。府兵平時務農，政府豁免其租庸調。府兵農閒時接受軍事訓練，二十歲開始服役，服役時自備兵器資糧，分番輪流宿衛京師，防守邊境。

折衝府，又叫軍府，唐代全盛時有六百三十四個，其中關內地區有二百六十一個，其餘軍府分布在全國。府兵也是到了二十歲成丁才開始服役，關中和中原的府兵須到中央首都宿衛一年，邊疆或偏遠地區的府兵則要在本州或鄰州服役，這種在中央和地方的服役，稱作「上番」。

替代府兵制的是募兵制，募兵制就是由政府出錢，招募社會上願意當兵的人從軍。這些人以當兵為職業，長期在軍隊服役，由政府負責職業軍人的軍器和供養，有的還發給軍餉，由此而形成的軍隊是一種職業傭兵。募兵制的基礎是，唐帝國中前期國力強盛，國家有財力來支持全職軍隊。安史之亂後，國家板蕩，財政入不敷出，只能由地方節度使透過地方財政來募兵，這導致數個節度鎮長期擁兵自重，這也是唐朝後期藩鎮割據的重要原因。

## 四時

一九三七年，英國人亨利．斯坦利．貝內特（Henry Stanley Bennett）出版了《英國莊園生活》（*Life on the English manor: A study of peasant conditions 1150—1400*），這本寫作時間長達十二年的巨著，主要研究一一五〇年至一四〇〇年中世紀英國農民的生活狀況。一掃我們所認識的「莊園法庭」、「黑暗的中世紀」等概念帶來的陰影，貝內特用散文般優美的筆觸、學者的視野和對舊時代深深的尊重，為我們描寫了那兩個半世紀的莊園裡，農民如何勞作、收穫、起居這些日常瑣碎的生活圖景，拼成一幅完整的時代畫卷，鮮活地鋪展在我們面前。

和所有傳統中國應有的生活狀態一樣，唐代的飲食男女也延續著古老的男耕女織生活，那個時候，九成中國人都是農民，日復一日進行枯燥的生產勞作。今日之白領，或許對田園有著割捨不斷的鄉愁，但若真的回歸那種生活，十有八九會逃離，因為下田務農是一件極其辛苦的事情。

唐末的韓鄂有一部農書《四時纂要》，逐月列舉唐代的農民要做的農事。正月初一是一年的開始，唐代農家會準備新的曆書，並且於庭前燃放爆竹以辟邪，並且要喝屠蘇酒。屠蘇酒從晉朝產生，以前有人住在草庵，每年除夕，將藥囊丟到井中。到元日取水出來放在酒樽中，全家人一起喝就不怕生病了。屠，就是割；蘇，就是藥草。割了藥草來泡酒，泡成的酒就是「屠蘇酒」了。

春天，唐人要耕地，除了春麥，桑、瓜、藕、葵、瓠、芋、蔥、蒜、苜蓿、薔薇等作物都可在正月中栽種。正月還是種植竹、柳、榆、白楊、松柏等樹木的好季節。二月上旬種穀、瓜，中旬是種大豆、早稻的「上時」，二月末則要種牛蒡、紅花。除此之外，二月還是種茶、種胡麻的最好季節，芋頭、韭、薤、茄、薯蕷、蒼朮、黃菁也應該在此月栽種。三月是種穀、黍穄、胡麻、水稻、藺香、荏、蓼、石榴、冬瓜、萵苣、薏苡等作物的「上時」。各種果樹如桃、杏也應在三月種植、移栽。

夏天自立夏開始，唐人叫四月節。四月要對田地進行除草、上肥等管理，五月要收麥，六月還要耕地以備八月種麥。

秋天自立秋開始，唐人叫七月節。七月要開荒以待來年耕墾，種麥是八月的頭等大事。

冬天自立冬開始，唐人叫十月節。十月要「收諸穀種、大小豆種」，還要到城中買驢

安石榴

蔥

韭

蘿蔔

蒜

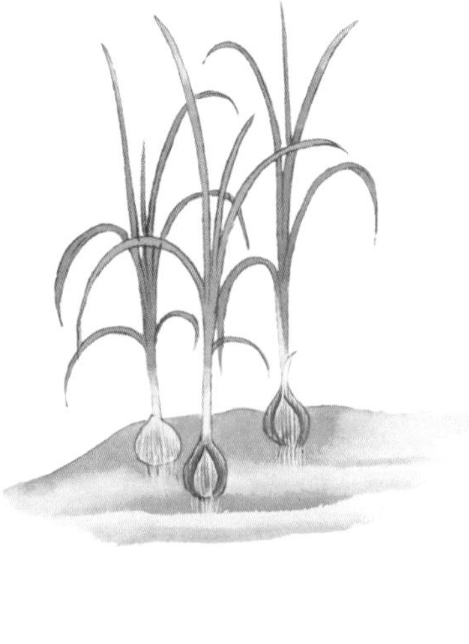

薤

馬。十一月要「儲雪水」以備溲種之用。溲種法是一種古老的種子處理方法。用斫碎的馬骨加水共煮，漉出骨渣，再把附子五枚放入浸漬，三四天後取出附子，再用蠶糞和羊糞攪拌，使之成為糊狀，播種前二十天，就把種子放在裡面攪拌，使稠汁附在種子上，隨即曬乾，妥善貯藏。經過這樣處理的種子，不僅可使莊稼免於蝗蟲等的為害，還可以使莊稼更加耐旱。十二月則需要「造農器，修連加（連枷，一種農具，今天仍然在使用）、犁、耬、磨、鏵鑿、鋤、鐮、刀、斧」，以備來年耕種。

在古老的唐代，沒有天氣預報，人們對世界和自然充滿了敬畏，在立春、春分、立夏、夏至、立秋、秋分、立冬、冬至這八個節氣，他們透過頻繁的占卜來祈求收成，《四時纂要》有一大半的內容都是講在這些節氣如何占卜並且如何來根據結果作出判斷。

每年最隆重的敬神活動是對「社神」的祭祀，重要程度類似於今天的中秋節或元宵節。社神其實就是土地神的總稱，唐代的土地神包括皇天、後土、社稷、五穀之神。

冬瓜

倚雲仙杏圖／南宋／馬遠／臺北故宮博物院藏

通常而言，唐代莊園中，男子挑起了整個家庭的重擔，女子起著輔助的作用。具體說來，男子是家庭中的主要勞動力，扮演著耕、獵、漁、樵、牧等角色，從事著較為繁重的體力勞動，表現在開畦、間柳、整枝、覘泉、耕鋤、引水、灌溉、打獵、捕魚、砍柴、放牧、建房、補屋、飼養等名目繁複的工作，其中每一項都是技術活，需要有長年累月的勞作才可以熟知、熟悉並最後習慣。

這些男子通常勞作時穿著上文提到過的蓑衣，戴著斗笠。蓑笠在鄉村的實用不僅體現在遮陽擋雨上，在冬季也有保暖的功效，常見的還有麻和布，麻為紵麻，布多為粗布。

當他們不勞作時，服裝則五花八門，有頭戴「烏角巾」的，有乾脆俐落的上下裝，也有長袍，它們雖然多為粗麻布質地，但人們往往「短（裋）褐不為薄」。在鄉村，草履即草鞋，是很流行的，不僅因為取材容易，做工也不費力。在下雨天，木屐的咯吱聲會響遍庭院，「應憐屐齒印蒼苔」就是講這種唐代的雨鞋，今天的日本人仍然習慣穿木屐。

唐代莊園中的女子，則從事諸如炊事、送食、採桑養蠶、織布縫衣、浣洗、負水的活計。王維《山居秋暝》的「竹喧歸浣女，蓮動下漁舟」一句優美至極，其實，詩中的這些美麗的女子，都是去小溪中洗衣服。此外，婦女還要舂米，照看小孩兒等。李白曾經借宿五松山（在今安徽銅陵縣南）下荀媼家，發現「田家秋作苦，鄰女夜舂寒」，他深更半夜睡不著，因為鄰家婦女尚在舂米，聲音從牆外傳來，一陣一陣，顯得多麼淒涼啊！

如此四季輪回裡，唐人日復一日地耕種收穫，一代一代地繁衍。

## 莊園與別業

一九〇九年，日本人中田熏發表《日本莊園系統》（見《國家學會雜誌》第二十號之一），在文中寫道：「所謂中國莊的制度，是隨著唐朝均田制的破壞，作為土地兼併的原是屋舍，但是到了唐朝，已經從原來意義的莊，轉化為郊外私有土地，特別是大地主以經濟為目的所有土地，從這個意義上說，唐朝的莊和歐洲法蘭克時代的莊園，具有完全相同的意義。」

由此開啟了日本學界盛極一時的關於唐代莊園的辯論。

一九一七年，經濟史專家、俳句大師加藤繁發表了《唐代莊園的性質及其由來》（見《東洋學報》第七卷第三號）一文，認為，「唐朝的莊園本來是『別莊』的意思，或者也叫墅園、別業，是配置花木、水竹之娛樂遊息場所，可是除了這部分以外，大多包有作為生活資料的田地。換句話說，原來指莊和田園兩重意義的莊田或是莊園這樣的用語，事實上很多場合和莊字完全一樣，因為引申下去，就不問別莊設備的有無，專指田地的也稱為莊、莊田、田園等。把別莊稱為莊，從梁朝起就已經出現了，而這種用語的盛行是在唐朝」。

隋唐史學家烏廷玉的《唐朝「莊園」說的產生發展及其在中國的流傳和影響》有過深入研究，作為一種學術觀點，日本學者首先提出唐朝「莊園」說，到了一九三三年開始傳入中國，此前中國學者編寫的中國史著作裡，從來沒有提到唐朝「莊園」問題。

學術界的爭議，源於對「莊園」概念的不同理解。學者認為，雖然唐代的土地制度是租佃制發展和成熟的地主經濟，並沒有形成歐洲式的「莊園制度」，但並不否認唐宋時期存在過較前期更為發達的莊園經濟。（崔永盛《唐宋時期的莊園經濟研究述評》）

今天我們談及唐代的莊園，更多是對其「別業」性質的想像——花園、流水、閬苑、閣樓，以及偃仰嘯歌、聽濤觀花的文人。這是中國文化中的莊園，和歐洲騎士的莊園有很大不同，在這些隱於山水間的小天地裡，我們看到一個時代的生活圖景正在徐徐展開。

唐代莊園最知名的就是輞川別業。

輞川圖（局部）／南宋／趙伯駒（傳）／美國弗利爾美術館藏

長安以南，群山起伏，連綿不絕，我們熟知的那副對聯「福如東海長流水，壽比南山不老松」中的南山，指的就是此處。這座山脈叫終南山，東漢班固把它命名為秦嶺。班固《西都賦》中有「睎秦嶺，睋北阜」，《東都賦》中有「秦嶺九嵕，涇渭之川」。這是「秦嶺」這個名字最早的出處。

在幾千年的歷史中，秦嶺一直有著獨特的文化地位，不僅僅因為它是長安的屏障、帝王逃跑的必經之道，更因為它是隱士的家園和佛教、道教的樂土。時至今日，儘管五嶽的聲名早已經掩蓋了秦嶺的輝煌，但有志之士仍然稱它為「中國的國家公園」。詩人、虔誠的佛教徒兼畫家王維，他的輞川別業，就在秦嶺北麓的輞川山谷，一個離西安市藍田縣城西南十餘公里處的谷地中。

輞川別業在中國建築史上有著赫赫的聲名，最初這別墅是初唐詩人宋之問所建，時稱「藍田別業」。宋之問死後，開元十七年（七二九年）前後，別墅為王維所得，並予以增建。經過二十多年的精心營建，三十多里長的輞川，被王維打造成一個綜合性的大莊園。

在此後的千年中，輞川別業作為文人最動人的莊園傳說流傳，王維許多膾炙人口的詩篇都作於此，他還親手繪製了《輞川圖》，清朝的乾隆皇帝就曾在圓明園中特設「北遠山村」一景，以仿輞川別業。

輞川別業從山口進，迎面是「孟城坳」，山谷低地殘存古城，坳背山岡叫「華子岡」，山勢高峻，林木森森，多青松和秋色樹，「飛鳥去不窮，連山復秋色」。背岡面谷，隱處可居，便為輞川莊園。

越過山岡有文杏館，「文杏裁為梁，香茅結為宇」，館後崇嶺高起，嶺上多大竹，題名「斤竹嶺」。這裡「一徑通山路」，沿溪而築，有「明流紆且直，綠筱密復深」的幽明精緻。登岡嶺，至人跡稀少的山中深處，題名「鹿柴」，那裡「空山不見人，但聞人語響」。

「鹿柴」山岡下為「北宅」，一面臨欹湖，蓋有屋宇，所謂「南山北宅下，結宇臨欹湖」。北宅的山岡盡處，峭壁陡立，壁下就是湖。從這裡到南宅、竹里館等處，因有水隔，必須舟渡，所以「輕舟南宅去，北宅渺難即」。

唐人馮贄《雲仙雜記》卷八引《洛都要記》記載了輞川別業的生活圖景：「王維居輞川，宅宇既廣，山林亦遠，而性好溫潔，地不容浮塵，日有十數掃飾者，使兩童專掌縛帚，而有時不給。」龐大的莊園，每天打掃的人就多達幾十人，以至要有兩個小孩子專門綁用壞的掃帚，即使如此，仍然供應不上。

這樣龐大的莊園顯然不是普通人家能夠擁有的——王維出自河東王氏，他的二弟王縉曾經是德宗朝的宰相。

唐人裴迪曾如此形容欹湖的美：「空闊湖水廣，青熒天色同。艤舟一長嘯，四面來清風。」（《輞川集二十首・欹湖》）王維經常泛舟湖上，與山景、星空和老松一醉方休。在秦嶺清秀鐘靈的山水間，王維成為一個對禪理有著深刻參透的詩人，「無有恐怖，遠離一切顛倒夢想」（《般若波羅蜜多心經》）。

一千二百多年後，輞川別業湮滅在了歷史中，加上自然變遷，今天再去藍田輞川尋找王維的印記，多是荒草野樹。

## 奴婢與豪強

或許是因為那些描繪山水風景的詩歌流傳於世，唐人的莊園總是充滿了詩意和溫情，但這並不能掩蓋貴族和豪客的莊園背後的奢靡、浮華和黑暗。如同歐洲中世紀的莊園一樣，一旦深入莊園的日常生活，便會發現其中所隱藏的矛盾和紛爭。

調嬰圖／唐／周昉（傳）／臺北故宮博物院藏

和之前的朝代一樣，唐代建國伊始也開始大封諸侯，凡爵、勳、官（職事官、散官）、公主、命婦，都可以得受永業田，也就是子孫世襲，皆免課役的田產。權貴經過百年繁衍，李唐王朝官僚機構不斷擴大，官吏人數膨脹，因此政府授給的永業田不斷增加，加上政府賞賜的「賜田」，漸漸地就都變成了其子孫的私家莊園。此外，當然有依靠特權的土地兼併——歷史上，凡太平日久，必有地主、官僚、商人用政治權勢掠奪、抑買大量百姓良田來擴充其田宅——這幾乎成了帝國時代發財的不二法門。

這些大大小小的莊園遍布在江南、關東和關中，大多數莊園除了莊宅及其附近的田地，還包括有果園、茶園、碾磑、店鋪、菜園、鹽畦、車坊及山澤、森林這些商業和產業，當然，還有無數的佃戶、雜役、奴僕和私人武裝——部曲。

這些部曲、部曲妻、客女、隨身、奴婢的命運十分悲涼，他們「身繫於主」，可以被主人隨意買賣，同樣只准與同類身分者結婚，遇事由主人依唐代的《奴法》處理。奴婢多是賣身的貧苦農民及被劫掠拐賣的平民，在唐代，這是一個很「低賤」的來源，於是唐人眼中的奴婢「律比畜產」，不得與良人為婚。

敦煌研究院藏有《唐代奴婢買賣市券副本》，是奴婢買賣官文書，記載了唐玄宗天寶年間敦煌郡唐人買賣奴婢的過程。賣主王修智要將自己十三歲的胡人奴婢多寶賣給一個叫惠溫的人，多寶的身價是「生絹貳拾壹匹」，也就是多寶值二十一匹生絹。奴婢買賣過程中，有六個人聯名俱保，也就是做證人，分別是敦煌郡百姓左懷節、安神慶，「行客」也就是行商張思祿，「健兒」也就是戍卒王奉祥、高千丈，官員市令（市場管理官）秀昂。這麼多不同身分的保人除了證明交易的有效性，還為了證明多寶「是賤不虛」，也就是說防止把良民當成奴婢販賣，按《唐律》規定，凡掠賣良人為奴婢的，處以絞刑。這份文書上，賣主、買主、被賣奴婢、保人的身分、年齡，一應俱全，最後官府對契約真實性進行核實，加蓋敦煌郡的「郡印」後，成為具有法律效力的檔。

唐代知名的莊園主，除了那些聲名不菲的詩人，最有權力也最知名的是鎮國太平公主，這個集帝國萬千寵愛於一身的女子，沒有在浩瀚的唐史中留下名字。

《舊唐書》卷一八三記載，太平公主在沒有勢力時就已經「崇飾邸第」，下嫁後更是暴斂錢財，生活奢侈：「田園遍於近甸膏腴，而市易造作器物，吳、蜀、嶺南供送，相屬於路。綺疏寶帳，音樂輿乘，同於宮掖。侍兒披羅綺，常數百人，蒼頭監嫗，必盈千數。外州供狗馬玩好滋味，不可紀極。」她「食」的實封，曾達到過一萬戶。唐前期制度，食實封就是享受戶丁交納的租稅。太平公主「食」的戶都按大戶計算，一戶七丁。若一丁交絹二匹，太平公主一年僅得絹就有十四萬匹，而當時國家年收絹多則百萬匹，少則只有七八十萬匹，她的收入敵上了國家收入的百分之十四到百分之二十！

甚至一直到太平公主死後一百年，還有人記得她當年的輝煌，韓愈曾經寫詩說：「公主當年欲占春，故將台榭壓城闉。欲知前面花多少，直到南山不屬人。」（《游太平公主山莊》）她在曲江池邊的樂游原修建的亭臺樓閣投下重重魅影，甚至把皇家的園林都遮在了陰影之中。你想知道太平公主的田產到底有多大，她的花園到底走多遠才是盡頭嗎？那你就往南看吧，從長安城一直走到終南山，根本找不到一塊屬於別人的產業。長安城到終南山，到底有多遠呢？五十里，這麼遠的距離，都是太平公主一個人的產業。

然而，這些輝煌瑰麗的莊園、田產和府邸，都伴隨著太平公主的死亡而湮沒了。有人說紅顏薄命，這不僅僅是宿命論的觀點，在歷史中，每個「個人」都是蒼老的紅顏，風流總被雨打風吹去。

## 兒童

法國歷史學家、社會學家菲力浦・阿里耶斯（Philippe Aries）在其名作《兒童的世紀》（*Centuries of Childhood: A Social History of Family Life*）中表示，歐洲在中古世紀以前，社會中兒童的觀念並不存在。十三世紀，人們對於兒童的概念仍限於「身高大小（size）」的差異，是「身高縮小的成人」。

在中國，唐代以前，我們對於兒童這一概念也是相當模糊的，一個證明就是唐以前幾乎很少見兒童的形象，唐代開始才有了一些兒童的形象在詩歌、壁畫、雕塑和絹畫中出現。中國人真正形成「兒童」這一概念，是在宋代以大量「嬰戲圖」的出現為代表。

唐代很少用數字來表示年齡，而是借用一些稱謂，這就導致唐人對於兒童的稱呼有多種。學者姜同絢對唐代墓誌中的年齡文化詞語做了歸納：「推梨」，來源於「孔融讓梨」的典故，指代四歲；「鳩車」，兒童玩樂之車，指五歲兒童；「懷橘」，出自三國陸績典故，代指六歲；「撫塵」，兒童遊戲之一，借指七歲；「負劍」，原意是推劍於背，特指對孩子從小的教習，一般指八九歲。（姜同絢《唐代墓誌年齡詞語考證》）

今天，我們民間在孩子滿月時喜歡剃個「滿月頭」，寓意一切從頭開始，都是新的，有時候還會給孩子留一小撮頭髮。唐代的兒童也有自己專屬的髮型，《禮記．內則》說：「三月之末，擇日，剪髮為鬌。男角女羈。」唐代大儒孔穎達《孝經注疏》說：「三月剪髮，所留不剪者謂之鬌。」新疆博物館藏吐魯番阿斯塔那唐墓雙童圖

宋人嬰戲圖／北宋／蘇漢臣（傳）／臺北故宮博物院藏

絹畫裡，兩位幼兒頂髮悉被除去，僅額上留有一撮餘髮，和我們今天一些小朋友的髮型挺像。莫高窟一九七窟，有一幅童子拜佛圖，畫中的童子，光屁股，光頭，非常可愛。

等到嬰孩稍長，頭髮漸多，則將頭髮集束於頂，分作兩路紮成小髻，形狀如角，故名「總角」。未能編入髮髻者任其自然下垂，這部分垂髮稱「髫」。所以古人也用「垂髫」來稱呼兒童。

以燒製陝西大老碗而聞名的銅川耀州窯曾經發掘出土一件唐代素胎黑花盤，該盤內底繪有一個上身赤裸的跳繩兒童，可見，兒童的遊戲最經得住時間的考驗。

家境較好的鄉童，則可以上私塾啟蒙。在唐代，教育相當發達，然而，弘文館和崇文館是貴族學校，國子學是公侯學校，太學是卿大夫學校，四門學、律學、書學、算學及地方州縣學為下級官員子弟學校。對於鄉村的孩童來說，他們有生之年能夠進蒙學，已經如登天了。即使如是，在詩歌彌漫整個帝國的唐代，儒雅、通透的文化氣場仍然讓這個國家看起來知書達禮，據《全唐詩》的資料統計，唐代十歲以下的兒童詩人就有四十餘人，十三歲以下的就更多。

唐代還有面向十歲以下兒童的科舉——童子科。《新唐書》記載：「凡童子科，十歲之下，能通一經及《孝經》、《論語》，卷誦文十，通者予官；通七，予出身。」十歲以下的孩子，能通《孝經》、《論語》，以及九經能通一經，即可根據通經數目予官或予出身。（唐代官學所立九經包括：《易》、《書》、《詩》、《周禮》、《儀禮》、《禮記》、《左傳》、《公羊傳》、《穀梁傳》）

由於教育的興盛，唐代出現了許多部面向兒童啟蒙的教材，也就是「蒙書」。學者們在敦煌文獻中發現了五百四十九件和蒙書有關的抄本和碎片，統計下來共有四十五種蒙書。

唐代兒童蒙學的核心課程是《孝經》。《孝經》是儒家十三經之一，成書於秦漢之際。

童子拜佛圖／唐／佚名／莫高窟第 197 窟北壁

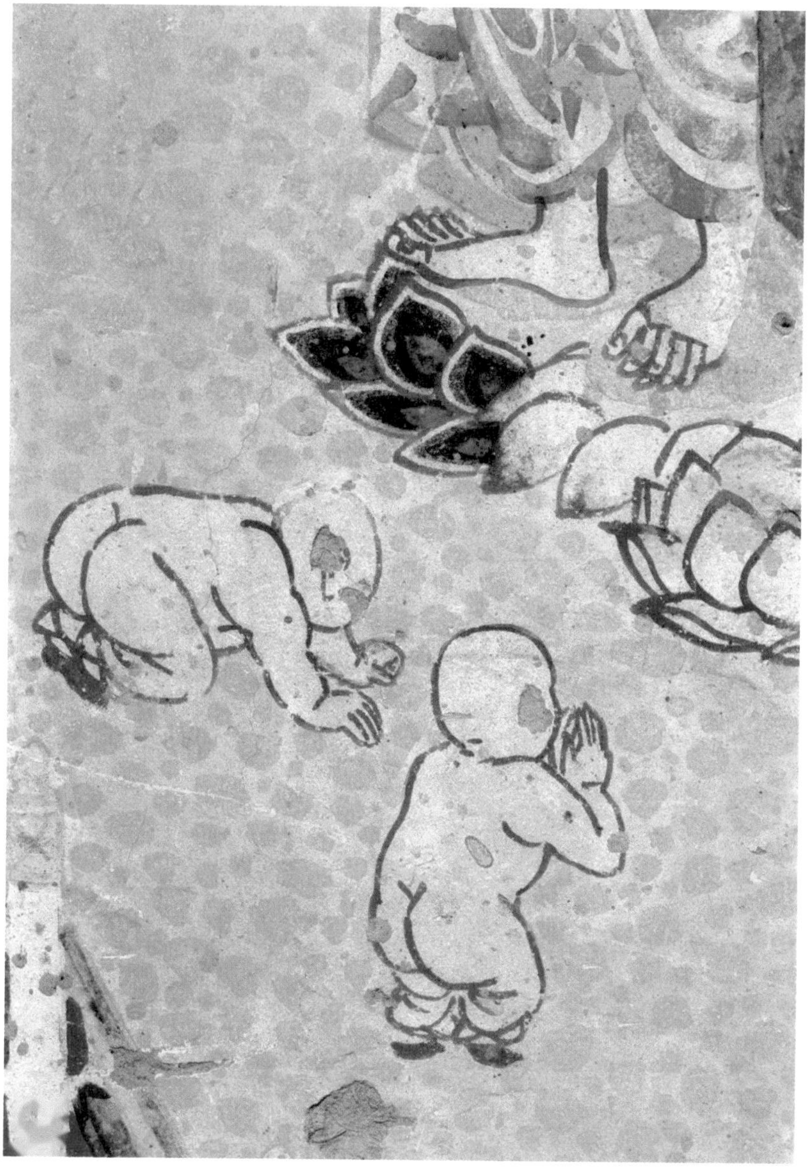

自西漢至魏晉南北朝，注解者迨及百家。唐朝建立後，武德六年（六二三年），高祖駕幸國學，命徐文遠講《孝經》。貞觀十四年（六四〇年），太宗幸國子學，令祭酒孔穎達講《孝經》。此後，皇帝幸國子監、舉人謁先師等儒學典禮和儀式上，多以《孝經》開講。唐玄宗御注《孝經》，於天寶三年（七四四年）下制，令天下家藏《孝經》一本，「精勤誦習」。今西安碑林博物館就藏有一方「石台孝經碑」，此碑刻於天寶四年（七四五年），由唐玄宗李隆基親自作序、注解並書寫，當時的太子李亨篆碑額。

唐代士人從事舉業，也必須從《孝經》學起。據《新唐書·選舉志》，明經諸科須「《孝經》、《論語》皆兼通之」，進士科也要考《孝經》，上文提及的唐代童子科考試的最主要的內容也是《孝經》和《論語》。

對於後世而言，唐代蒙書中最知名的則是南北朝時期周興嗣編纂的一千個漢字組成的韻文《千字文》和唐朝天寶年間李翰編著的兒童識字課本《蒙求》。《三字經》中很多的典故取材於《蒙求》。

對於唐人來說，遠離喧囂、戰亂的平和田園生活是一種心靈的信仰，唐人寫下了大量的田園詩來表達他們對於田園的眷戀。中國人對於田園、小舟、流水和農人有情感眷戀，一方面是由於我們是一個有數千年農業傳統的國家；另一方面是因為田園安放著一種浸透心靈的靜。即便是在嘈雜的二十一世紀，很多人仍然懷有歸園田居的夢想。這種滲透在骨子裡的文化基因，來源於對安定生活的嚮往，更來源於人對自由的渴望。

# 第六章　她們的時代

## 竇皇后

中國大概是世界上少有，既束縛女人的身體和內心，又為女人建立諸多紀念碑的國家。這紀念碑就是貞節牌坊，它們被修建得華麗張揚，而且通常刻有朝廷頒布的皇帝聖旨，那些把貞節操守看得比身家性命還重要的女性，被當作標本刻在石頭上。

但奇怪的是，對於男人來說，他們可以在黑夜裡無限放任自己的欲望。這對於歷史的影響是嚴重的，以致我們提起所謂的封建社會，就會想到貞節牌坊，女權主義者也會因此而對男人深惡痛絕，對社會更加絕望。

但是，在唐代，中國的女子命運很不一樣。據《古今圖書集成》記載，古代女子列入「閨節」、「閨烈」的烈女節婦，唐朝女子最少，僅五十一人，宋朝為二百六十七人，明朝為三萬六千人，而清代則數量更龐大，我們今天看到的貞節牌坊，大多數為清代所立。

中國歷史上僅有的兩位女皇帝就出自唐代，一為歷史承認的唯一女皇武則天，二是自稱文佳皇帝的陳碩真。

永徽四年（六五三年），也就是唐高宗李治即位的第五個年頭，一個叫陳碩真的女子在今杭州的淳安縣起兵，自稱文佳皇帝，十一月兵敗，陳碩真被俘殺。史學家翦伯贊稱她為「中國第一個女皇帝」，其實她只在位一個多月即被消滅，但對處於貞觀之治光輝之下的唐帝國來說，這不啻是一記響亮的耳光。彼時，中國歷史上唯一的女皇帝武則天才從感業寺中還俗，三十七年之後，她成為武周的皇帝。多年之後，還是在杭州，一個叫方臘的人深受其同鄉陳碩真影響，起兵反宋。

在唐代的歷史上，永徽四年是一個極其特殊的年份，這一年，李世民的兒子和臣子因為奪嫡遺留的權力殺戮進入高潮。皇帝李治和擁立他的舅舅長孫無忌在這一年產生了巨大的嫌隙，原因就是長孫無忌借擁戴之功開始弄權和擅殺。

此時魏王李泰已幽死於均州，高陽公主駙馬房遺愛是其心腹，貞觀年間曾助李泰奪嫡，因此受牽連。長孫無忌除坐實房遺愛夫妻的謀反罪以外，更將此事嚴重化和擴大化，包括當世名將、丹陽公主駙馬薛萬徹，巴陵公主及駙馬柴令武，荊王李元景，吳王李恪，全部被牽扯進來。永徽四年二月初二，房遺愛、薛萬徹、柴令武遭處斬，李元景、李恪、高陽公主、巴陵公主一併賜自盡。

這依然不算結束，長孫無忌挾此餘威，整治了另外一批政敵。宰相兼太子詹事宇文節，左驍衛大將軍、駙馬都尉執失思力，江夏王李道宗均因與房遺愛關係近密而獲罪，流放到嶺南。接著，長孫無忌將李恪的同母弟蜀王李愔廢為平民，安置在巴州，房遺愛的長兄房遺直貶為春州銅陵尉，薛萬徹的弟弟薛萬備流放交州，同時罷除了房玄齡在太宗廟陪祭的殊榮。

長孫無忌一手導演的這一幕大清洗，在歷史上被稱為「高陽公主謀反

《十八學士於志寧書贊卷》之房玄齡／唐／閻立本／臺北故宮博物院藏

案」，其主角高陽公主是唐代最有故事的女性之一，正史記載高陽公主有寵於太宗李世民，深得父皇喜愛。貞觀十五年（六四一年）前後，高陽公主十二歲左右，由太宗許配下嫁於開國名相房玄齡第二子房遺愛。但這位皇女流傳最廣的故事，則是她和三藏法師玄奘的高徒辯機之間的情事。在女作家趙玫的筆下，高陽公主是唐代第一位以色欲而伏誅的貴婦。

《十八學士於志寧書贊卷》之杜如晦／唐／閻立本／臺北故宮博物院藏

永徽四年，是這三位女性的時代，一個造反的女皇帝、一個謀反的公主和一個藏鋒的未來帝國女皇帝。正是這一年長孫無忌肆無忌憚，才讓武則天成為下決心收回皇權的李治的得力助手，此後五年中，武則天幫助丈夫擊潰了貞觀朝最後的遺老——長孫無忌的勢力，一躍成為帝國最有權勢的女性。

也正是從這個時代開始，唐代大大小小的歷史背後，都有女性的存在。今天我們翻看《新唐書》、《舊唐書》，甚至《資治通鑒》，都會發現，在中國歷史上，唯有唐代，出現在史書中的女子形象最多，而且她們參與了歷史的進程，給後人留下了深刻的印象。

唐三彩仕女俑／日本東京國立博物館藏

高祖李淵的太穆皇后竇氏，或許是開創唐代女政客歷史的第一人，這大概與她的皇族血統有關——竇氏的母親是北周武帝宇文邕的姊姊襄陽長公主。她出生時就有些異象，「生而髮垂過頸」，但這僅是開始，到三歲時頭髮就長到與身體一般長短，這情況容易讓人聯想到她的見識方面出了問題。一般，父母是不會寵愛這樣的孩子的，倒是當皇帝的舅舅甚是稀罕，她因而得以養於宮中，受了不少薰陶。她也不令舅舅失望，幼時就能給宇文邕進些諫言，如宇文邕不愛突厥裔皇后，竇氏便偷偷地規勸說：「四邊未靜，突厥尚強，願舅抑情撫慰，以蒼生為念。但須突厥之助，則江南、關東不能為患矣。」竇皇后的政治頭腦由此可見一斑，也足以讓人對古人的經驗產生懷疑。原來頭髮與見識並不成反比。

後來，隋文帝楊堅受北周禪，竇氏大哭道：「恨我不為男，以救舅氏之難。」父母急忙掩其口說：「汝勿妄言，滅吾族矣！」駙馬竇毅曾經對妻子襄陽長公主提出要求：「此女才貌如此，不可妄以許人，當為求賢夫。」經過廣泛而苛刻的「比武招親」，最終「雀屏中選」的東床快婿也非尋常人，乃是未來的唐高祖李淵。李建成、李世民、李玄霸、李元吉都是她的親生子。

婚後竇氏「喜好」書法，竟與李淵寫得一模一樣，李淵的手下也分辨不出，所以她也常替李淵批些公文，就此開了唐代女人替丈夫處理公事的先河，可以說後來武則天批奏章是有例可循的。

竇氏在李淵反隋之前就去世了，時年四十五歲。據說她生前曾經勸說李淵不要把好馬留在家裡，要及早獻給皇帝，以免引起隋煬帝楊廣忌妒。李淵當時沒有聽從，而後來不得不被迫獻馬以打消皇帝的疑心。李淵回想竇氏當初的勸言，嘆息著對子女說：「如果我早聽了你們母親的話，哪裡會到這地步？」李淵登基以後，追封她為皇后，並追謚為太穆皇后。李淵之後不再立皇后。

中國歷史上姓竇的皇后，可查的有六位，分別是西漢孝文竇皇后、東漢章德竇皇后、東漢桓思竇皇后、北魏神元竇皇后、唐太穆竇皇后、唐昭成竇皇后。

竇氏得姓始祖是夏禹的六世孫——龍，可見，這個姓氏從其開始就是從龍的命運。

唐三彩仕女俑／日本東京國立博物館藏

簪花仕女圖（局部）／唐／周昉／遼寧省博物館藏

## 長孫皇后

從竇氏開始，因為女子活躍在帝國政治的前沿，有唐一代，女子的人格完整得多，她們是為了自己而活，不願接受性別的枷鎖。

中國女權，對於妻妾婢的人身權來說是一直在提高的，在繼承權上則一直降低，在婚戀觀上則變化更加複雜。從東周到南北朝，整體是從保守到開放或者說混亂的過程。從隋唐到清代，又是從開放混亂到保守的過程。唐代正是這個轉捩點，但並不是最高點，它的婚戀自由程度恐怕低於漢朝，更加不像南北朝那麼混亂。

但正是處於轉捩點，使唐代的女子地位達到一個社會的平衡點，也正因如此，一部唐史，有半部是屬於女人。

在李世民的時代，他的背後是小名叫觀音婢的妻子，這個聰慧賢達的女子後來成為中國歷史上皇后的代名詞——長孫皇后。長孫皇后和竇皇后一樣，早逝，史書著墨不多，但她們影響了一個帝國的命運。

長孫皇后是一個十分值得了解的歷史人物，她具備一切成為禍國妖姬的特質。她出生於隋仁壽元年（六〇一年），父親長孫晟是北魏皇族拓跋氏之後，母親高氏是北齊皇族後裔，兄長長孫無忌在李世民登基路上厥功至偉，是凌煙閣二十四功臣之首；她美貌多才，十三歲（大業九年，六一三年）即嫁給李世民，深得夫君愛惜；她生育力強，有三子四女，分別是李承乾、李泰、李治、長樂公主、城陽公主、晉陽公主、新城公主；她在武德末年儲位之爭期間，與房玄齡「同心影助」李世民，並在玄武門之變當天親自激勵將士，是深受秦王府舊將愛戴的主母；她賢淑、優雅、智慧、大度，用現代最流行的一個說法，她就是一位知性女子。

在長孫皇后僅存的一首《春遊曲》中，我們可以讀到這樣的詩句：「上苑桃花朝日明，蘭閨豔妾動春情。井上新桃偷面色，簷邊嫩柳學身輕。花中來去看舞蝶，樹上長短聽啼鶯。林下何須遠借問，出眾風流舊有名。」當皇家園林裡的桃花在春日盛開時，深閨中的美婦萌生遊興，前去看花間蝶舞，聽枝頭鶯啼。她驕傲地認為，井上剛剛綻放的桃花之所以嬌豔，是因為「偷」得了她紅潤的面色；簷邊初發新芽的柳枝之所以纖柔，是因為「學」到了她窈窕的身姿。不必打聽姓名，世人也曉得她是誰，她的風度超群早已遐邇聞名。詩中人暗喻長孫皇后。無須多言，這是一個才貌雙全，以「林下之風」自許的奇女子。

但這位起點比武則天好十倍的女子，選擇了一條遠離權力毒藥的道路，做一位安分守己，同時也深謀遠慮的皇后。她自稱不涉朝政，卻時常以古事設喻勸諫皇帝，更留下「朝服勸諫」（以迂回策略保護大臣）的美名；不允許自己的同母兄無忌為宰執，卻因不願留下「恃寵」惡名而向李世民求情，赦免了少時曾虐待她，又參與謀反的異母兄安業。貞觀十年六月二十一己卯日（六三六年七月二八日），長孫皇后在立政殿去世，時年三十六歲，同年十一月葬於昭陵，諡曰「文德」。

貞觀時期，唐太宗治理天下，長孫皇后掌管內廷，那也是一條看不見的戰線。長孫皇后自始至終以自己的方式支援夫君，是太宗的賢內助。在唐代的皇后中，長孫皇后不是最有權力的，卻是最受尊敬和愛戴的。長孫氏勤奮讀書，一年四季保持不變。讀書使她增強智慧，積累知識，增廣見聞。她生活簡樸，需求不多。無欲則剛，這是人所共知的。她樹立了一個儉樸的榜樣，在貞觀初立的時代異常重要。

從青梅竹馬到賢慧皇后，長孫氏短暫的一生，享盡平凡夫妻的至情至愛，以及母儀天下的尊榮崇敬。這位貞觀之治的重要推手，僅以其柔而韌的背影，浮現於幽幽青史，獨絕千古。後來的武則天，其一生的行為準則都籠罩在長孫皇后的光環下，或許稱帝本不是她的初衷，她最初也只是想做一個萬人愛戴的賢后。

## 開放的審美觀

但唐代女子地位的提高，並不意味著唐代是一個性開放的社會。很多人從唐代的女子低胸裝以及野史中的宮闈祕史推斷，唐代也如同中世紀歐洲一樣，宮廷貴婦和少女穿著露胸的衣服，走在街上。

在中世紀歐洲，人們則十分推崇女子的酥胸，認為酥胸是女性美的象徵。有一個時期，法國宮廷的貴婦人和市井巷陌間的未婚少女，是允許穿著露胸上衣的。據說，那時裸胸並非色情風俗，反而是一種對女性美的禮贊。據一世紀羅馬的博物學家大普林尼（Gaius Plinius Secundus）記載，古羅馬名妓弗蘿拉（Flora）曾以白金製成酒杯，酒杯的形狀正是她那稀世罕見的美麗乳房。到了歐洲中世紀，還有一些男子由於妻子或戀人有豐滿漂亮的乳房，而以其形狀鑄成酒杯，用來斟葡萄酒，向同伴誇示。在法國大革命時死在斷頭臺上的瑪麗王后（Marie Antoinette），也曾將自己的乳房以石膏鑄形，路易十六據此定製白瓷碗，作為禮物送給她，供盛放鮮奶。

在中國歷史中，女人的胸部則是一個極其危險的名詞。

這不僅因為眾多皇帝都倒在「胸器」下，更為重要的是，傳統中國的道德觀對於女性胸部有著一種天然的警惕，女性如果過分突出胸部，會被認為不貞或淫蕩。到了民國，人們仍然被這一思想制約。一九一八年夏，上海市議員江確生以西洋裝束有辱斯文致函江蘇省公署：「婦女現流行一種淫妖之衣服，實為不成體統，不堪寓目者。女衫手臂則露出一尺左右，女褲則吊高至一尺有餘，及至暑天，內則穿粉紅洋紗背心，而外罩以有眼紗之紗衫，幾至肌肉盡露。」

唐代性開放的看法來源，有一半是因為女子的著裝。一般的唐代婦女比較正式的女裝

步輦圖（局部）／唐／閻立本／故宮博物院藏

由衫、裙、帔（披肩）三部分組成。女子穿衣的時候，習慣將衫的下擺束在裙腰裡面，顯得裙子很長，自胸部以下直到地面，再配上一條隨風飄盈的披肩，顯得身材修長，嫵媚動人，別有一番風韻。後世很多人從壁畫上看到梳高髻、露胸、肩披紅帛，上著黃色窄袖短衫，下著綠色曳地長裙、腰垂紅色腰帶的唐代婦女形象，則認為這是一個性開放的時代。

實際上，唐代在中國歷史上確實是一個開放的時代，唐代女性著裝風格的形成與歷史有著千絲萬縷的關係。暫不說胡風對於唐代的影響，單單是從隋唐之前的魏晉南北朝就可以看出些許端倪，中國歷史上最盛行的裸奔潮流就發生在那個時代，「竹林七賢」中的劉伶就很喜歡裸奔。

後世美容及運動學家研究說，南北朝和隋唐戰亂頻仍，人們常常被別國的軍隊追逐，要跑十多公里，奔跑速度很快，一個時辰可達四十公里，運動量相當大，而且胸部抖動頻率可達每秒兩到三次，如此這般，胸部肌肉進一步得到發展。不過，由於生活水準有限，胸部發育所需三種有機物——氨基酸、維生素以及葡萄糖，補充不全，人們的胸部也沒有實質性的進步。

其實，古代對胸部並無任何審美要求，也無任何標準。描寫美女的文學作品如《詩經》、《登徒子好色賦》、《洛神賦》等都對胸部隻字未提。《洛神賦》鋪排華麗，對女性身體極盡描述之能事，唯獨對胸部諱莫如深。《漢雜事秘辛》（有學者疑為明朝狀元楊慎偽作）描寫東漢宮廷選美時，派女官吳姁對故大將軍、乘氏忠侯梁商的女兒梁女瑩（漢桓帝懿獻皇后）做全身體檢，堪稱事無巨細。但提到她的乳房，也只有「胸乳菽髮」四字。可見，平胸並不影響其美。

女詩人馬莉曾經有一首《石榴花開了》的現代詩，結尾寫道：「我是盛唐的女人／髮髻盤得高高的／長安的落日攏得低低的／正如被時間淡忘的一本本史書／豐腴仍是我揳入現實的唯一的美啊。」根據歷史研究，唐朝的確是以豐腴為審美取向的，從史書中對武則天的描寫我們可以斷定，她正是憑著寬額頭、豐臉頰、渾圓而紋路重疊的頸部及富態形象贏得「武媚」的地位，從而為進一步接近權力中心奠定了基礎。

但這種豐腴並不等同於肥胖。其實，只要仔細看一下唐朝畫家閻立本的《步輦圖》和周昉的《簪花仕女圖》，不難發現，畫中的宮女、仕女，根本說不上肥胖。《步輦圖》中的九個宮女，簇擁著李世民緩緩而行，有抬輦子的，有打傘蓋的，有舉扇子的，看起來都有一把子力氣，絕非弱不禁風的病態美女。但是，看她們的身材，實在都是相當纖瘦的。

關於楊貴妃，文獻中有體胖懼熱的記載。例如，五代人王仁裕《開元天寶遺事》卷四說她「素有肉體，至夏苦熱」。但是，楊貴妃的「素有肉體」，也就是《楊太真外傳》上所說的「微有肌也」。一個擅長舞蹈（《霓裳羽衣舞》是她的代表作）的人，平常肯定少不了肢體運動，有點肌肉是很正常的。楊貴妃的懼熱，其實不是因為她肥胖，而是因為她體質如此。《開元天寶遺事》記載，楊貴妃「每宿酒初消，多苦肺熱」，常於凌晨獨自去後花園，傍花樹，以手舉枝，吮吸花露，滋潤咽喉。

可以肯定，唐朝人的美女標準中，也是有苗條一項的。李德裕《次柳氏舊聞》、王讜《唐語林》等文獻記載，唐明皇的兒子肅宗李亨還是太子的時候，被李林甫構陷，處境危險，愁得他鬚髮皆白，遠離一切聲色娛樂，唐明皇得知後，讓高力士派京兆尹「亟選人間女子細（頎）長潔白者五人，將以賜太子」。

對於女子身材最有研究的，當數詩人白居易，我們從他的審美中能看出些許端倪。「櫻桃樊素口，楊柳小蠻腰」，這是白居易說的，樊素和小蠻是白居易最為寵愛的家妓，小蠻的腰圍只有一尺六寸半，不盈一握。可見，唐代的美人標準，也跟今天一樣——身形苗條，身材高挑，皮膚白皙。

唐代瘦削的美女，步非煙即是其中之一。皇甫枚《三水小牘》卷下記載了這個女人傳奇的情事。步非煙是河南府功曹參軍武公業的愛妾，「容止纖麗，若不勝綺羅；善秦聲，好文筆，尤工擊甌，其韻與絲竹合」。這是一位才貌雙全的女子，身材纖細高挑，楚楚動人，彷彿綾羅的衣裙穿在她身上都是一種壓迫。鄰家子趙象因見非煙容貌纖麗，故以詩文相贈，非煙也回贈詩文，如此一來二去，日久生情，終於私通。他們以為魚鳥不知，人神相助，或景物寓目，歌詩寄情，來往頻繁，不能悉載。一年後，因非煙曾經以小過錯鞭打過某婢女，婢女將私情全告知武公業，武質問非煙，非煙堅決不說出實情，結果被縛於柱上鞭打。非煙云：「生得相親，死亦何恨。」深夜，武公業打累了，於是假寐，非煙呼其所愛女僕曰：「與我一杯水。」水至，飲盡而絕。

## 上官婉兒

唐代那些聲名顯赫的女子大多出自皇家，在鮮花綻放般璀璨的人群中，最複雜的卻是一個叫上官婉兒的女官，她是極負盛名的女詩人、為武則天掌文誥的女官、唐中宗的嬪妃昭容、政治家、交際花和美人。

上官婉兒，唐代名臣上官儀之孫女，上官儀是初唐齊梁餘風的代表詩人。其人據記載剛直肯諫，因建議高宗廢武則天而遭武氏記恨，麟德元年（六六四年），被告發與廢太子梁王李忠通謀，上官儀及其子上官庭芝同時被處死，籍沒其家。上官婉兒因母親鄭氏是太常少卿鄭休遠之姊，母女才得免死，被配入皇宮內廷。太常寺屬於五寺之一，五寺包括大理寺、太常寺、光祿寺、太僕寺、鴻臚寺，其中，太常寺掌宗廟禮儀，鄭休遠作為太常寺的二把手，肯定同武則天和皇室有著緊密的關係，上官婉兒母女才得以從誅九族中倖免。

不知道出於何種原因，上官婉兒在十四歲的時候被武則天看中，成為掌管宮中詔命的女官。而她也因為武則天的賞識和重用，在武周時代成了大紅人，權傾一時。那是一個屬於女人的天下，有武則天、太平公主、上官婉兒，中國歷史上少有女性當政的時代降臨了。但奇怪的是，上官婉兒在侍奉武則天的數十年內，沒有任何舉動來表達她的仇恨。

因為女皇武則天的存在，儘管歷代宮闈都有女官存在，以上官婉兒為代表的唐代女官則走到了政治的最高處。唐代女官也叫宮官，是六尚局的各級女官。尚宮局二人，秩正五品，掌導引中宮，凡六局出納文籍皆署之，若征辦於外則為之請旨，牒付內官監，監受牒行移於外；尚儀局二人，正五品，掌禮儀、起居之事；尚服局二人，正五品，掌供服用采章之數；尚食局二人，正五品，掌膳羞品齊之數，凡以飲食進御，尚食先嘗之；尚寢局二人，正五品，掌天子燕寢及嬪妃進御之次序；尚功局二人，正五品，掌督妃嬪宮人女紅之程課。另外，這六局之外，還有宮正一名，好比宮裡的執法官，掌糾察宮闈、戒令謫罪之事。

女皇武則天其實也是女官出身，她由太宗李世民的五品才人起步，最後登上皇帝寶座。但絕大多數的女官在宮中貧賤如泥，連壽終正寢都是一種奢望，每個女官的命運裡無不血淚斑斑。她們沒有青春，沒有愛情，沒有家庭，時時刻刻都有伴君如伴虎的風險和爾虞我詐的權謀，史書甚至不屑為她們浪費筆墨。

而上官婉兒能成為眾多大唐貴族子追求的對象，是在於她的才華。初唐是中國文學嬗變轉折的時代，漢賦的時代逐漸結束，齊梁七言詩開始進入輝煌，這是唐詩的發源，其中最重要的一個環節就是宮廷詩歌的興起，李世民就是個中代表。而將初唐宮廷詩發揚光大的，就是上官婉兒。上官婉兒現存不多的詩作中，有一首屢被提及，備受重視，那就是其抒懷之作《彩書怨》：「葉下洞庭初，思君萬里餘。露濃香被冷，月落錦屏虛。欲奏江南曲，貪封薊北書。書中無別意，惟悵久離居。」在上官婉兒之前，宮廷詩大多繁複、拗綴，從上官婉兒開始，一種真實、綿長的深宮幽怨開始深入人心，使「宮怨」成為唐詩中一個重要的主題。

上官婉兒的容貌應當也是美麗至極，段成式在《酉陽雜俎》卷八裡有這樣一段記載：「今婦人面飾用花子，起自昭容上官氏所制，以掩黥跡。」上官婉兒曾經引領盛極一時的紅梅妝，起始卻是因為她受過黥刑。段成式的家族或許是有著熱衷野史和宮廷八卦的狂熱血統，他的兒子段公路在《北戶錄》卷三裡詳細地擺過這個八卦：「天后（武則天）每對宰臣，令昭容（上官婉兒）臥於案裙下，記所奏事。一日宰相李對事，昭容竊窺，上（唐高宗）覺。退朝，怒甚，取甲刀紮於面上，不許拔。昭容遽為乞拔刀子詩。後為花子，以掩痕也。」

如此一個才華與美貌並重的女子，常年行走在宮廷，肯定是武則天的子侄追逐的對象，因此中宗李顯上位後迫不及待地立她為昭容，就不難理解了，除卻欣賞其美貌與才華，更多可能是對青春期的一種圓夢。

二〇一三年八月，陝西省西安市西咸新區空港新城考古出土了上官婉兒的墓誌銘，墓誌銘上共刻字九百八十二個，為上官婉兒一生的經歷做了簡要描述。墓誌銘明確記載她十三歲時被封為唐高宗才人，四十二歲冊封為唐中宗的昭容。她曾經是高宗的才人，這在史書上從來沒有記載過，也顛覆了以往的記錄。墓誌銘還記載上官婉兒「懿淑天資，賢明神助」，並以唐睿宗的名義，為其篆刻墓誌銘，上官婉兒還獲得了「惠文」的謚號（唐代女性只有皇后和幾位公主能夠獲得謚號）。

景龍四年（七一〇年），臨淄王李隆基起兵發動唐隆政變，四十六歲的上官婉兒與韋后同時被殺。這是一位女性的不歸路，但也是宮廷女子的必走之路。在混亂、權謀與交易混雜的宮廷，一個女人想要獨善其身，基本上不可能。

## 女冠

有了上官婉兒的榜樣在，唐朝女子學習詩文蔚成風氣，僅《全唐詩》中收錄的女作者就有一百餘人，唐人筆下的美好女性幾乎無人不能吟誦詩章，揮毫成文。

許多文士的妻子都是丈夫的閨中詩文之友。詩人元稹的前妻韋氏、繼室裴氏，才子吉中孚之妻張氏，進士孟昌期之妻孫氏，殷保晦之妻封絢，都是才女。她們甚至能代丈夫作詩應酬或書寫文卷。最著名的三位是薛濤、李冶與魚玄機。元人辛文房撰《唐才子傳》，把這三位女子亦當作才子，收錄了她們的事蹟，而除此外的二百八十四位皆是男性。

在這三位中，李冶與魚玄機都是「女真」、「女冠」，其實就是女道士。女冠亦稱「女黃冠」，唐代道士皆戴黃冠，因俗女子本無冠，唯女道士有冠，故名。唐代詩人王建《唐昌觀玉蕊花》一詩描寫了寂寞的女冠夜晚幽思的情景：「女冠夜覓香來處，唯見階前碎月明。」李冶的另一個名字「李秀蘭」也廣為人知，這個道姑寫過一首詩《八至》，討論夫妻關係：「至近至遠東西，至深至淺清溪。至高至明日月，至親至疏夫妻。」從肉體和利益關係看，夫妻是世界上相互距離最近的，因此是「至親」，但不相愛的夫妻的心理距離又是最難以彌合的，因此為「至疏」。如果說詩的前兩句妙在饒有哲理和興義，則末句之妙，專在針砭夫妻冷暖，極為冷峻。明人馮夢龍的《警世通言》中有「夫妻本是同林鳥，巴到天明各自飛」，不過如是。

唐朝是道教盛行的時代，因為道家始祖是老子，老子姓李名耳，李唐自稱老子的後代，道家和道教自然成了國朝第一教門。貞觀十一年（六三七年），唐太宗頒《道士女冠在僧尼之上詔》：「自今以後，齋供行立，至於稱謂，其道士女冠，可在僧尼之前。」明確規定了男女道士的地位高於僧尼。開元二十一年（七三三年），玄宗親注《道德真經》，並

盧媚娘像／元／佚名／美國弗利爾美術館藏

把《老子》列入科舉中的必考書目。

於是，有唐一代，女冠之盛為歷代僅有，許多皇家女眷亦遁入道觀，或避難，或隱退，或做暫時的休整。《資治通鑑》卷一九九記載，貞觀二十三年（六四九年）五月二十六日，唐太宗李世民駕崩，遺詔命「武氏隨眾感業寺為尼」。一代美人楊貴妃在改嫁唐玄宗之前，也在道觀裡當過女道士，曾有無數緋聞流傳於民間。太平公主在八歲的時候，便曾以「為外祖母楊氏積福」的名義，入道觀做女道士，但她仍舊住在宮中。直到她十六歲時，因躲避與吐蕃的聯姻，才住進武則天專門為她修建的太平觀，成為一位女觀主。

而後，唐睿宗的金仙公主、玉真公主，也是以「為祖母武氏祈福」的名義，出家為女道士的。兩位公主出家後，分別成為金仙觀和玉真觀的主人。這對姊妹雖然終身未婚，但有關她們的緋聞，層出不窮。我們可以設想，有這些皇家公主開風氣之先河，至於後來的玄宗、代宗、德宗、順宗及憲宗等朝，都有公主成為女道士或尼姑，也就不足為怪了。

但這些居住在道觀中的女冠，其生活方式值得懷疑，唐代狎妓之風盛行，再加上貴族生活奢靡，皇家和貴族女冠實際上生活放蕩。她們並未削髮，而是住在有園林的道觀中，身著「星冠」、「玉佩」、「羽衣」、「霞裳」，她們宴飲、鼓瑟、郊遊、賞花，同時和多個士子、詩人交往，探討房中術。

道教長生樂世的思想對女冠影響頗深，而長生與道教房中術聯繫密切，中晚唐盛行的上清派典籍《洞玄子》云：「人之所上，莫過房欲，法天象地，規陰矩陽。悟其理者，則養性延齡；慢其真者，則傷神夭壽。」於是，這些女冠常與許多男性成為知音，甚至發生戀情。看似神仙的女冠，在唐代那個環境中，既指女仙，又內含「娼妓」之意。陳寅恪先生指出：「仙之一名，遂多用妖豔婦人，或風流放誕之女道士之代稱，亦竟有以目之娼妓者。」這種觀點影響至深，到了清末，龔自珍撰《上清真人碑書後》說道：「余平生不喜道書，亦不願見道士，以其剿用佛書門面語，而歸墟只在長生，其術至淺易，宜其無瑰文淵義也……唐之道家，最近劉向所錄房中家，唐世武曌、楊玉環皆為女道士，而至真公主奉張真人為尊師。一代妃主，凡為女道士，可考於傳記者四十餘人，其無考者，雜見於詩人風刺之作。魚玄機、李治輩應之於下，韓

唐趙逸公墓壁畫

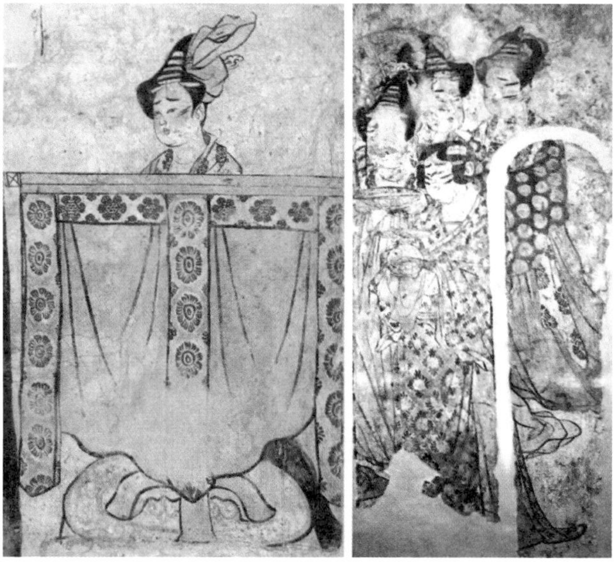

愈所謂『雲窗霧閣事窈窕』，李商隱又有『絳節飄搖空國來』一首，尤為妖冶，皆有唐一代道家支流之不可問者也。」

除了喜歡文人雅士，她們也有喜歡男道士的，女冠王靈妃就曾經托才子駱賓王幫她寫情詩給自己心儀的李榮。於是在駱賓王捉刀的《代女道士王靈妃贈道士李榮》中，我們可以讀到刻骨銘心的相思、春愁，以及漫漫長夜，寂寞難耐的心情：「此時空床難獨守，此日別離那可久。」、「春時物色無端緒，雙枕孤眠誰分許。」這首長篇幅的七言排律纏綿悱惻，用情極深，其中「相憐相念倍相親，一生一代一雙人」一句，數百年後被清初詞人納蘭容若讀到，在其《畫堂春》一詞中被引用：「一生一代一雙人，爭教兩處銷魂？相思相望不相親，天為誰春！」

這些美麗的女冠構成了唐代別具風情的一幕，她們樓上新妝待夜，閨中獨坐含情，和文人雅士芙蓉月下觀魚戲，然而，她們又非娼非妓，在紅顏漸老中伴隨著聲勢浩大的唐帝國淹沒向下沉淪。

當然，也有修成正道的，唐朝宰相李林甫之女李騰空雖出身富貴，但寡欲而慕仙道，後入廬山隱跡修真，居北凌雲峰下。她多年苦修，道成，常為人救苦療疾，遠近賴之，備受德宗敬重。她逝世後，得詔封所居為昭德觀。李騰空年輕時，也如長安那些王公貴族的女子一樣，大膽、獵奇。《開元天寶遺事》卷二有「選婿窗」一則：「李林甫有女六人，各有姿色，雨露之家，求之不允。林甫廳事壁間，開一橫窗，飾以雜寶，縵以絳紗。常日使六女戲於窗下，每有貴族子弟入謁，林甫即使女於窗中自選可意者事之。」李白曾經贈李騰空兩首詩，其二云：「羨君相門女，愛道愛神仙。素手掬秋靄，羅衣曳紫煙。一往屏風迭，乘鸞著玉鞭。」李白寫這些詩是有原因的，他第四任妻子——武則天時宰相宗楚客的孫女宗氏，和他結婚十一年後，隱居廬山，跟隨李騰空學道，直至終了。

天寶三年（七四四年），李白酒醉河南開封梁園，詩興大起，便揮筆在牆上寫下了那首著名的《梁園吟》，然後歪歪斜斜地走了。走後不久，宗氏就和僕人來到了這裡，看見這首詩，久久不能釋懷。正好梁園的人看見了，馬上就要擦掉，宗氏要求不能擦，並花千金買下了這面牆壁，留下了這段「千金買壁」的佳話。很多史料描述這個宗氏是才貌俱全的大家閨秀，也是忠實的道教信仰者，可以說和李白志同道合。在李白因李璘案下獄，發配夜郎時，宗氏多次施救未果，從此兩人沒再見面。李白很喜歡宗氏，曾作詩《自代內贈》表達對妻子的思念。

## 職業與妝容

在唐代，職業女性也開始登上歷史舞臺，她們從事最多的行業是經商，或者做一些小買賣。唐人呂道生《定命錄》記載貞觀朝名臣馬周之妻原先就是賣䭔（餅）媼；杜光庭《墉城集仙錄》記載有一位廣陵茶姥，「每旦，將一器茶賣於市，市人爭買」；戴孚《廣異記》卷七中提到的洛陽郭大娘，「居毓財里，以當壚為業」。

在眾多的職業女性中，需要穿職業裝的則是胡女，她們開設的酒肆裡的食客可以盡興聽歌、隨意飲酒。賀朝在《贈酒店胡姬》中寫過酒肆的狂歡：「胡姬春酒店，弦管夜鏘鏘。紅毾鋪新月，貂裘坐薄霜。玉盤初鱠鯉，金鼎正烹羊。上客無勞散，聽歌樂世娘。」這些胡姬用天藍色或深藍色的油膏化妝眼部，衣著裝飾上崇尚袒胸露臂，頭髮梳成高高堆起的髻子，稱為拋家髻，塗口紅不用胭脂而用烏膏。在古代，烏色是一種淺黑色，這種顏色的唇膏非常性感，一般出現在「啼妝」、「淚妝」中，顧名思義，就是把妝化得像哭泣一樣。詩人白居易曾在《時世妝》一詩中詳細形容道：「時世妝，時世妝，出自城中傳四方。時

摹唐張萱《搗練圖》／宋／趙佶／美國波士頓博物館藏

世流行無遠近，腮不施朱面無粉。烏膏注唇唇似泥，雙眉畫作八字低。妍媸黑白失本態，妝成盡似含悲啼。」這種妝容和一九九四年王菲在演唱會上開創的「淚滴妝」有著同樣的意義：受一種盛世下的極端物欲情緒影響，色彩灰暗、妝容頹廢的造型反而容易形成時尚，因為時尚即是與生活保持距離。

唐代女子化妝，先薄施鉛粉，然後抹胭脂、塗額黃、畫眉、點口脂、畫面靨、貼花鈿（今天的化妝則在上粉之前先用化妝水、潤膚液、隔離霜）。《清異錄．裝飾門》記載，胭脂暈品有石榴嬌、大紅春、小紅春、嫩吳香、半邊嬌、萬金紅、聖檀心、露珠兒、內家圓、天宮巧、洛兒殷、淡紅心、腥腥暈、小朱龍、格雙（暈雙）、唐媚花、奴樣子等嬌俏的品名。唐人對眉毛是極重視的（與今天重視眼睛不同，唐人沒有畫眼線、上眼影、塗睫毛膏這些步驟），其他妝飾可以不施，唯有眉是非畫不可的，畫眉幾乎成了化妝的代名詞。盛唐時期，流行把眉毛畫得闊而短，形如桂葉或蛾翅。元稹詩《有所教》云「莫

唐永泰公主墓壁畫《九人宮女圖》

畫長眉畫短眉」，李賀在《房中思》一詩中也說「新桂如蛾眉」。為了使闊眉畫得不顯得呆板，婦女在畫眉時將眉毛邊緣處的顏色向外均勻地暈散，稱其為「暈眉」。還有一種是把眉毛畫得很細，稱為「細眉」，故白居易在《上陽白髮人》中有「青黛點眉眉細長」之句，在《長恨歌》中還形容道：「芙蓉如面柳如眉。」到了唐玄宗時，畫眉的形式更是多姿多彩，名見經傳的就有十種眉：鴛鴦眉（開元御愛眉、八字眉）、小山眉（遠山眉）、五嶽眉、三峰眉、垂珠眉、月稜眉（卻月眉）、分梢眉、涵煙眉、拂雲眉（橫雲眉、橫煙眉）、倒暈眉。（見唐人張泌《妝樓記》《清異錄．裝飾門》，以及明人楊慎《丹鉛續錄．十眉圖》）

她們的眉心還要貼上花鈿，這是將各種花樣貼在眉心的一種裝飾，紅色居多。最為簡單的花鈿只是一個小小的圓點，頗似印度婦女的吉祥痣。複雜的則以金箔片、黑光紙、魚鰓骨、螺鈿殼及雲母片等材料剪製成各種花朵之狀，其具體形象在西安等地唐墓出土的陶俑上反映得較為清楚。除梅花形，花鈿還有各種繁複多變的圖案。

唐代女子的華貴富麗，在面妝上的體現便是「濃妝豔抹」。另外還有「血暈妝」，是唐代長慶年間京師婦女中流行的一種面妝。以丹紫塗染於眼眶上下，故名。此外，還有一種面妝名「北苑妝」。這種面妝是縷金於面，略施淺朱，以北苑茶花餅黏貼於鬢上。這種茶花餅又名「茶油花子」，以金箔等材料製成，表面縷畫各種圖紋，流行於中唐至五代，多施於宮娥嬪妃。也有將茶油花子施於額上，作為花鈿之用的。

唐代最為流行的面妝是「紅妝」，其中最豔者是「酒暈妝」。不分貴賤，均喜敷之。這種妝是先施白粉，然後在兩頰抹以濃重的胭脂，如酒暈然。通常為青年婦女所作。

二○○五年，考古人員在寧夏唐代墓葬陪葬物品中，發現了唐代婦女化妝用品系列套裝：漆器化妝粉盒、銅鏡、簪子、骨梳。除了骨梳、漆器化妝粉盒受自然腐蝕，銅鏡、簪子大致完好。更令人意想不到的是，漆器化妝粉盒並不是空的，裡面裝滿了保存較好的白色化妝粉末，其色澤潔白，無半點兒雜塵，輕輕在手背研磨開，立刻感到化妝粉特有的細膩滑潤。

## 寡婦

然而，即使在唐代這樣一個開放的社會裡，商人也是不入流的行業，因此，經商的女性多是已婚婦女或老媼，其中就有許多寡婦。

《廣異記》卷一記載，大唐東都洛陽有一個寡婦高五娘，美於色，再嫁李仙人。李仙人，即天上謫仙也，自與高氏結好，恆居洛陽，以煉製黃金白銀為生。唐玄宗開元末年，高五娘和李仙人結為夫妻已經有五六年了。一天晚上，五鼓之後，聽空中呼喚李仙人一聲，李仙人就飛走了，臨行前囑託五娘煉製金銀自給自足即可，萬不可露財。高五娘最初還按照他的話做，但後來賣銀過多，被坊司告發。當時河南少尹李齊知道了她的事，對高五娘不予追究就釋放了，過後祕密地派人把高五娘召喚去。高五娘前前後後共給李齊燒了十多窯銀器。李齊把這事轉告當朝的顯要。不到一年，李齊和高五娘都死了，當時人們都認為這是上天懲罰他們。

《北夢瑣言》卷八記載，晚唐時進士趙中行以豪俠為事，一次，在蘇州一所禪院與一位名叫「荊十三娘」的寡居女商相識，女商「因慕趙，遂同載歸揚州」。

而唐人孫頠《幻異志．板橋三娘子》記載的寡婦商人事件，則更為詭異驚悚。話說唐憲宗元和年間，汴州西板橋有一個名叫三娘子的女商人，是個三十來歲的寡婦，無兒女，也無親屬。她有數家店鋪，以鬻餐為業，而且為人善良，對於無錢乘車的人免費或低價提供住宿，故遠近行旅多歸之。許州客趙季和，將詣東都，來此投宿一晚。因為飲了酒，趙季和半夜睡不著，他聽見隔壁三娘子的房間動靜很大，於是起身偷窺，結果：「即見三娘子向覆器下，取燭挑明之，後於巾箱中取一副耒耜，並一木牛，一木偶人，各大六七寸，置於灶前，含水噀之，二物便行走，小人則牽牛駕耒耜，遂耕床前一席地，來去數出，又於箱中取出一

麗人行圖／北宋／李公麟（傳）／臺北故宮博物院藏

裹蕎麥子，授於小人種之，須臾生，花發麥熟，令小人收割，持踐可得七八分，又安置小磨子磑成面訖，卻收木人子於箱中，即取面作燒餅數枚。有頃雞鳴，諸客欲發。三娘子先起點燈，置新作燒餅於食床上，與諸客點心。季和心動，遽辭開門而去，即潛於戶外窺之，乃見諸客圍床食燒餅，未盡，忽一時踣地作驢鳴，須臾皆變驢矣，三娘子盡驅入店後，而盡沒其貨財。」

趙季和驚恐異常，第二天就連忙奔東都去了。月餘，趙季和返回時，「將至板橋店，預作蕎麥燒餅，大小如前。既至，復寓宿焉」。第二日早上，他偷樑換柱，暗中調包，三娘子吃了自己做的麵餅，「據地作驢聲，即立變為驢，甚壯健」，成了趙季和的坐騎。四年後，趙季和騎著三娘子變的驢入潼關，在華嶽廟東五六里，路旁忽見一位老人，拍手大笑說：「板橋三娘子，何得作此形骸？」於是他捉了驢，對趙季和說：「彼雖有過，然遭君亦甚矣。可憐許，請從此放之。」老人乃從驢口鼻邊，以兩手擘開，「三娘子自皮中跳出，宛復舊身，向老人拜訖，走去，更不知所之」。

## 宮女

在唐代，最龐大的女性職業群體，則當數宮女。《隋書．食貨志》記載，隋煬帝時，宮女人數竟有十萬之眾。唐朝初建，國力貧乏，為了安撫人心、節省開支，高祖李淵曾下詔放出部分宮女，任由其嫁人，一次性放出宮女三千多人。到了太宗朝，後宮的宮女仍有數萬人之多。而到了玄宗開元、天寶中，僅長安大內、大明、興慶三宮和東都大內、上陽兩宮，即有宮女四萬人，當時唐朝的總人口也就五千多萬人，相當於一千個人裡面就有一個是宮女，比唐代的官員總數還多。《全唐文》卷二三九武三思《賀老人星見表》曰：「臣守節等文武官九品以上四千八百四十一人上言：臣聞惟德動天，必有非常之應。」武周朝文武九品以上官員數量也不過四千八百四十一人。

如此之多的宮女，當然並不全是雜役，更多是作為皇帝的妃嬪或臨幸對象存在的。唐代詩人王建的《宮詞一百首》之四十五寫道：「叢叢洗手繞金盆，旋拭紅巾入殿門。眾里遙拋新摘子，在前收得便承恩。」皇帝向宮女群中拋擲剛摘下的果實，搶到的人便可以承歡，得到陪侍皇帝的賞賜。

這些有可能被皇帝選中臨幸的宮女，都是非常美麗的女子。唐永泰公主墓曾經出土一組《九人宮女圖》壁畫，畫面共有九人，除一人著男裝外，其他均雲鬟霧鬢，髮髻巍峨，有半翻髻、回紇髻、驚鵠髻等，分別著小袖羅襦，上罩「半臂」，披帛結綬，胸微袒露，長裙曳地，穿雲頭履。宮女們分別掌持方盤、食盒、燭臺、團扇、高足杯、拂塵、包裹、如意，彼此顧盼呼應、悄聲細語、步履輕盈、動作靈巧、儀態萬方。

宮女的生活範圍被局限在長安宮城的「掖庭」中，除非有特殊任務或者不再當宮女，否則她們不能踏出宮門半步。大部分的宮女在日復一日的辛苦勞作中逐漸老去。白居易《上陽白髮人》一詩說：「入時十六今六十。」待到青春逝去，嬌顏不再，她們便只能在尼姑庵中與古卷青燈共度餘生，或被發配到帝王陵寢侍奉先王，了此殘生。她們死後被集體安葬在一個叫「宮人斜」的地方，在今西安市西郊棗園地區，二〇〇八年，這裡出土了一塊宮女墓誌銘，其上銘文印證了白居易的詩：「唐，尚宮五品，墓誌並序……年六十。」

有些被放出宮的宮女也得到了自己的幸福。唐末的一個秋天，年輕的詩人盧渥赴長安應舉。一天，他來到御溝邊散步，無意間看見水上漂來一片紅葉，撈起之後，發現上面題有一首五言絕句：「水流何太急，深宮盡日閒。殷勤謝紅葉，好去到人間。」他一時好奇，就將紅葉放入箱中妥善保存。多年後，唐宣宗即位，放出了部分宮女。盧渥也娶到了這樣一位宮女。一天，盧妻無意中看到丈夫收藏的這片紅葉，不禁感嘆：「當年我偶然題詩於葉，誰料想竟然被盧郎收藏。」大家起初並不相信，於是取來筆墨檢驗筆跡，盧妻筆跡竟和紅葉上的一般無二。這就是「紅葉題詩」的故事。然而，這些千年難遇的佳緣畢竟少之又少。

被放出宮的宮女，有些嫁人，有些回家奉養父母，還有很多無家可歸，流落民間，過著飄零無依的生活。唐代很多出宮的宮女後來都淪為有錢人的「別宅婦」，這在唐代的法律中屬於通姦罪。

或許是因為大量的美女流入皇宮，唐代的男詩人非常熱衷於寫宮怨詩。當時幾乎每個成名的詩人，都有宮怨詩，而皇帝竟然默許了這種行為。其中，杜牧的《秋夕》最為著名：「銀燭秋光冷畫屏，輕羅小扇撲流螢。天階夜色涼如水，坐看牽牛織女星。」而一生潦倒的詩人王建則主要以描寫宮女生活的《宮詞一百首》聞名於世，他是唐代第一個大量寫作宮詞的詩人，這些詩帶有七絕連章組詩的性質，王建也因此贏得了「宮詞之祖」的聲譽。宋人尤袤《全唐詩話》卷三記載了這一百零二首宮詞的來由故事，說王建知道的這些宮廷之事，是從王樞密那裡聽來的。唐代的樞密使是由宦官充任的內諸司使之一，若是如此，便可能是真的。但其實王建本人出任過太府寺丞（掌管皇家財帛）和太常寺丞（掌管皇家祭祀），知曉些許宮闈之事，或當不難。

每年三月初三，是唐代的上巳節，皇帝往往在曲江池宴會群臣，貴婦們則鬥富誇奇。杜甫的《麗人行》淋漓盡致地描述了這種盛況。仕女則有鬥花的風氣，以致「好花皆折盡，明日恐無春」（許棠《曲江三月三日》）。就在這女人最美的季節，皇帝特許宮女們於上巳日與家人相會。南唐人尉遲偓《中朝故事》卷上記載，唐宣宗大中年間，「每歲上巳日，許宮女於興慶宮內大同殿前與骨肉相見。縱其問訊，家屬更相贈遺，一日之內，人有千萬。有初到親戚便相見者，有及暮而呼喚姓第不至者，涕泣而去。歲歲如此」。其場面辛酸，令人感之又嘆息。

周昉的《簪花仕女圖》一畫，繪就六位豐頰厚體的貴婦，她們打扮豔麗入時，雲髻高聳，頂戴的折枝花朵皆不相同，臉上又暈染蛾眉，衣飾華麗，身著低胸長裙，外罩薄紗，顯出半透明的質感。仕女們神態安閒，或戲犬，或漫步，或賞花，或拈蝶，在庭院中閒散地消磨著時光。這樣美人如花隔雲端的畫面，或許才符合後人對於宮女的想像。

# 第七章 少年游

## 少年心事

在古老的中國宇宙哲學中，盤古開天闢地之後的宇宙是一個鴻蒙世界，而後陰陽相生，清氣上升而為乾，濁氣下沉而為坤。這種元氣論無限推而廣之，於是男為陽，女為陰，女人依附男人存在，這種男權理論綱要確立了數千年男性的社會主導地位。

實際上，從漢代開始，「修身、齊家、治國、平天下」的儒家名言，使少年不再如「青青子衿，悠悠我心」那樣簡單而純粹，而是與國家的興盛與衰敗、強大與軟弱緊緊聯繫在一起。一個強盛的國家也如同茂盛的年輕人那樣，充滿了活力和陽光，而這種「少年般的氣質」也構成了漢唐兩朝國家氣質的一部分。

這種情懷很大一部分來自漢武帝時代流傳下來的「男兒出塞」的悲壯和熱血。漢武帝元朔六年（前一二三年），十七歲的霍去病被任命為驃姚校尉，隨衛青擊匈奴於漠南，以八百人殲兩千零二十八人，俘獲匈奴的相國和當戶（官名），並殺死同單于祖父一個輩分的藉若侯產，活捉單于叔父羅姑比，勇冠三軍，受封冠軍侯。此後，三國時代，二十六歲以中護軍的身分與長史張昭共掌東吳眾事的周瑜曾舞劍作歌：「丈夫處世兮立功名，立功名兮慰平生。慰平生兮吾將醉，吾將醉兮發狂吟！」在唐代，玄武門事變時，三位主角的年齡分別為：李建成三十七歲，李世民二十七歲，李元吉二十三歲。

女作家潘向黎有一篇文章《做個唐朝少年郎》，聲稱自己若生在唐代，當拋棄女兒身，做一個少年郎：「只有奔放昂揚的男兒意氣，才能和那個時代的雄渾開闊相稱。」少年之於唐代，或聰慧，或含蓄，或張揚，或勤懇，或渙散，或高雅，或笑傲江湖，或花前月下。

宋人郭茂倩編的《樂府詩集》卷六十六共有六十三首詩名為「少年行」，其中唐代詩人就占了五十五首。其實，唐詩裡的少年就是青年男子，他們風華正茂，血氣方剛而又滿懷抱負，氣沖牛斗，所謂「少年心事當拏雲」即此。

寫下此句的李賀就是一個英年早逝的少年。李賀，字長吉，十八歲左右即已詩名遠播，又最先為當時名公巨卿韓愈、皇甫湜所知。他本可早登科第，振其家聲，但「年未弱冠」，即遭父喪。當時，服喪「務必以三年全期為限」，所以直到元和五年（八一〇年），韓愈才與李賀書，勸其舉進士。該年初冬，二十一歲的李賀參加房式主持、韓愈協辦的河南府試並一舉獲雋，年底即赴長安應進士舉。可是「闔扇未開逢猰犬」，妒才者放出流言，謂李賀父名「晉肅」，李賀舉進士，「晉」與「進」字同音，犯「嫌名」（指與人名字音聲相近，有稱名之嫌）。儘管韓愈「考之於經，質之於律，稽之於國家之典」，為其辯解，終無可奈何。李賀不得不憤離試院。

未能參加進士考試的二十弱冠的李賀寫下這首流傳千古的《致酒行》：「零落棲遲一杯酒，主人奉觴客長壽。主父西游困不歸，家人折斷門前柳。吾聞馬周昔作新豐客，天荒地老無人識。空將箋上兩行書，直犯龍顏請恩澤。我有迷魂招不得，雄雞一聲天下白。少年心事當拏雲，誰念幽寒坐嗚呃。」其間的懷才不遇及少年鬱鬱不得志，「絕無雕刻，真率之至者也」（明人黃淳耀評語）。

李賀詩中提及的馬周乃貞觀朝的名臣。貞觀五年（六三一年），唐太宗下詔令各官言得失，三十歲的馬周作為門客，替瓦崗軍出身，曾任玄武門守將的常何捉刀，代寫二十餘策，得到皇帝的賞識，入門下省為官，次年升任監察御史。馬周辦事周密，尤擅言辭，為時人稱頌，唐太宗經常表示：「我暫不見周，即思之。」

推薦李賀赴長安舉進士的韓愈，七歲讀書，十三歲能文，從獨孤及、梁肅之徒學習，究心古訓，並關心政治，自稱「前古之興亡，未嘗不經於心也，當世之得失，未嘗不留於意也」（《與鳳翔邢尚書書》），確定了一生努力的方向。貞元二年（七八六年），十九歲的韓愈赴長安應進士試，三試不第，直至貞元八年（七九二年），二十五歲時第四次進士考試才考取。按照唐律，考取進士以後還必須參加吏部博學宏詞科考試。韓愈又三次參加吏選，但都失敗；三次給宰相上書，沒有得到一次回覆；三次登權者之門，均被拒之門外。

長安不第六年後，元和十一年（八一六年），二十七歲的李賀病卒。一九四三年，二十四歲的汪曾祺替西南聯大同學楊毓珉代作讀書報告《黑罌粟花：李賀歌詩編讀後》，在文中，汪曾祺以極其深沉的筆觸寫道：「有唐一代，是中國歷史上最豪華的日子，每個人都年輕，充滿生命力量，境遇又多優裕，所以他們做的事幾乎全是從前此後人所不能做的，從政府機構、社會秩序，直到瓷盤、漆盒，莫不表現其難能的健康美麗。當然最足以記錄豪華的是詩。但是歷史最嚴刻、一個最悲哀的稱呼終於產生了——晚唐。於是我們可以看到暮色中的幾個人像——幽暗的角落，苔先濕，草先冷，賈島的敏感是無怪其然的；眼看光和熱消逝了，竭力想找出另一種東西來照耀漫漫長夜的，是韓愈；沉湎於無限晚景，以山頭胭脂作臉上胭脂的，是溫飛卿、李商隱；而李長吉則守在窗前望著天，頭暈了，臉蒼白，眼睛裡飛舞著各種幻想。」

## 二十七歲

在唐代，二十七歲是一個具有神祕色彩的年齡，李世民在二十七歲這一年登上了大唐帝國的寶座，開創了貞觀盛世；永徽六年（六五五年），二十七歲的李治立武則天為皇后，為後來的武周埋下了濃厚的伏筆；而永徽元年（六五〇年），李治到感業寺行香與武則天重逢的時候，武氏亦是二十七歲。

但對於那些才華橫溢的年輕詩人來說，二十七歲卻是一個致命的年齡，李賀在二十七歲病卒，另外一個知名的天才王勃亦是歿於二十七歲。

王勃，字子安，被稱為「詩傑」，生於李治和武則天重逢的永徽元年。王勃出身望族，為隋末大儒王通（號文中子）的孫子，未成年即被司刑太常伯劉祥道讚為神童，向朝廷表薦，對策高第，授朝散郎。

乾封元年（六六六年），十六歲的王勃被沛王李賢召為王府修撰。兩年後，王勃因在諸王寒食節鬥雞時，「戲為《檄周王雞》文」，遭唐高宗怒斥後逐出府，隨即出遊巴蜀。彼時，唐人癡迷鬥雞，舉國以鬥雞為樂，時人有云：「生兒不用識文字，鬥雞走馬勝讀書。」李白在《古風》一詩中也感嘆：「路逢鬥雞者，冠蓋何輝赫！」據唐人段成式《酉陽雜俎》續集卷八《支動》云：「威遠軍子將臧平者，好鬥雞，高於常雞數寸，無敢敵者。威遠監軍與物十匹強買之，因寒食乃進，十宅諸王皆好鬥雞，此雞凡敵十數，猶擅場怙氣。穆宗大悅，因賜威遠監軍帛百匹。主雞者想其蹠距，奏曰：『此雞實有弟，長趾善鳴，前歲賣之河北軍將，獲錢二百萬。』」一隻雞價格高達兩百萬錢，連諸王子家、外戚家、貴主家、侯家也會因此而「傾帑」。

各位王侯鬥雞，互有勝負。一次，適逢沛王李賢與周王李顯（後改封英王）鬥雞，年輕的王勃開玩笑地作了《檄周王雞》，討伐周王雞，以此為沛王雞助興，文中寫道：「兩雄不堪並立，一啄何敢自妄？」唐高宗李治看了文章後，勃然大怒：「此乃交構之漸。」這是一個在唐代令人毛骨悚然的罪名，意味著王勃在挑動皇子的關係。高宗的父親李世民就是在玄武門之變中殺了其兄建成、弟元吉而獲得政權的，而李治在登上權力之巔的過程中，他的兄弟們包括太子李承乾、吳王李恪、魏王李泰等先後被殺。高宗當天立即下詔罷除王勃官職，逐出沛王府。

咸亨三年（六七二年），二十二歲的王勃補虢州參軍，因擅殺官奴當誅，遇赦除名。其父王福時亦受累貶為交趾縣令。上元二年（六七五年）或上元三年（六七六年），王勃南下探親，這是他人生最輝煌的頂點和終點交織的年份。路過南昌時，正趕上都督閻伯嶼新修滕王閣成，重陽日在滕王閣大宴賓客。王勃前往拜見，閻都督早聞他的名氣，便請他也參加宴會。閻都督此次宴客，是為了向大家誇耀女婿吳子章的才學。讓女婿事先準備好一篇序文，在席間當成即興所作書寫給大家看。宴會上，閻都督讓人拿出紙筆，假意請諸人為這次盛會作序。大家知道他的用意，所以都推辭不寫，而王勃一個二十幾歲的青年晚輩，竟不推辭，接過紙筆，當眾揮筆而書。閻都督很是不高興，拂衣而起，轉入帳後，叫人去看王勃寫些什麼。聽說王勃開首寫下「豫章故郡，洪都新府」，都督便說：

明皇鬥雞圖／南宋／李嵩（傳）／美國納爾遜·阿特金斯藝術博物館藏

「不過是老生常談。」又聞「星分翼軫，地接衡廬」，他沉吟不語。等聽到「落霞與孤鶩齊飛，秋水共長天一色」，都督不得不嘆服道：「此真天才，當垂不朽！」《唐才子傳》則記道：「勃欣然對客操觚，頃刻而就，文不加點，滿座大驚。」

當年，辭別南昌的王勃經嶺南渡海前往交趾，途中溺水，驚悸而死，時年二十七歲。

在唐代所有的二十七歲男子中，最吸引人的是玄宗李隆基。他少有大志，在宮裡自詡為「阿瞞」，被認為是性格、才華及氣質最接近曾祖父李世民的皇子。雖然不被掌權的武氏族人看重，但他一言一行依然很有主見。七歲那年，一次在朝堂舉行祭祀儀式，當時的金吾大將軍（掌管京城守衛的將軍）武懿宗大聲訓斥侍從護衛，李隆基馬上怒目而視，喝道：「這裡是我李家的朝堂，干你何事？竟敢如此呵斥我家車騎隨從！」弄得武懿宗看著這個小孩兒目瞪口呆。武則天得知後，不但沒有責怪李隆基，反而對這個年幼志高的小孫子加倍喜歡。到了第二年，李隆基就被封為臨淄郡王。

李隆基是唐代轉折期的帝王，他在位期間開創了唐朝乃至中國歷史上最為鼎盛的時期，史稱「開元盛世」，但是他在位後期（天寶十四年，七五五年）爆發安史之亂，使唐朝國勢逐漸走向衰落。中國人常說「盛極必衰」，便是李隆基時代的唐朝留給後世太多強烈對比的緣故。

先天元年（七一二年），二十七歲的李隆基登上了皇位，威脅他的只剩下那位鎮國太平公主了。次年七月初三，李隆基果斷地先下了手，親自率領兵馬除掉了太平公主和她的手下骨幹幾十人，將傾向太平公主的官員全部罷官廢黜，終於掌握了皇帝應有的權力，史稱「先天之變」。當年，他把年號改為開元，表明了自己勵精圖治，再創唐朝偉業的決心。

天寶四年（七四五年），唐玄宗李隆基將時年二十七歲的楊太真接入後宮並冊封為貴妃，其地位僅次於皇后，他視這位女性為自己的生命，讚其為「解語之花」。

## 書與劍

唐人更熟悉的則是那些遍布長安、咸陽京畿之地的少年任俠，有唐一代，由於突厥、契丹、黨項、回紇、吐蕃勢力的不斷西侵南擾，加之李唐王朝的開國元勳——關隴軍事貴族集團尚武風氣的潛移默化，整個社會湧動著建功立業、勇猛精進的大潮。

在這種氣氛裡，出身書香門第的書卷少年（即使是庶族寒士出身）自然要書、劍在身，陳子昂《送別出塞》詩云：「平生聞高義，書劍百夫雄。」高適《人日寄杜二拾遺》詩云：「一臥東山三十春，豈知書劍老風塵。」晚唐溫庭筠《過陳琳墓》詩亦云：「莫怪臨風倍惆悵，欲將書劍學從軍。」中國民間一直堅持這樣的門庭觀念，即才子配佳人。才子者，君子也，白衫飄飄，陽光俊朗。所以，在武俠小說中，常常出現佩劍的書生。或許，只有坐懷不亂的書生才配得上寶劍幽眠高古的光澤。寶劍與書生，也給文弱的書卷氣帶來些許剛毅。可以說，在唐代，書與劍成了詩人或文人的符號。

唐代的書籍是卷軸裝，由卷、軸、褾、帶四部分組成，在一長卷文章的末端設一較幅面寬度長出少許的軸（一般為木軸，但也有考究者），以軸為軸心，將書卷卷在軸上。然後，將一張張寫有文字的紙或縑帛，依次黏連在長卷之上。卷軸裝的卷首一般粘接一段叫作「褾」的、質地堅韌而不寫字的紙或縑帛，褾頭再繫以絲織的「帶」，用以保護和捆縛書卷。閱讀時，將長卷打開，隨著閱讀進度逐漸舒展。閱畢，將書卷隨軸卷起，用卷首絲帶捆縛，平放於「插架」之上。為了便於尋找，卷子外端題有書名。但插架後的卷子，看不到書名，於是在軸頭掛上一個小牌子，簡列書名和卷次，叫作「簽」。每五卷或十卷常常用一塊布裹起，叫作「帙」。

遊俠的少年或者如李賀般背一個書袋，或者由僕人背著書匣來放置這些卷起來的書籍，在遠遊的路上，這些少年戴著遠遊冠，穿著白色的士子服，或者在大石上，或者在篝火邊，閱讀和思考。

然而，卷起來的書卷要想識別是哪種書籍頗為困難，因為看起來都一樣，於是唐人借著卷軸裝的裝飾，即軸、帶、帙、簽等所用的材料和顏色的不同做圖書分類。隋煬帝時，其嘉則殿藏書三十七萬卷，就以軸的貴賤來區別書籍的價值：上品書用紅琉璃軸；中品書用紺琉璃軸；下品書則用漆木軸。唐玄宗時，曾用軸、帶、帙、簽的顏色來區分書籍的種類，其經、史、子、集四大類書，分別以鈿白牙軸、黃帶、紅牙籤，鍋青牙軸、縹帶、綠牙籤，雕紫檀軸、紫帶、碧牙籤，綠牙軸、朱帶、白牙籤，作為區別。

寶劍更是這些少年的最愛。二十歲登進士第的李嶠曾經寫過一首《寶劍篇》，描述了一種文人貴族常佩帶的華麗寶劍，它們產自吳越之地，由三金合冶而成，劍身、劍柄很考究，「背上銘為萬年字，胸前點作七星文。龜甲參差白虹色，轆轤宛轉黃金飾」。在他的另外一首五言詠劍詩中，以「鍔上芙蓉動，匣中霜雪明」形容這些寶劍發出的光芒。

最愛劍的則是李白，據統計，《全唐詩》所收李白詩中「劍」字共出現了一百零七次，除去作為地名的「劍閣」三次，「劍壁」一次，武器之「劍」猶有一百零三次之多。開元十二年（七二四年），二十四歲的李白出蜀，「仗劍去國，辭親遠遊」，「擊築飲美酒，劍歌易水湄」（《少年行二首．其一》）。在他的詩篇《結客少年場行》、《俠客行》《白馬篇》中，他聲稱「少年學劍術，凌轢白猿公」，他想像自己仗劍趨馳，殺敵報國，一匡天下。

史籍沒有記載李白的劍術如何，但他的師父裴旻將軍是一個劍術非常高超的劍客。唐代文人裴敬寫過一篇文章《翰林學士李公墓碑》，裡面說到這段拜師緣起：「李翰林名白……又常心許劍舞。裴將軍，予曾叔祖也。嘗投書曰：『如白願出將軍門下。』」大唐有三絕，分別是李白歌詩、裴旻劍舞、張旭草書。裴旻，唐開元間人，據李冗《獨異志》卷上記載，其舞劍場面，猶如現代的特技表演：「旻於是……走馬如飛，左旋右抽，擲劍入雲，高數十丈，若電光下射。旻引手執鞘承之，劍透空而下，觀者千百人，無不悚栗。」李白作為裴旻的徒弟，其劍客身分確定無疑。

李白除了有一個劍客師父，還有一個死士門客。他的門下客叫武諤，排行十七。從《贈武十七諤》這首詩的序裡面，就可以看出兩人的關係：「門人武諤，深於義者也。質本沉悍，慕要離之風，潛釣川海，不數數於世間事。聞中原作難，西來訪餘。余愛子伯禽在魯，許將冒胡兵以致之。酒酣感激，援筆而贈。」李白的門客武諤不善於說話，卻是個講義氣的人，而且沉穩、兇悍。他聽說安史之亂爆發了，就來拜訪李白。李白的兒子伯禽在山東，李白沒有辦法去看愛子，武諤說他有本事把少主救出來。李白在感激之餘，就寫下了此詩送給武諤。武諤是個殺手，不是詩人，他拜在李白門下，極有可能是因為李白的劍術得自裴將軍。

書與劍的少年游，使整個帝國有了一種剛勁的陽剛之氣，任俠、好詩文的潮流席捲了帝國的社會。其中，有一個貴族家的僕人出現在唐人的視野裡。這個沒有留下姓名的小人物，史籍記載為「捧劍僕」，大概是晚唐時人。他在咸陽郭家幫傭，為主人捧劍，「嘗以望水眺雲為事，遭鞭棰，終不改」，後來不堪嘲辱與鞭笞，便逃亡了，不知所終（見《全唐詩》卷七三二「捧劍僕小傳」）。據說他所寫的詩，當時「儒士聞而競觀，以為協律之詞」。《全唐詩》收有他的三首詩，其中之一云：「青鳥銜葡萄，飛上金井欄。美人恐驚去，不敢捲簾看。」用語極為清新，讀之令人嘆息。

十八學士圖之書／宋／佚名／臺北故宮博物院藏

## 游俠

唐代在長安城周圍的京畿地區，設京兆府，作為郡級建制以統長安、萬年等二十餘縣。大量的少年游俠便是聚居於這些地方，王維《少年行四首・其一》詩云：「新豐美酒鬥十千，咸陽遊俠多少年。」

新豐是今西安臨潼的一個鎮，這裡不但產美酒，而且有著深厚的遊俠傳統。唐人張守節的《史記正義》徵引了《括地志》的一段記載：「新豐故城在雍州新豐縣西南四里，漢新豐宮也。太上皇（劉邦的父親）時悽愴不樂，高祖竊因左右問故，答以平生所好皆屠販少年，酤酒賣餅，鬥雞蹴踘，以此為歡。今皆無此，故不樂。高祖乃作新豐，徙諸故人實之。太上皇乃悅。」

這些任俠者呼嘯於長安的市井街道，免不了幹一些壞勾當，最著名的一次是翻入皇宮打劫。唐人康駢《劇談錄》卷上記載了這麼一件事：唐文宗時，有一個叫田膨郎的遊俠，翻入皇宮盜了皇帝最喜愛的白玉枕，這件玩意兒「置寢殿帳中」，乃是「德宗朝于闐國所貢，追琢奇巧，蓋希代之寶」。文宗驚駭良久，下詔搜捕偷玉枕的大盜，對近衛大臣和統領禁軍的兩個中尉說：「這不是外來的盜賊，偷枕之人一定在禁宮附近。倘若拿他不到，只怕尚有其他變故。一個枕頭給盜去了，也沒什麼可惜，但你們負責守衛皇宮，非捉到這大盜不可。否則此人在我寢宮中要來便來，要去便去，要這許多侍衛何用？」

眾官員惶栗謝罪，請皇帝寬限數日，自當全力緝拿。於是懸下重賞，但一直找不到線索。聖旨嚴切，凡是稍有嫌疑的，一個個都捉去查問，坊曲閭里之間，到處都查過了，卻如石沉大海，眾官無不發愁。龍武二蕃將王敬宏身邊有一名小僕，年甫十八九歲，神采俊利，差他去辦什麼事，無不妥善。有一日，王敬宏和同僚在威遠軍會宴，他有一侍兒善彈琵琶，眾賓客酒酣，請她彈奏，但該處的樂器不合用，那侍兒不肯彈。時已夜深，軍門已閉，

唐馬球俑

無法去取她用慣的琵琶，眾人都覺失望。小僕道：「要琵琶，我即刻去取來便是。」王敬宏道：「禁鼓一響，軍門便鎖上了，平時難道你不見嗎？怎的胡說八道？」小僕也不多說，退了出去。眾將再飲數巡，小僕捧了一隻繡囊到來，打開繡囊，便是那把琵琶。座客大喜，侍兒盡心彈奏數曲，清音朗朗，合座盡歡。

從南軍到左廣來回三十餘里，而且入夜之後，嚴禁通行，這小僕居然倏忽往來。其時搜捕盜玉枕賊甚嚴，王敬宏心下驚疑不定，生怕皇帝的玉枕便是他偷的。宴罷，第二天早晨回到府中，對小僕道：「你跟我已一年多了，卻不知你身手如此矯捷。我聽說世上有俠士，難道你就是嗎？」小僕道：「不是的，只不過我走路特別快些罷了。」那小僕又道：「小人父母都在四川，年前偶然來到京師，現下想回故鄉。蒙將軍收養厚待，有一事欲報將軍之恩。偷枕者是誰，小人已知，三數日內，當令其服罪。」王敬宏道：「這件事非同小可，如果拿不到賊人，不知將累死多少無辜之人。這賊人在哪裡？能稟報官府，派人去捉拿嗎？」

小僕道：「那玉枕是田膨郎偷的。他有時在市井之中，有時混入軍營，行止無定。此人勇力過人，奔走如風，若不是將他的腳折斷了，那麼便是千軍萬騎前去捉拿，也會給他逃走了。再過兩晚後，我到望仙門相候，乘機擒拿，當可得手。請將軍和小人同去觀看。但必須嚴守祕密，防他得訊後高飛遠走。」

其時天旱已久，早晨塵埃極大，車馬來往，數步外就見不到人。田膨郎和同伴少年數人，臂挽臂地走入城門。小僕手執擊馬球的球杖，從門內一杖橫掃出來，啪的一聲響，打斷了田膨郎的左足。田膨郎摔倒在地，見到小僕，嘆道：「我偷了玉枕，什麼人都不怕，就只忌你一人。既在這裡撞到了，還有什麼可說的。」抬到神策軍左軍和右軍之中後，田膨郎毫不隱瞞，全部招認。

文宗得報偷枕賊已獲，又知是禁軍拿獲的，當下命將田膨郎提來御前，親自詰問。田膨郎具直奏陳。文宗道：「這是任俠之流，並非尋常盜賊。」本來拘禁的數百名嫌疑犯，當即都釋放了。

連文宗也知曉長安的任俠，可見這些少年的名聲是極大的，晚唐名相李德裕《豪俠論》認為：「夫俠者，蓋非常人也，雖然以諾許人，必以節義為本，義非俠不立，俠非義不成，難兼之矣。」

任俠之外，在長安的少年郎中，最臭名昭著的是羽林衛中的豪門子弟，王建《羽林行》便記載了一些貴族子弟飛揚跋扈的事蹟：「長安惡少出名字，樓下劫商樓上醉。天明下直明光宮，散入五陵松柏中。百回殺人身合死，赦書尚有收城功。九衢一日消息定，鄉吏籍

新豐圖／清／唐岱／臺北故宮博物院藏

中重改姓。出來依舊屬羽林，立在殿前射飛禽。」

這些羽林軍中的「長安惡少」，他們在酒樓下打劫客商，轉身上樓，便大吃大喝起來。一般強盜作案後，要隱匿潛逃，而這批惡少，堂而皇之，無視法紀，結伴買醉，毫無顧忌。天亮他們值班完畢，從皇宮一出來，就分頭藏入五陵一帶的松柏中了。「五陵」，指長陵、安陵、陽陵、茂陵、平陵五個西漢皇帝的陵墓，面積很大，多植松柏，是豪門貴族居住的地方。終於這夥人落網了，因為殺人如麻，本該判處死刑，但皇帝卻下赦書說他們曾有軍功。惡少們隱姓埋名，暫避鄉間，一旦被赦的消息從京城中得以證實，他們就又在鄉吏的戶籍冊中重新恢復了原來的姓名；並且露面之後，繼續回羽林軍當差，站在宮殿前射鳥。

唐章懷太子墓壁畫《馬球圖》

當然，遇到真正的俠客，惡少們還是害怕的，據《新唐書·胡證傳》記載，唐朝名相、晉國公裴度未顯達時，羸服私飲，被一群武士戲弄。曾經拜嶺南節度使的胡證得知，闖入席上，連喝三大杯酒，眾人失色。胡證又拿來鐵燈架，摘去燈杆和燈盞，橫在膝上，與客人相約行酒令，喝不了的以此擊打。胡證一飲就是數升，依次到客人，客人不能喝盡，胡證欲擊打之，諸惡少叩頭請去，胡證將他們悉數趕走。故時人稱胡證為俠。

## 從軍

更多的年輕人則是在軍中效力，這些青年大多來自大唐各個地方的折衝府，他們被稱為府兵。唐置六百三十四折衝府於關內外，上府兵一千二百人、中府兵一千人、下府兵八百人，每府最高長官為折衝都尉。府兵由政府授田，平日安居田畝，由折衝都尉於農閒時教習戰陣。戰時由政府命將率眾出兵，戰爭完畢，兵歸於府，將歸於朝。除征戰外，府兵須每年輪番宿衛京師，有時則派往邊疆戍守。平時為耕種土地的農民，農隙訓練，戰時從軍打仗。府兵參戰武器和馱東西的馬匹都需要自備，這對於一個農家來說壓力也是非常大的。

據研究唐代操典的人統計，唐代士兵的單兵裝備非常系統：首先是武器，包括貼身肉搏兵器腰刀一口、近戰長杆武器矛戈槍、遠端精確打擊武器弓箭（配備三隻弓弦、三十支箭，以及箭匣箭袋

唐章懷太子墓壁畫中，佩虎豹皮弓韜和胡祿的儀衛

一個）。甲冑和戰袍依人所需，每人一副。三根皮條，以備捉俘虜用；一人一個糧食袋，圍在腰間，以小羊皮做成，裝三天乾糧。每人一個水袋也是皮革做成的。

以上是單兵隨身攜帶的東西，後面是馱馬攜帶的物品：馬盂一個，以上好木料做成，或者是以熟鐵皮做成。藥袋、鹽袋、火石袋各一個。小刀子、小銼子、鉗子、鎖各一把。解結錐一個。磨刀石一個。褲奴、抹額、六帶、帽子、氈帽子各一件。毯子、被褥、毛氈各一套。三雙麻鞋，一人一套獸毛呢子大衣。

自從雄才大略的唐太宗被四裔同聲擁戴為「天可汗」，大唐帝國步入了鼎盛時代，唐王朝開基創業之初東征西伐，大破突厥，戰敗吐蕃、招安回紇的光輝史跡，使事業上充滿自信的唐代士子對邊塞軍功夢寐以求。唐高宗顯慶六年（六六一年），年僅十一歲的楊炯被舉為神童，這位少年曾經寫《從軍行》一詩曰：「寧為百夫長，勝作一書生。」這幾乎成了有唐一代年輕士子，尤其是經年不得銓選的讀書人最佳的奪取功名之路。

天寶四年（七四五年），十八歲的洮州人李晟從軍，投奔時任河西節度使的名將王忠嗣。在一次與吐蕃的戰鬥中，唐軍遭遇吐蕃悍將，屢戰不利，大為惱火的王忠嗣下令招募弓箭高手，李晟報名參加，縱馬出陣，一箭幹掉敵將，王忠嗣興奮地拍著李晟的背稱讚他是「萬人敵」。李晟後來因功被敕封為西平郡王，冊拜太尉、中書令，繪像列於凌煙閣，顯赫一時。李賀也曾經寫詩表達過這種欲投筆從戎，揚名立萬的激情：「男兒何不帶吳鉤，收取關山五十州？請君暫上凌煙閣，若個書生萬戶侯？」（《南園十三首．其五》）

前來大唐參軍的還有唐帝國周邊國家的年輕人，憲宗元和二年（八〇七年），十七歲的新羅人張保皋和好友鄭年結伴渡海來到赤山浦（今榮成市石島港，屬山東省威海市，位於山東半島的最東端），不久輾轉南下到揚州。張保皋和鄭年浪跡揚州時，適逢鎮海軍節度使李錡據潤州造反。唐軍擴募鎮壓反叛，張保皋和鄭年被募編入了徐州武寧軍。張、鄭二人在唐軍中，先後參加了平定鎮海鎮李錡、淮西鎮吳元濟和淄青鎮李師道的叛亂。因本領高強、英勇善戰，累立軍功，元和十四年（八一九年），張保皋被擢升為武寧軍小將，統率一千多名士兵。他後來回到新羅，不但成了一方名將，而且組建了龐大的船隊，往返新羅與中、日三國之間，從事海運和商業貿易，被後人稱為「世界歷史上卓著的海洋商業貿易王」。

## 薛仁貴

有唐一代，名將輩出，然而最具有傳奇色彩的，卻是河東薛氏家族南枝的世家子、絳州龍門（今山西河津）人薛禮（字仁貴）。借由話本評書《薛仁貴征東》、秦腔名劇《五典坡》、京劇傳統名劇《紅鬃烈馬》等的影響，「三箭定天山」的薛仁貴成了後世人們眼中永遠的唐代少年英雄「白袍小將」。有意思的是，在戲劇中，薛仁貴往往被叫作薛平貴。

貞觀十九年（六四五年）二月十二日，唐太宗親自率領遠征軍，從洛陽出發，進攻高句麗。三月，在遼東安地戰場上，唐朝郎將劉君卬被敵軍團團圍困，脫不了身，無人能救，在此危難時刻，三十一歲的薛仁貴單槍匹馬挺身而出，直取高句麗一將領人頭，將頭懸掛於馬上，敵人觀之膽寒，遂退，劉君卬被救。此役過後，河東薛禮名揚軍中。

四月，唐軍前鋒進抵高句麗，不斷擊敗高句麗守軍。六月，至安市，高句麗莫離支遣部將高延壽、高惠真率軍二十萬人依山駐紮，抗拒唐軍。唐太宗視察地形後，命諸將率軍分頭進擊。據《舊唐書．薛仁貴傳》記載，「仁貴自恃驍勇，欲立奇功，乃異其服色，著白衣，握戟，腰鞬張弓，大呼先入，所向無前，賊盡披靡卻走」。至此，薛仁貴的白袍形象開始深入人心，但我們也可以看出，真實的歷史和傳說天差地別，薛仁貴其實是一個大器晚成的軍事家，三十餘歲才嶄露頭角，而之後更是有長達十二年的時間在守衛玄武門。到了顯慶三年（六五八年），四十四歲的薛仁貴才開始統率軍隊，成為一位指揮官。在後半生的軍事生涯中，他創造了「三箭定天山」、「神勇收遼東」、「一貌退萬敵」、「良策息干戈」、「仁政高句麗國」、「愛民象州城」等赫赫功勳。道教傳言他是白虎星君下凡。

在今西安市南郊大雁塔附近，曲江池東面，有一處名為「寒窯」的地方，據傳是薛仁貴的妻子王寶釧苦守十八年的地方。其實，歷史上薛仁貴之妻姓柳，見於史傳和地方史志，但未記名字。柳姓也是河東大族，以薛仁貴的出身，與河東柳氏是門當戶對的士族聯姻。當薛仁貴想在家改葬祖先時，是柳氏勸夫速速投軍，「今天子自征遼東，求猛將，此難得之時，君盍圖功名以自顯？富貴還鄉，葬未晚」。在這位頗有見識的妻子的勸告下，薛仁貴應徵參軍，從此戎馬倥傯，戰功彪炳。

薛仁貴的兒子薛訥，官至大元帥、宰相；孫薛嵩，官至六州節度使、高平郡王；重孫薛平，官至太子太保、韓國公；玄孫薛從，官至上將軍、河東縣子。其中薛仁貴的孫子薛嵩在安史之亂時，曾經投安史叛軍，後來又投降唐朝，或許正因為如此，他也是評書《薛剛反唐》的原型。

在王小波的作品《萬壽寺》中，薛嵩是唐代一名紈絝子弟，夢想著建功立業，便花錢買官，結果當上了湘西節度使，到封地才知道受騙上當。此地滿目蠻荒，只好管管蛇草鼠蟻，自己動手開天闢地。墾荒的時候，「薛嵩用鋤頭刨蟻巢的外壁，白蟻在巢裡聽得清清楚楚，拼命吐唾沫築牆；薛嵩的鋤頭聲越近，它們就越使勁地吐，簡直要把血都吐出來」。最後，白蟻用自己的意志和唾液擊垮了薛嵩。

薛嵩也是唐傳奇《紅線盜盒》裡的主人公。魏博節度使田承嗣與潞州節度使薛嵩均為安祿山部將，降唐後各霸一方。田承嗣欲吞併薛嵩之地，薛嵩甚為憂慮。紅線是薛嵩的侍婢，具有超人的力量，她以神術潛入戒備森嚴的田府，巧妙地從田承嗣枕旁取回其供神金盒，薛嵩隨即遣人送回。這一有節制的威嚇行動，迫使田承嗣收斂其狂妄氣焰，紅線則功成身退。據南宋人計有功《唐詩紀事》卷三十記載，薛嵩確有一名叫紅線的侍女，「善彈阮鹹琴，手紋隱起如紅線，因以名之」。明人梁辰魚《紅線女》雜劇，亦取材於此。

值得一提的是，有唐一代，薛仁貴衍傳的十二世裔孫四十七人和其他河東薛氏裔孫，共出現了三百三十餘位文武官員，侍奉唐朝二十一位皇帝，盡忠報國。

## 愛情

二〇一〇年，河北省平山縣發現了一座唐代墓葬，考古人員發掘時看到，墓室中夫妻二人的骨架還手牽著手。一千多年前夫婦攜手死去，這個姿態也在墓中一直保持了一千多年，其中蘊含多少事，令人浮想聯翩。這不禁讓人想起一九一九年，在漢代居延境內的西北沙漠出土了一批流沙墜簡，內容大多是軍政等事情，但其中夾著一封私信：「奉謹以琅玕一，致問春君，幸毋相忘。」穿越千年，唯有愛情亙古不變。

在金戈鐵馬的少年郎之外，更多的士子和年輕人在帝國過著平凡的生活。這個「海上明月共潮生」的偉大國度，不缺乏少年的愛情。「兩小無猜」、「人面桃花」、「青梅竹馬」、「相思紅豆」、「心有靈犀」等和愛情有關的美麗詞句，均出自唐人筆下。在這個開放浪漫的王朝，無數才子佳人，談情說愛，令人神往。

貞元十二年（七九六年），登進士第的崔護，因為一首《題都城南莊》而名傳千古：「去年今日此門中，人面桃花相映紅。人面不知何處去，桃花依舊笑春風。」或許是被此詩中深深的惆悵打動，唐人孟棨《本事詩》中重新演繹了這個故事。

博陵人崔護，資質甚美，性情孤潔寡合，應舉進士及第。清明節這天，他一個人去都城南門外郊遊，遇到一戶莊園，房舍占地一畝左右，園內花木叢生，靜若無人。崔護走上前去叩門，過了一會兒，有位女子從門縫裡瞧了瞧他，問道：「誰呀？」崔護報了自己的姓名，說：「我一人出城春遊，酒後乾渴，特來求點兒水喝。」女子進去端了一杯水來，打開門，讓他進去坐下。她一個人靠著小桃樹靜靜地立在那裡，對客人有著極為深厚的情意。她姿色豔麗，神態嫵媚，極有風韻。崔護用話引逗她，她只是默默不語。兩人相互注視了許久，崔護起身告辭。送到門口後，她似有不勝之情地默默回到屋裡，崔護也不住地顧盼，然後悵然而歸。此後，崔護決心不再去見她。

到了第二年的清明節，崔護忽然想起這姑娘來，思念之情無法控制，於是直奔城南去找她。到那裡一看，門庭莊園一如既往，但是大門已上了鎖。崔護便在左邊一扇門上題詩道：「去年今日此門中，人面桃花相映紅。人面不知何處去，桃花依舊笑春風。」過了幾天，他突然來到城南，又去尋找那位女子。聽到門內有哭的聲音，他叩門詢問，有位老父

清代崔鶯鶯繡像版畫

走出來說：「您不是崔護嗎？」他答道：「正是。」老父又哭著說：「是您殺了我的女兒。」崔護又驚又怕，不知該怎樣回答。老父說：「我女兒已經成年，知書達理，尚未嫁人。去年以來，經常神情恍惚，若有所失。那天我陪她出去散心，回家時，見左邊門扇上有題字。她讀完之後，進門便病了，絕食數日而死。我老了，只有這麼個女兒，遲遲不嫁，就是想找個可靠的君子，藉以寄託終身。如今她竟不幸去世。這不是您害死她的嗎？」說完，他又扶著崔護大哭。崔護也十分悲痛，請求進去一哭亡靈。女子安然躺在床上，崔護抬起她的頭，讓她枕著自己的腿，哭著禱告道：「我在這裡，我在這裡……」不一會兒，女子睜開了眼睛，過了半天便復活了。老父大為驚喜，便將愛女許給了崔護。

這樣結局完美的故事當然令人欣喜，但實際上，這只是人們對於圓滿的期望罷了。真實的愛情，往往令人惆悵。唐德宗貞元十八年（八〇二年），太子少保韋夏卿的小女兒，年方二十的韋叢，下嫁給二十四歲的詩人元稹。當時的元稹僅僅是秘書省校書郎。韋夏卿出於什麼原因同意這門親事，已然無從考證，但出身高門的韋叢並不勢利貪婪，沒有嫌棄元稹。相反，她勤儉持家，任勞任怨，和元稹的生活雖不寬裕，卻溫馨甜蜜。可是造化弄人，憲宗元和四年（八〇九年），韋叢因病去世，年僅二十七。此時元稹已升任監察御史，幸福的生活就要開始，愛妻卻駕鶴西去，詩人無比悲痛，寫下了一系列悼亡詩，其中最著名的是：「曾經滄海難為水，除卻巫山不是雲。取次花叢懶回顧，半緣修道半緣君。」（《離思五首．其四》）

令人心涼的是，三十一歲的元稹在韋叢去世不久，在成都認識了薛濤。當時薛濤已四十二歲，風韻不減當年，元稹是風流才子，兩人便迅速墜入愛河。然而，隨後元稹遠赴長安，拋棄了薛濤。

元稹曾寫下舉世聞名的《鶯鶯傳》，明朝時被改編成紅極一時的戲曲《西廂記》。《鶯鶯傳》名為鶯鶯的記傳，實為元稹之自傳。《鶯鶯傳》的末尾，元稹為了替張生遺棄崔鶯鶯的無恥行徑辯解開脫，竟借其口大罵崔鶯鶯為「尤物」、「妖孽」、「不妖其身，必妖於人」。魯迅在《中國小說史略》中對元稹此舉大為不齒：「篇末文過飾非，遂墮惡趣。」難怪有人說，世間最薄情的即是男子。

千年的時間過去了，再轟轟烈烈的愛情也消散在了歷史的車輪裡，再瀟灑的少年也成了泛黃的書卷。此間的少年，他們在哪裡呢？他們還會不會在寂寞的唐詩裡，泛起千古的愁緒呢？他們還會不會相信愛情呢？世間之人最是寡情，但見那悠悠流水緩緩東逝去，海上的明月依稀照人，心中的愛與恨、思念與惆悵，都化作了塵埃。「道不盡紅塵奢戀，訴不完人間恩怨」，且讓我們「白日放歌須縱酒，青春做伴好還鄉」吧！

人面桃花圖／明／張紀／大英博物館藏

# 第八章　未能皈依的寺廟

## 法門寺往事

一九九七年前後，一部如曇花一現的電視劇《法門寺猜想》展現了唐代的典雅、綺麗和哀傷，劇中「光明熄滅怨恨和野火，使靈魂充滿愛和寬恕」。佛光山的星雲法師將此劇引入臺灣，造成了轟動。

在今陝西西部的寶雞市，古周原的中心，有一個叫扶風的地方。在晴朗的季節，乘坐汽車從西寶高速公路向西賓士，就可以看見秦嶺、黃土高原及關中平原構成的三級臺地。李白的《扶風豪士歌》說：「扶風豪士天下奇，意氣相傾山可移。」唐王朝的皇家寺廟法門寺，便坐落在扶風，唐代兩百多年間，先後有高宗、武后、中宗、肅宗、德宗、憲宗、懿宗和僖宗八位皇帝在法門寺六迎二送供養佛指舍利。每次迎送都聲勢浩大，朝野轟動，皇帝頂禮膜拜，等級之高，絕無僅有。據史載，「三十年一開，開則歲豐人和」，可干戈平息，國泰民安，風調雨順。

這座皇家寺廟以其瑰麗、神祕和氣勢恢宏，成為唐人最敬仰的寺廟。五代人王仁裕所撰筆記《玉堂閒話》卷四，記錄了法門寺的一段往事：

長安西法門寺，乃中國伽藍之勝境也，如來中指節在焉。照臨之內，奉佛之人，罔不歸敬。殿宇之盛，寰海無倫。僖、昭播遷後，為賊盜毀之。中原蕩栟，人力既殫，不能復構，最須（需）者材之與石。忽一夕，風雷驟起，暴澍連宵。平曉，諸僧窺望，見寺前良材巨石，

**阜堆山積，亙十餘里，首尾不斷，有如人力置之。於是鳩集民匠，復構精藍，至於貌備。人謂鬼神送來，愈更欽其聖力。育王化塔之事，豈虛也哉。**

意思是，法門寺位於長安以西，是中國佛寺建築的佼佼者，如來佛中指的一節就供奉在此。天下凡是信仰佛教的人，無不皈依崇敬。殿堂之宏偉，四海之內沒有可以相比的。唐僖宗、唐昭宗流離在外，寺院被賊盜破壞。中原被洗劫一空，人力也已耗盡，所以不能重建，其中迫切需要的便是木材與石料。忽然有一天晚上，風雷突然出現，暴雨下了一宿。天亮時，僧人們都從屋內向外觀望，只見寺院前面，優質木材與大塊石頭堆積如山，綿延十多里，首尾相接，連續不斷，就像用人工搬放在那裡的。於是糾集民工匠人，重新修造精美的寺院，乃至恢復全貌。人們說這些木材和石料是鬼神送來的，便更加敬佩佛教的神聖力量。如此看來，阿育王化佛塔的事，怎能是假的呢？

唐懿宗李漼，年號「咸通」，是最後一個在長安城平安度過帝王生涯的大唐皇帝。《杜陽雜編》卷下記載了這一年號的來歷：「宣宗制《泰邊陲曲》，撰其詞云『海岳晏咸通』。上（指懿宗）垂拱而號咸通。」咸通十四年（八七三年）三月，唐王朝最後一次迎請佛骨。但是同年七月，唐懿宗來不及送還佛骨就駕崩了。

此次迎請佛骨，事先準備了兩年，當時從京城長安到法門寺兩百多里，車馬晝夜不絕，沿途都有飲食供應，叫作「無礙檀施」。迎請佛骨的儀仗車馬，由甲冑鮮明、刀杖齊全的皇家御林軍導引，文武大臣護衛，名僧和尚擁奉。當時旌旗蔽日，鼓樂鼎沸，沿途站滿虔誠膜拜的善男信女。長安城內各街用綢緞結紮各種彩樓。懿宗也親御巡福門城樓迎拜頂禮，百官士眾則沿街禮拜迎候。佛骨先迎請到皇宮內供奉三天，再迎送到京城寺院輪流供養。文武百官和豪族巨富都爭施金帛，四方百姓扶老攜幼前來瞻仰，甚至有人斷臂截指以示虔誠。

咸通十五年（八七四年），即位的僖宗李儇遵照先父的遺志，敕令將佛祖真身舍利及供奉的數千件稀世珍寶送到法門寺塔下地宮結壇供養。正月初四，地宮封門，一千多年不被人知。

一九八七年四月三日，法門寺佛塔施工現場，考古人員無意間發現了一塊白玉石板。清掉石板上覆蓋的浮土，在地下沉睡一千一百一十三年的唐代法門寺地宮，浮現出來。

而地宮內的一塊《監送真身使隨真身供養道具及恩賜金銀衣物帳》碑，羅列著二千四百九十九件供佛珍寶的目錄，這些寶物包括：四枚佛指舍利，這是目前世界僅存的佛指舍利（有一枚是釋迦牟尼真身舍利，稱為「靈骨」，其他三枚係唐代人仿製，稱為「影骨」）；唐皇室供奉的一百二十一件（組）金銀器；首次發現的唐皇室秘色瓷系列；來自古羅馬等地的晶瑩透明的琉璃器群；上千件薈萃唐代絲織工藝的絲（金）織物。

如來坐像／日本東京國立博物館藏

其中「武后繡裙一腰」是迄今為止我們離武則天最近的實物，這件繡裙是武則天尚為高宗皇后時的衣飾，因此被稱為武后裙，裙腰用金絲繡成，這些金絲是把金箔打薄以後用刀裁成細條撵起來，再進行繡花，金絲細度只有零點幾毫米，可謂細若髮絲。今天，這條武后裙原本豔麗的紅色已經褪卻，但金絲繡成的圖案依然精美絕倫。

還有十三枚玳瑁「開元通寶」，是目前世界上發現的最早的、絕無僅有的玳瑁幣。玳瑁是一種食肉性海龜，甲殼上有美麗斑斕的褐色花紋，被古人視為名貴的寶石。劉恂《嶺表錄異》記載了這麼一件和玳瑁有關的事情：「玳瑁形狀似龜，唯腹背甲有烘點。《本草》云：『玳瑁解毒，其大者悉婆薩石（又名婆娑石，是來自西域或南海諸國的一種治毒藥物），兼雲辟邪。』廣南盧亭（原注：海島彝人也）獲活玳瑁龜一枚，以獻連帥（觀察使、按察使等地方高官）嗣薛王。王令生取背甲小者二片，帶於左臂上以辟毒。龜被生揭其甲，甚極苦楚。後養於使宅後北池，伺其揭處漸生，復遣盧亭送於海畔。或云，玳瑁若生，帶之有驗，是飲饌中有蛊毒，玳瑁甲即自搖動；若死，無此驗。」段公路《北戶錄》卷一也有類似的經驗談：「凡玳瑁甲生取者，治毒第一，其力不下婆薩石，愚曾取解毒，立驗。」

其他的宮廷用具，諸如鎏金鏤空鴻雁球路紋銀籠子、壺門高圈足座銀風爐、鎏金飛鴻紋銀匙、紫靴鞋、繡襆、花羅衫、秘色越瓷……不一而足，這是一個盛大、華麗而奢侈的唐代宮廷器物寶藏。一千多年前的宮廷生活，借由這些器物傳遞到今人的眼前。

## 長安的寺廟

在唐代，長安不但是帝國的政治中心，也是帝國寺廟最多的城市。寺廟、浮屠、蘭若、佛堂、經坊等遍布於長安的坊市，日僧圓仁在武宗朝到長安，看見「長安城里坊內佛堂三百餘所」。日本佛教學者琢本善隆，根據徐松的《唐兩京城坊考》列出唐代長安有名的寺院一百零三所。歷史上漢傳佛教形成了八大宗派，即三論宗、禪宗、天臺宗、華嚴宗、唯識宗、律宗、淨土宗和密宗。漢傳佛教宗派各宗祖布教傳法之處，成為日後人們所說的宗派祖庭。八大宗派的祖庭，除了禪宗在河南登封少林寺、天臺宗在浙江天臺山國清寺，其餘六個均在長安，分別為三論宗祖庭草堂寺、唯識宗祖庭大慈恩寺、律宗祖庭淨業寺、淨土宗祖庭香積寺、華嚴宗祖庭華嚴寺、密宗祖庭大興善寺。

這些遍布長安的寺廟，每天用大鍋煮白粥食用。慢火熬製的白粥滋味簡單而綿甜，口感細緻而厚重。薄粥柔滑，稠粥飽滿。吃粥在清晨，叫早粥。伸出手掌，如果在自然光線下能看清楚手掌上的掌紋，就到了可以吃粥的時間。強調這個是因為，有時候受八關齋戒，頭一天是過午不食的。這個不食的時間，要到第二天天明。天明的標準，也是以在自然光線下能看清楚手掌上的掌紋為度。如果看不清就吃粥或者吃別的東西，那就算破齋，八關齋戒也就白受了，而且有過失。

在長安諸多的寺廟之中，有兩座寺廟是為懷念而誕生。其一便是大慈恩寺，貞觀二十二年（六四八年），二十歲的太子李治十分懷念他的母親長孫皇后，彼時長孫氏已經逝世十二年了，而父親李世民的身體日漸衰弱。這個低調、儉樸，不大興土木，不信方士長生之術，不喜遊獵，胸無大志，與四兄李泰爭太子之位時曾流淚哭泣的男子，大抵此時內心十分脆弱，因為就在父皇病重之際，他和後宮的才人武媚有了一絲道不明的關係。於是，李治迫切需要一處道場，可以紀念亡母，希望母親的靈魂庇佑他。在長安城南風景秀麗的晉昌坊，一處「挾帶林泉，各盡形勝」的皇家寺廟就此誕生了。

當年十月初一戊申日，大慈恩寺工程「漸向畢功，輪奐將成」，但僧徒尚缺，於是李治奉太宗皇帝敕旨，度僧三百人，另請五十名大德「同奉神居，降臨行道」，同時正式賜新寺寺名為「大慈恩寺」，並增建「翻經院」。很快，翻經院宣告落成，「虹梁藻井，丹青雲氣，瓊礎銅遝，金環華鋪，並加殊麗」。隨後，李治復令玄奘法師自弘福寺移就大慈恩寺翻經院，繼續從事佛典翻譯，充上座，綱維寺任。

在一首《謁大慈恩寺》的詩中，李治寫到了他所看到的大慈恩寺：「日宮開萬仞，月殿聳千尋。花蓋飛團影，幡虹曳曲陰。綺霞遙籠帳，叢珠細網林。寥廓煙雲表，超然物外心。」據說參禪需要經過三種境界：第一種境界是「葉落滿空山，何處尋行跡」，參禪者執著地尋找禪的本性，卻杳無所得；第二種境界是「空山無人，水流花開」，參禪者粗通禪理，似乎已悟道而其實未悟；第三種境界是「萬古長空，一朝風月」，參禪者茅塞頓開，直接領悟到瞬間即永恆，永恆即瞬間。在唐代，大慈恩寺所在的晉昌坊位於長安城南，這裡南望南山，北對大明宮含元殿，東南與煙水明媚的曲江池相望，西南和景色旖旎的杏園毗鄰，清澈的黃渠從寺前潺潺流過，令李治的思念如同「罔極之懷」般綿長，並且有了超脫人世的心情。

今天，大慈恩寺所在的西安曲江，成了城市繁華的新城所在，每天都有來自各地的人們參觀廣場和噴泉，而大慈恩寺浮屠——大雁塔，在夜晚則被裝上了霓虹，分外妖嬈。只是，來自大地深處的誦經的聲音，只有你閉上眼睛才能聽到。

另外一所為懷念而生的寺廟是大興善寺，隋文帝開皇年間擴建西安城為大興城，這座寺廟占城內靖善坊一坊之地，取城名「大興」二字，取坊名「善」字，賜名「大興善寺」至今。大興善寺的前身為「陟岵寺」，是西魏文帝元寶炬紀念亡父（北魏京兆王元愉）的道場。「陟岵」之名源於《詩經．魏風．陟岵》的「陟彼岵兮，瞻望父兮」。《毛詩序》云：「《陟岵》，孝子行役思念父母也。」後因以「陟岵」為思念父親之典。

武則天出家的感業寺因為武氏而名聞天下，但其實這座寺院規模並不大，離大明宮也

番王禮佛圖／北宋／趙光輔（傳）／美國克利夫蘭藝術博物館藏

不遠，是唐代禁苑內的皇家寺廟，避隱於今西安市北郊的未央區六村堡鎮後所寨村。感業寺小學便建造在該寺原址上。感業寺現存明萬曆時秦府職官傅臻所獻的一道《重修古剎感業寺碑》（銘：「職官傅臻　大明萬曆拾三年季秋月吉日謹立」）、一塊石門楣（銘：「萬曆乙酉年季秋吉日敕建感業禪寺」、「大唐感業禪寺　武則修焚香火院　萬曆乙酉年季秋吉日　秦府職官傅臻重修」），以及一些今人修建的仿明清建築。

在今西安西南鐵爐廟一帶，還隱藏著一座青龍寺，這裡是西安看櫻花的最佳地點。唐代中期的日本僧人空海，出身當地一個望族之家，少年時聰穎篤學，受中國文化的薰陶，二十歲皈依佛門。唐德宗貞元二十年（八〇四年），為解決佛教中的疑難問題，空海隨日本國第十七次遣唐使入唐請教。他在長安滯留近兩年，遍訪有名的高僧和寺院，後入青龍寺拜密宗高僧惠果為師，研習密教。

唐順宗永貞元年（八〇五年），惠果和尚圓寂，空海代表眾弟子為其師撰行狀，並書寫了碑文。唐憲宗元和元年（八〇六年），空海歸國，先後在京都的東寺和歌山縣的高野山弘傳密教，成為日本佛教真言宗的開山祖師。唐文宗大和九年（八三五年），空海在高野山圓寂。空海博綜眾藝，對日本文化教育的貢獻甚大，又是日本真言宗的鼻祖，因此，日本民間尊稱空海是「孔子」。日本佛教史上的「入唐八家」，繼空海之後，還有圓行、圓仁、圓珍、惠運、宗叡五人先後在青龍寺從師受法。青龍寺被日本真言宗奉為祖庭，廣大僧眾稱它為「心中的故鄉」。據說，日本來西安的遊客都會去青龍寺，目的就是找尋自己的文化根源。

淨土宗祖庭香積寺，則隱匿在今西安市長安區郭杜鎮香積寺村，唐高宗李治曾贈寺院舍利千餘粒和百寶幡花供養，取名香積寺。當其盛時的香積寺，坐落在長安神禾原西畔，這裡南臨鎬河，北接風景秀麗的樊川，鎬河與潏河匯流縈繞於其西，整個寺院幽而不僻，靜而不寂。唐代詩人王維在其詩篇《過香積寺》中描繪說：「不知香積寺，數里入雲峰。古木無人徑，深山何處鐘。泉聲咽危石，日色冷青松。薄暮空潭曲，安禪制毒龍。」今天，前往秦嶺野生動物園，會途經此寺，但現代的遊客或許更想去看動物園內的猛虎，而不是去寺廟嗅一下薔薇。「心有猛虎，細嗅薔薇；盛宴之後，淚流滿面」，或許這才是寺廟給予我們的內心感受。

## 終南山

奇幻作家騎桶人曾經在他的小說《終南》中講述了一個樓觀台的道士練習「躡雲神功」的故事，練成神功的道士在眾人豔羨的目光中直直向懸崖上升，越來越小，忽然倏的一聲，再無蹤影。然而，最終的結果是懸崖之下有一條吐納的大蟒。

長安南邊的終南山，不僅是中國佛教史上第一個國立譯經場，也是第一個管理全國宗教事務機構的所在地。這一方山水，集秀峰、異石、幽谷、清流、飛泉、奇洞、天池、寺觀、層林、古道於一體，這裡也是長安的天然屏障。由於佛教、道教在唐代的興盛，終南山一直是隱者文人的家園。文人本好山水，加之仕途不得意，就更容易與宗教共鳴，產生一種超脫的情緒，如同蔡希寂《同家兄題渭南王公別業》詩所云：「好閒知在家，退跡何必深。不出人境外，蕭條江海心。軒車自來往，空名對清陰。」這裡既不遠離繁華都市，又保有清靜脫俗的心境，自然是很好的去處。這些隱逸的文人，大概就如同在江南隱居的茶聖陸羽一樣：「常扁舟往來山寺，隨身惟紗巾、藤鞋、短褐、犢鼻。往往獨行野中，誦佛經，吟古詩，杖擊林木，手弄流水，夷猶徘徊，自曙達暮，至日黑興盡，號泣而歸。」（《文苑英華．陸文學自傳》）

司馬承禎隱居在天臺山玉霄峰，自號「白雲子」，有服用丹藥的道術，武則天多次徵召他，他都不應。唐睿宗崇尚道教，深深讚賞他見解奇特，要把他留在宮中，封他做大官，他堅決推辭。不久，他告別回山，皇上就賜給他寶琴和花披肩，派人護送他。很多公卿都作詩相贈。常侍徐彥伯選擇了其中三十首最好的，結成一本集子，還為詩集寫了序言，命名為《白雲記》。當時有一個叫盧藏用的人，早年舉進士，但不得官職，隱居在終南山，後來借著隱士的名號登上朝廷，身居顯要職位。他見司馬承禎要回天臺山，就用手指著終南山對司馬承禎說：「這終南山裡就有不少佳處，何必非回天臺山不可呢？」司馬承禎不慌不忙地說：「依我所見，終南山是當官的快捷方式而已。」盧藏用聽了，羞慚不已。這便是成語「終南捷徑」的來歷。

唐人最熟悉的終南山隱士則是孫思邈。《太平廣記》卷二十一記載了這位唐人心中「藥聖」的逸事。開元年間，孫思邈隱居在終南山，與律宗的和尚宣律師結交，經常來往參請宗旨。當時天大旱，有一個西域的僧人請求在昆明池築壇求雨，皇上下詔讓有關部門準備香燈。一共七天，昆明池的水縮下去幾尺。忽然有一位老人夜裡到宣律師那裡求救，說：「我是昆明池裡的龍，很久沒下雨，不是因為我。一個胡僧要用我的腦子做藥，欺騙天子說求雨，我的命危在旦夕，請和尚用法力救護於我。」宣公推辭說：「貧僧操守戒律罷了，你可以去求孫思邈先生。」老人於是就來到孫思邈那裡。孫思邈說：「我知道昆明池龍宮裡有神仙藥方三十個，如果能讓我看看，我就救你。」老人說：「這些藥方上帝不准隨便外傳，現在緊急了，絲毫無所吝嗇！」過了一會兒，老人捧著藥方來了。孫思邈說：「你天明回去，不用擔心胡僧。」從此池水忽然暴漲，幾天便漫上岸來，胡僧羞怒而死。

在唐代，終南圭峰山下的大寺（草堂寺前身）與長安城北的逍遙園則成了此一時期長安佛教的大本營。逍遙園是鳩摩羅什譯經的地方。弘始三年（東晉隆安五年，四〇一年），後秦皇帝姚興為延請西域高僧鳩摩羅什弘法傳教，發兵攻後涼。大敗涼軍後，姚興迎鳩摩羅什入長安，並拜奉為國師。從此，鳩摩羅什在長安逍遙園和西明閣譯經說法，招收弟子，組織、主持三千多人的佛經譯場。

此外，終南山還因為老子入關傳經設教的樓觀台聞名，道教的一些主要派別的祖庭就在終南山中。也正因為如此，有人將終南山列為道教名山。金庸小說中的「全真教」發源地便在終南山，其創始人王重陽係陝西咸陽大魏村人，早年習儒，後應文、武科考不第，遂於終南山下劉蔣村隱居，不久自稱遇仙得道，並赴山東境內布道，創宗立派，點化馬鈺等七人，仙逝後歸葬於劉蔣村成道宮。馬鈺於宮內修建一套大廳，親題橫額「祖庭心死」四字，以表其承師弘道之志。此後全真弟子和各方門徒即以此為祖庵。全真教主張儒釋道三教同源、三教平等、三教合一，它以王重陽《立教十五論》為行為規範，注重清修，不事燒煉與符籙，不食葷腥，除情去欲，忍恥含垢，苦己利人，兼有儒之謙遜、墨之堅苦，靜修以明心見性則與佛教禪宗相仿。全真派道教的這種態度，也許就是終南山佛教衰而不泯、綿延至今的原因之一。

南五台便在終南山之中。南五台古稱太乙山，為「終南神秀之區」，山上有清涼、文殊、現身、靈應、觀音五峰。從山下看，五座山峰如筆架排列，一覽無遺，似乎近在咫尺；從山上向下看，青山連綿，氣勢恢宏，茫茫秦川，空曠遼闊。「太乙」這個名字也是大有來歷，這裡在漢代是祭祀太乙天尊的場所，太乙天尊全名太乙救苦天尊，是道教尊神，又稱青玄大帝。《封神榜》中太乙天尊號「太乙真人」，是哪吒三太子的師父，曾經幫死去的哪吒以蓮花化身復活，又用九龍神火罩撲滅石磯娘娘，法力高強。而在易學中，太乙又稱太乙式，是古代術數的一種，為三式之首。「三式」指三大秘術太乙、奇門、六壬，是古人的高層次預測學，相傳太乙式產生於黃帝戰蚩尤時。

今天，終南山仍然是修煉隱居的佳地，除了美國漢學家比爾．波特（Bill Porter，中文名「赤松居士」）創作的《空谷幽蘭：尋訪當代中國隱士》（*Road to Heaven: Encounters With Chinese Hermits*）中提到的那些現代隱士，可能最著名的人物就是善於捉鬼的鍾馗了。據傳，鍾馗的故里就在終南山——今天的戶縣石井鎮。

## 胡寺

東漢以來，中國與西域文明的交流逐漸頻繁，到了唐代，出於絲綢之路昌盛以及經商、戰爭等原因，大批中亞、西亞人士前來唐帝國定居，他們所信仰的宗教也在唐帝國逐漸傳播，其中以祆教（拜火教）、景教（Nestorianism）、摩尼教（Manichaeism）三大外來宗教組成的「三夷教」最為昌盛。

祆教在薩珊波斯被封為國教，又稱火祆教、拜火教，是唐朝對流行於中亞和中原地區的波斯瑣羅亞斯德教的稱呼。景教，是在唐代進入中國的基督教派，屬於基督教聶斯脫裡派。摩尼教又稱明教，為三世紀中葉波斯人摩尼（Mani）所創立，在巴比倫興起，也是歷史中唯一一個消亡的世界性宗教。

唐人把景教、摩尼教稱寺，祆教則稱祠。

三夷教作為外來小眾宗教，傳播程度比不上佛道兩教，但其帶來的異域文化，一度對唐人的文化生活產生了相當程度的影響，其中以祆教的祭祀最為受唐人喜歡，唐人把這種儀式當成一種娛樂，起名叫「潑寒胡戲」。

唐人段成式在《酉陽雜俎》描述了中亞的祆祠：「俱得建國烏滸河中灘派中有火祆

祠……內無像，於大屋下置大小爐，舍簷向西，人向東禮。」杜佑《通典》卷四十「大唐官品」說：「祆者，西域國天神，佛經所謂摩醯首羅也。武德四年置祆祠及官，常有群胡奉事，取火咒詛。」可見，祆祠的顯著標誌是祭祀火。北朝至唐，中央政府設有薩寶府來管理胡人和祆祠，在唐祆教徒以胡人居多，因此薩寶、祆正等管理者往往由胡人擔任，而且多為世襲。

長安西市正北醴泉坊十字街南之東，有儀鳳二年（六七七年）應波斯王卑路斯的請求創設的「波斯胡寺」，景龍三年（七〇九年），中宗曾令諸司長官前往醴泉坊觀看潑胡乞寒戲表演。

「潑寒胡戲」或者說「潑胡乞寒戲」是一種什麼樣的儀式呢？《舊唐書．康國傳》說，康國的粟特人「以十二月為歲首……十一月鼓舞乞寒，以水交潑為樂」。原來是潑水節。祆教曆十一月為中國農曆五月，在西曆六月和七月。粟特地處中亞河中，每年六月和七月，正是西南亞熱帶季風從阿拉伯半島自西南向西北進發肆虐於中亞內陸的酷暑之時，所以舉行潑寒胡戲來祈福。

但是粟特人入華後，唐人不知潑寒胡戲與祆教節令的關係，誤以為祆教曆法中十一月為農曆十一月，又兼唐代農曆十一月（臘月）恰好是儺戲和歲末百戲上演之時，於是粟特人暑期潑水節變成了唐人臘月的潑寒胡戲。

潑寒胡戲在唐代朝野風行多年後，至唐玄宗時，張說上疏稱「乞寒潑胡，未聞典故；裸體跳足，盛德何觀；揮水投泥，失容斯甚」（《舊唐書列傳第四十七．張說》），希望「願擇芻言，特罷此戲」。唐玄宗遂於開元元年（七一三年）下《禁斷臘月乞寒敕》：「敕：臘月乞寒，外蕃所出，漸積成俗，因循已久。至使乘肥衣輕，競矜胡服。闐城溢陌，深點（玷）華風……自今已後，無問番漢，即宜禁斷。開元元年十二月七日。」

至此，潑寒胡戲就消失在唐代的歷史中。

但是，中國人對於外來文化的接受和本土化能力是非常強勁的。祆教在賽祆儀式中，會使用剖心破面等血腥恐怖的幻術，增加宗教儀式的神祕和震懾性。這在唐人看來，既刺激恐怖又新鮮，唐代張鷟筆記小說《朝野僉載》卷三就記載了這種儀式：「河南府立德坊及南市西坊皆有胡祆神廟。每歲商胡祈福，烹豬羊，琵琶鼓笛，酣歌醉舞。酹神之後，募一胡為祆主，看者施錢並與之。其祆主取一橫刀，利同霜雪，吹毛不過，以刀刺腹，刃出於背，仍亂擾腸肚流血。食頃，噴水咒之，平復如故。此蓋西域之幻法也。」

安史之亂後，粟特胡人及其信仰的祆教受到打擊，逐漸在中原消失，某些賽祆儀式被保留在中國民間藝術中，今天陝西寶雞的「血社火」就是粟特人賽祆儀式在關中的遺存。

## 雕塑

在唐代，寺廟的存在、佛道兩教的興盛，帶來的還有藝術。一九三五年冬，倫敦皇家藝術院舉辦了一個「中國古代藝術國際展覽會」，三千五百多件中國文物精品第一次赴英國參展，引起了極大的轟動。一位叫王子雲的青年參加了「中國留法藝術學會赴英倫參觀團」，跟隨師友去看展覽，他的老師，世界著名雕塑家保羅・蘭多斯基（Paul Maximilien Landowski）指著中國古代的雕塑說：「真正的藝術在你的祖國，你來這裡學什麼？」這句話對王子雲造成了強烈的震撼，這個古希臘藝術的崇拜者，隔山跨海去西方尋夢，卻在大洋彼岸尋到了自己老祖宗的燦爛藝術。

此後一甲子歲月，藝術家王子雲從西安到敦煌，從乾陵到莫高窟，一直在追尋華夏藝術的真諦。在這位曾在西安居住近四十年的雕塑大家眼中，華夏民族的美和藝術就是唐朝月夜、孤城、壁畫斑駁、芳草萋萋，是菩薩在繁複瓔珞裡的低眉，是飛天舞姿翩躚、衣袂飄飛，是繁花撒下九重天，是千百年來無人參透的佛祖拈花……

中國雕塑藝術在唐代達到了全盛時期，唐時有專門掌管雕刻藝人的官署，各種形式的雕塑都得到了普遍的發展，其中以佛教塑像最為發達，最負盛名者莫過於龍門石窟。

法國漢學家維克多·謝閣蘭（Victor Segalen）曾經這樣評價龍門雕塑：「龍門造像具有藝術與技藝的優長，為別處匠師所不可及。」奉先寺是龍門石窟中規模最大、藝術最精湛、氣勢最磅礴、最具有代表性的重要洞窟。這一組摩崖型佛龕，南北寬約三十四米，東西深約三十六米，置於九米寬的三道臺階之上，有龕雕一佛、二弟子、二脅侍菩薩、二天王及力士等十一尊巨像。主佛「盧舍那佛」為龍門石窟最大的佛像。奉先寺那種唐代皇家寺院專屬石窟的恢宏氣派，正體現了大唐帝國強大的物質力量和精神力量。盧舍那大佛面容莊嚴典雅，表情溫和親切，表現出富於同情的性格和睿智明朗的特點，它的右手掌心向前舉在胸前，五指自然地微屈，也能表現出內心的寧靜和堅定（不是冷酷的，也不是焦躁的），它向前凝視的目光彷彿看見人類的命運和歸宿。

唐代的佛像雕刻在衣著外形上的一種表現形式，後世稱為「薄衣貼體」，即佛衣被刻畫得輕薄，能顯出肉體感，猶如濕水貼體。唐朝高僧如玄奘大師等再度西天取經，請來優美的佛教圖像，這圖像的一大特色，就是薄衣貼體。因此，這時期出現的佛像，豐胸健體，衣著輕薄柔軟，褶紋均衡疏朗流暢，肉感透露明顯，正是受這種外來藝術潮流的影響。

而唐代佛像在人體造型上的一大特色就是以胖為美，但這僅是一種通俗的稱法。這「胖」，就是豐滿，有肥碩感，唐代陶俑是如此，人物畫也是如此，佛的形象何嘗不是如此？其特點是雄渾、豐滿、溫和，多以現實中的高僧為原型。如佛鎏金銅像，頭作螺旋式高髻，面相豐腴，廣額寬頤，眉目修長，向左右上挑，眼瞼微開，作下視狀，鼻挺唇厚，大耳垂肩，神態靜穆端詳，體軀健壯豐滿，具體表現佛家思想和世俗追求相結合的形象。

唐代佛像雕塑家中最為人知的是楊惠之。楊惠之是開元、天寶年間人。據說原來曾和吳道子一同師法六朝名畫家張僧繇派的繪畫，達到了同樣的水準。但後來吳道子成了名畫家，他為了避免和畫友吳道子競爭，便放棄了繪畫，專攻雕塑，「為天下第一」。時人說：「道子畫，惠之塑，奪得僧繇神筆路。」

「塑壁」技術和千手千眼佛的形象創造，據說都是由楊惠之開始的，其作品有京兆府長樂鄉北太華觀玉皇大帝像、汴州安業寺（大相國寺）淨土寺院大殿內佛像和枝條千佛、東經藏院殿後三門兩神像與當殿塑維摩居士像、河南洛陽廣愛寺三門五百羅漢像及山亭院楞伽山、陝西臨潼驪山福嚴寺塑壁、陝西鳳翔東天柱寺維摩像、江蘇昆山慧聚寺大殿佛像等。

楊惠之的塑像合於相法，據宋人劉道醇《五代名畫補遺》記載，他曾在長安塑造了演員留杯亭的彩塑

唐乾漆夾紵佛像／美國大都會藝術博物館藏

像，並把它面向牆壁，擺在市集街道上，人們看了後背，就辨認出是留杯亭。後來各地都有一些塑像附會或傳說為他的作品。

從某個方面來說，楊惠之和法國雕塑家羅丹（Auguste Rodin）有些相似，羅丹寫作了《藝術論》（*L'art*），楊惠之也著有《塑決》一書。不同的是，羅丹的書流傳於世並被奉為經典，而楊惠之的藝術總結散佚在歷史長河之中。但確實可知的是，唐代出現了很多在當時受到重視的雕塑家，如武則天時期的尚方丞竇弘果、毛婆羅、苑東監孫仁貴等人。

竇弘果在洛陽大敬愛寺所塑的多尊佛像，被當作一時的名作。大敬愛寺更有工匠巧兒、張壽、張智藏兄弟和宋朝、陳永承、趙雲質、劉爽等人的作品。另有張阿乾以善於撥蠟鑄銅出名。這些雕塑家大多擅長繪畫，名畫家吳道子的徒弟如張愛兒、王耐兒就從事捏塑及石刻。另外，還有因塑光明寺中鬼子母與文惠太子像而出名的工匠李岫，以造道宣像出名的韓伯通，塑九子母出名的劉九郎，以及其他留下名字的工匠員名、程進、張宏度等。

在製作佛像的時候，還有一種罕見的古老手工技藝叫「乾漆夾紵」，它採用生漆、苧麻布、細瓦灰、五彩石

唐乾漆夾紵佛像／美國克利夫蘭藝術博物館藏

粉等為原料，經過夾紵、陰乾、上灰底、塗漆、打磨、髹漆研磨、裝飾等四十八道工序完成。其做法是先以木頭大概雕成佛像內胎，或以木柱為芯，敷泥、土或石膏塑成內胎，然後用生漆調瓦灰作為黏劑，在其上裱貼苧麻布，再刷漆糊布，如此交錯相疊若干層，等到乾固後，劃開一道口子把內胎挖出，留下中空的漆布雛形，再施以表面的細部加工。紵是一種麻屬科植物，即苧麻。唐釋慧琳注《釋迦方志》卷上「夾紵」條注云：「按《方志》本義，夾紵者，脫空像漆布為之。」後世稱乾漆夾紵為「脫胎」或「脫沙」漆器，又稱活脫，可以說是最早的翻模技術。經過乾漆夾紵工藝的處理，佛像品質輕巧，色彩鮮豔，呈現出一種光潤亮澤的質感，並且不易開裂、變形，能更好地保存佛像原本的神韻、細膩的紋路和流暢的衣紋。

「乾漆夾紵」造像工法繁複耗時，因此歷史上並未大規模使用，但其精美使得這種工藝造型下的佛像，具有了一種恆遠的藝術價值。目前，我們已知的四尊唐代乾漆夾紵佛像，分別存在美國紐約市大都會藝術博物館、美國華盛頓特區弗利爾美術館暨賽克勒美術館、美國巴爾的摩市沃爾特斯美術館以及日本（原藏山中商會，已不知去向）。它們都出自河北正定縣隆興寺（大佛寺）。

唐天寶年間，揚州大明寺住持鑒真東渡日本弘法，也帶著乾漆夾紵造像的匠人同行，在奈良唐招提寺製造了日本第一尊乾漆夾紵佛像（丈六本尊盧舍那佛像）。從此，這門手工技藝便傳入彼邦。鑒真圓寂後，弟子如寶、思托等人也採用乾漆夾紵工藝為他恭造真容像。這尊鑒真和尚坐像，一千多年來一直被精心供奉，迄今尚存於唐招提寺。

## 印度僧人

西游的唐僧玄奘帶回了大量的佛法和見聞，還讓印度的僧人看到了更遠的東方，於是

不空和尚碑（拓片）／唐／佚名

在玄奘之後，東游的印度僧人也來到了大唐。最著名的是金剛智、善無畏和不空三位僧侶，他們在玄宗時代被稱為「開元三大士」。

金剛智是中天竺剎利王伊舍那靺摩的第三王子。他十歲能背誦婆羅門的經典，後來在中天竺那爛陀寺出家，隨寂靜智學習《聲明論》，十五歲到西天竺留學，回到那爛陀寺後，於二十歲受具足戒。據說金剛智學成密法之時，正值南天竺久旱不雨，國王為此迎請金剛智到宮中求雨。果然，不到數日，天降大雨。國王歡喜，金剛智因而受到至高供養及諸大臣、百姓的崇拜。開元初，金剛智取海路到中國，攜帶《大般若經》和其他各種佛典，以及天竺的七寶器具和許多名貴香料珍品，路經錫蘭、蘇門答臘，於三年後，開元七年（七一九年），抵達廣州，建立密宗灌頂道場，開始弘揚密教。次年，金剛智來到洛陽、長安，面謁玄宗，成為大唐國師，得以積極從事密教經典的翻譯，並傳授密法。他譯有《金剛頂經》《瑜伽念誦法》、《觀自在瑜伽法》等八部十一卷。金剛智所到之處，必建金剛界大曼荼羅灌頂道場，有時奉敕為國祈雨，或為妃嬪、公主加持除病等。開元二十九年（七四一年），金剛智奏請返回天竺，經玄宗准許後，便動身返鄉。金剛智到了洛陽廣福寺，因病而示寂，世壽七十一歲，法臘五十一，葬於龍門。

善無畏出生於東天竺烏荼國，是釋迦牟尼的叔父甘露飯王的後裔，他十三歲登王位，施行仁政，深得愛戴，後因諸兄嫉妒其賢能而引起內亂。善無畏勇猛鎮暴，曾為流箭所傷，但仍大赦其兄，並讓出王位。他因感悟世間無常，毅然出家學佛。開元四年（七一六年），善無畏以八十歲高齡抵達長安，玄宗禮他為國師。他奉詔住興福寺南塔院，後移西明寺。

興福寺是一個詭異的寺廟，唐人張讀《宣室志》卷十記載：「長安興福寺有十光佛院，其院宇極壯麗，云是隋所製。貞觀中，寺僧以其年紀綿遠，慮有摧圮，即經費計工，且欲新其土木，乃將毀撤。既啟戶，見有蛇萬數，連貫在地，蛇蟠繞如積，搖首呿喙，若吞噬之狀。寺僧大懼，以為天憫重勞，故假靈變，於是不敢除毀。」這一場萬蛇大示威，拒拆古建築的驚魂記，玄得很。

不空便是不空金剛，據說他是獅子國（今斯里蘭卡）人，幼年時便來到大唐，後來成為中國密宗創始人之一。他曾經為玄宗灌頂，而且自玄宗迄代宗，皆為灌頂國師，官至鴻臚卿，封肅國公。

《酉陽雜俎》卷三記載了這麼一件事情：「唐玄宗嘗詔術士羅公遠與僧不空同祈雨，校功力。俱詔問之，不空曰：『臣昨焚白檀香龍。』上命左右掬庭水嗅之，果有檀香氣。」皇帝讓術士與和尚鬥法，結果不空贏了，因為他說自己昨天施行「人造雨」時，燃燒的是白檀香龍，而落在庭院中的雨水果然有這種檀香氣。

印度出產的最重要的香木便是白檀香，而白檀香油正是人類歷史上唯一從兩千年前一直流行到現在的重要香料。白檀香木約有十公尺高，樹齡小的植株並不怎麼香，一直要到樹齡三十年，才會產生珍貴的白檀香油。長成的白檀香木樹心質地細膩有光澤，故有「植物象牙」之稱，高級白檀香油正是取自樹心部分。白檀香油色黃有黏性，味道聞起來香甜怡人，古天竺有一種香叫作「Chavela」，就是由白檀香加入鳶尾、蘆薈、地衣等製成。白檀香香味持久，還是極佳的定香劑，它在現代香水中有崇高的地位。

羅公遠是唐代有名的道士，據說會隱遁之術，玄宗十分羨慕，要跟他學隱形，結果被他嚴詞拒絕：「陛下……豈可以萬乘之尊，四海之貴，宗廟之重，社稷之大，而輕狥小術，為戲玩之事乎？若盡臣術，必懷璽入人家，困於魚服矣。」（《太平廣記》卷二十二）

據《宋史‧藝文志》著錄，羅公遠（永元真人）與僧侶一行（六通國師）、道士葉法善（光辯天師）合注《天真皇人九仙經》一卷，此經已散佚，今天可以讀到輯本。在這本講煉金丹、成仙俠、煉五臟、修元氣的奇怪的書中，講到了「九仙」。什麼是神仙？在另一部《真龍虎九仙經》中，羅公遠做了解釋：「身隱凡世，神氣俱靈，出入分明，曰神仙也，亦曰氣仙，來去自在。」原來神仙也修的是凡人。

## 遙遠的蹤跡

唐武宗會昌五年（八四五年）三月，皇帝敕令不許天下寺院建置莊園，又令勘檢所有寺院及其所屬僧尼、奴婢、財產之數。同年四月，唐帝國境內的僧尼不論有牒或無牒，皆令還俗；一切寺廟全部摧毀；所有廢寺的銅像、鐘磬悉交鹽鐵使銷熔鑄錢，鐵交本州鑄為農具。八月，下詔宣布滅佛結果：「天下所拆寺四千六百餘所，還俗僧尼二十六萬五百人，收充兩稅戶；拆招提、蘭若四萬餘所，收膏腴上田數千萬頃，收奴婢為兩稅戶十五萬人。」千年的歷史過去了，大唐消失在風雲中，那些遍布帝國的寺廟、僧侶以及依賴寺廟為生的莊園都已經面目全非，難尋蹤跡。

一九三〇年代，一個偶然的機緣，在敦煌第一一七號洞窟中，梁思成發現有一幅唐代壁畫「五臺山圖」，上面繪製了佛教聖地五臺山的全景，並指出了每座寺廟的名字。其中有一座叫「大佛光寺」的建築。這讓他看到了發現唐代建築的希望。按圖索驥，梁思成和夫人林徽因騎著毛驢跋山涉水，開啟了尋覓唐代木構古建的旅程，佛光寺從此成為第一座被發現的唐代木構建築「活化石」。

目前中國僅存唐代建築四處，全部在山西省境內，而且全部是寺廟建築。規模較大的南禪寺和佛光寺在五台縣，其餘兩座是平順縣的天臺庵和芮城縣的廣仁王廟。這很難說不是歷史留給我們的機緣，宮殿樓臺別業都消失了，唯有隱藏在山野的和宗教有關的建築，被底層人小心翼翼地供奉。

在洛陽，出潼關南遊或東行時，帝國最負盛名的白馬寺是唐人必經之地。和武則天有曖昧緋聞的薛懷義曾經在這個花開見佛的寺廟當過住持，當時白馬寺出門直抵洛河北岸，寺周圍河水環繞，寺內殿閣輝煌，梵音嫋嫋。實際上，在沒有隋唐地表建築，只有遺址的洛陽，今天的白馬寺更多是洛陽的一個符號，儲存著歷史的片段一幕幕在每一個來到的人的腦海裡播映。外面的世界喧囂，依然車流不息，身後香煙繚繞，經聲纏綿悱惻，白馬寺在城市的狹隙裡固守一片天空。

在揚州，大明寺作為「清代」古建築，被國務院批准列入第六批全國重點文物保護單位名單；在杭州西湖畔，唐代招賢寺的遺址自從北山路改造後，已成了生意興旺的「大宅

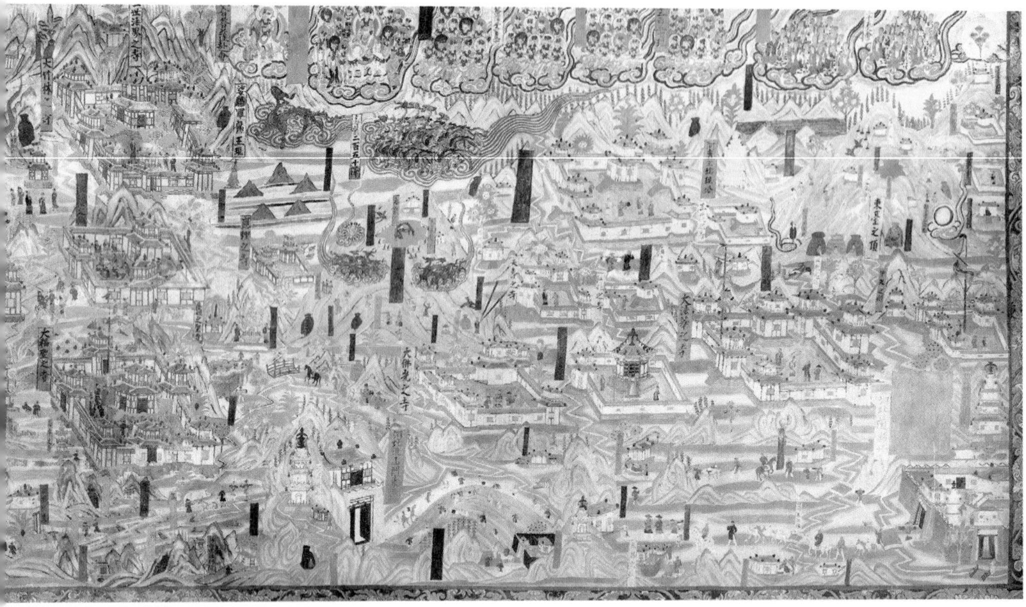

敦煌壁畫《五臺山圖》

大佛光之寺

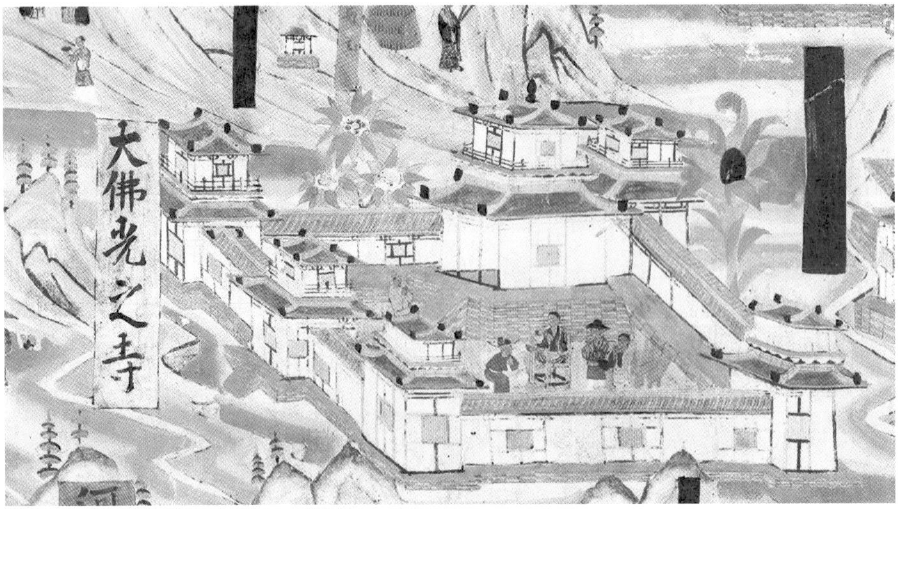

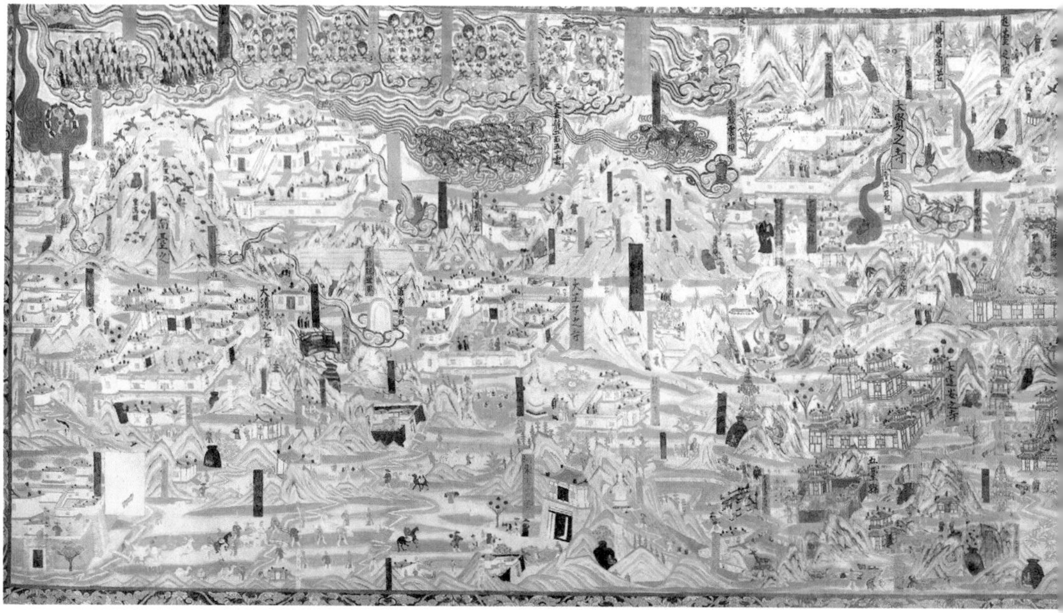

門」酒店；在西安，全盛時期的唐代規模最大的寺廟，北宋人宋敏求《長安志》卷七稱其「盡一坊之地」、「寺殿崇廣，為京師之最」的大興善寺，變成了一間很普通的寺院。一九二四年，康有為到西安，曾慕名來這裡參觀，只見一片破壁殘垣，不禁感慨道：「悵惘千房今盡毀，斜陽讀偈證真空。」

日本存有一座偉大的唐代建築——唐招提寺，這個和「唐」有著千絲萬縷聯繫的寺院，佇立在奈良以西，秋川的流水之旁，森林之中。畫家和散文家東山魁夷在《通往唐招提寺之路》一書中說：「通往唐招提寺之路是一條漫長的道路，即使我貼近唐招提寺，可實際上還在極為遙遠的地方。」這種感覺其實也是中國人面對唐朝的感覺，「南朝四百八十寺，多少樓臺煙雨中」。

# 第九章　最後的長安

## 人間之都

長安是上帝將天上的威嚴投射到大地上的人間之都。唯有一人受天之命，成為在大地上統治人間的代表「天子」，長安便是為天子統治人間而建立的王都。這是一座曾經異常繁華的歷史之城。而今天要說的，並非它的繁華，而是它的惆悵。每一座有歷史的城市，都有無數的惆悵沉積。比如洛陽，比如金陵，比如長安。

千年之前，它已成為世界上最繁華的城市之一。今天的人們走過顆粒感很重的西安，已經無法想像那些車馬的喧嘩和精緻的宮殿。每一個對長安懷有鄉愁的人，對它的印象或多或少都有些惆悵。

這種莫名其妙的惆悵，在一首並不著名的唐詩《長安古意》中最為突出。《長安古意》是唐代詩人盧照鄰的代表作，其中有青牛白馬的七香車，有空空落落的浮華，但讓人數年來嚼味心頭，越發不忍卒讀的句子，只有四句：「寂寂寥寥揚子居，年年歲歲一床書。獨有南山桂花發，飛來飛去襲人裾。」

我們熟知的長安由外郭城、宮城和皇城三座相連的城池組成，所有城牆均為夯土築成，十分高大雄偉。外郭城為一大長方形，面積約八十四平方公里，每面各有三個城門。皇城和宮城在外城郭北部中央，宮城在北，皇城在南，是唐長安城的核心。皇城又名子城，是政府機關所在地，宮城是皇帝和皇族居住及處理朝政的地方。如此大的城市，每天卻按部就班照著自己的秩序運轉——承天門擊曉鼓，聽擊鐘後一刻，鼓聲絕，開啟皇城門、京城門；第一咚咚聲絕，開啟宮城門、左右延明門及乾化門；第二咚咚聲絕，開啟宮殿門。夜幕降臨，第一咚咚聲絕，關閉宮殿門；第二咚咚聲絕，關閉宮城門、左右延明門、皇城門及京城門。承天門擊鼓，皆聽漏刻契至乃擊；待漏刻所牌到，鼓聲乃絕。京城門與皇城門在同一時刻開關，宮城門在其前關，其後開。（《唐六典》卷八）

這個龐大的城市有著諸多的城門、宮門、闕門、殿門及閣門，每天開啟和關閉這些門，就要花費數小時的時間，但唐人遵循這樣的「開闔之節」，以一種緩慢流逝的時間觀來過自己的生活。皇帝和政治家們棲息在長安燈火通明的大明宮，演繹著驚心動魄的故事，像一隻鳥無數潔白的羽毛一樣一片一片飄下來；後宮的女人則在太液池邊的亭台樓館中，消磨著年華；百姓奔走在坊市間討生活；在長安的外面，胡人的駝隊絡繹不絕，秀才騎著驢上京趕考，女子在灞水邊浣衣……

每天長安的晨曦中，排隊在這座城市南邊的明德門外的人是最多的，這座長安的南大門是外郭城中唯一有五個門道的城門，五門道同寬同高，各由十五對直立的排柱和十五道木樑架構成梯形城門道頂，門樓數為東西十一間，南北三間，城門外面並有門外廊，上面繪有紅彩的磚塊和粉面彩皮的瓦當，遠遠看去，異常鮮豔壯美。

每逢皇帝登基，或冬至、正月上辛與孟夏之時，所有的人都要沐浴齋戒，皇帝親率百官從遠在長安城北的宮殿，乘坐玉輦一路浩浩蕩蕩往南。到了明德門，常年封閉的當中一門緩緩打開，這是專供皇帝通行的御道，這個門道內的石門檻極其精緻，上面刻有流暢的卷草花紋，線雕鴛鴦，頂面還有浮雕的臥獅。皇帝禮節性地走過這道門，前往明德門外的圜丘壇進行祭天活動。禮畢歸來，復入明德門，鼓樂高奏，導引回宮。這是皇帝難得的出宮機會，也是百姓難得的一見皇家威儀的時刻，長安城籠罩在一片端莊與祥和之中，令那些遠來的人，感受到一種深深的震撼和靈魂的肅穆。

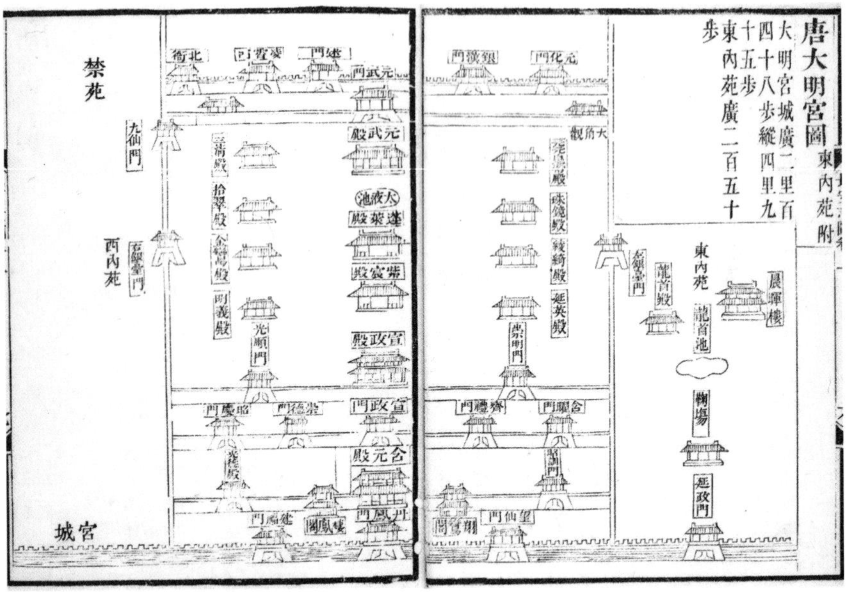


《長安志》所載《唐大明宮圖》

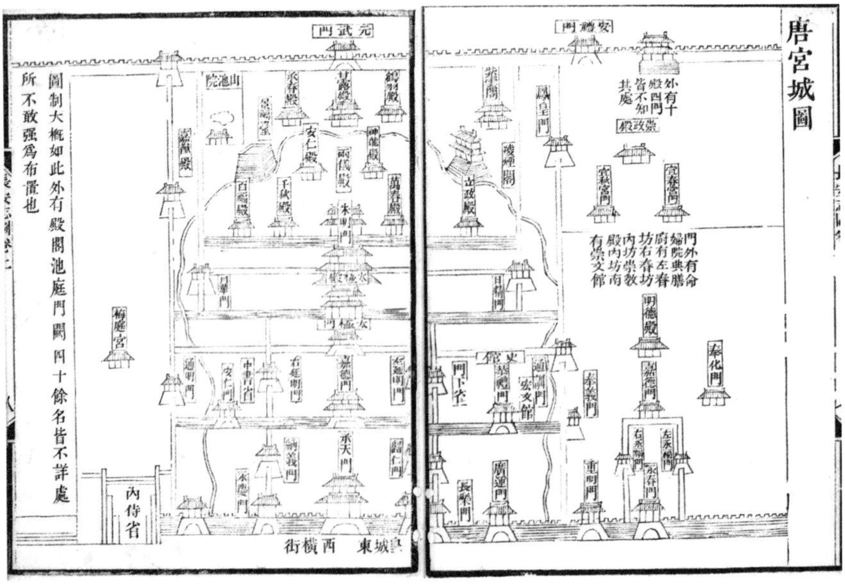


《長安志》所載《唐宮城圖》

進了明德門，便是長安的天街——朱雀大街，這條街寬約一百五十公尺，長五公里，走完這條街需要一個小時。這條筆直的大道連接著皇城之朱雀門，宮城之承天門，是長安的中軸。這種中軸對稱布局帶來的震撼，我們今天在凡爾賽宮還可以領略到。作為古典歐式建築的代表，法國凡爾賽宮謹遵對稱原則，十字形水渠和水池位於中軸線，兩側噴泉、壇植、池沼、雕像一一對稱展開，修剪成幾何圖形的花草樹木整齊地排布於園林中，整體感覺嚴謹而井然有序。朱雀大街這種恢宏的布局，被後世稱為理性美的典範。

朱雀大街的路面構造一般取中部略高，兩側較低，略呈弧形，以便於及時排除積水。長安城中的街道，全是黃土路面，作為主幹道的朱雀大街也不例外，因此，遇風則塵土飛揚，逢雨則泥濘不堪，故此，杜甫有「長安秋雨十日泥」的詩句。為了避免塵土飛揚和道路泥濘，唐朝政府就在一些通衢大街路面之上，鋪撒細沙甬道，稱為沙堤。但由於路面很寬，所鋪沙堤，僅是路面中間或是兩旁夠一軌行車的甬道，所需的細沙是由官牛、官車從東郊滻河中載運而來。朱雀大街兩旁，排列著高大的中國槐樹。每年夏天，這些槐樹便會茂盛生長，以當南日，當唐人從它們下面走過的時候，清風徐來，即可感受到一種透心的陰涼。所以民間又稱朱雀大街為「槐街」。

## 春天的慵懶

朱雀大街的盡頭便是連綿的宮城和皇城，皇家的宮殿雄壯、華麗、肅穆，門禁森嚴，有著不可替代的壓迫感。在長安城內，以太極宮、大明宮、興慶宮形成的宮殿群，是中國歷史上最龐大的宮殿建築群落，尤其是大明宮依山而建，雄偉壯麗，為後世留下了難以磨滅的思念，這座「銀燭朝天紫陌長，禁城春色曉蒼蒼」（賈至《早朝大明宮》）的宮殿似乎總是有一種春天的慵懶氣氛在整個朝堂上彌漫。

大明宮的正殿含元殿，坐落在三公尺高的台基上，整個殿高於平地四丈。遠遠望去，含元殿背倚藍天，高大雄渾，懾人心魄。皇帝在含元殿聽政，可俯視腳下的長安城。殿前有三條「龍尾道」，是地面升入大殿的階梯。龍尾道分為三層，兩旁有青石扶欄，上層扶欄鏤刻螭頭圖案，中下層扶欄鏤刻蓮花圖案，這兩個水的象徵物是用來祛火的。或許在某個春天的傍晚，高宗李治和武則天曾經站在含元殿的殿腳，神情倦怠地看著殿外的光影與飛絮，殿外城南的大慈恩寺浮屠和曲江的樓亭若隱若現。

長慶四年（八二四年）四月，十六歲的唐敬宗李湛即位，他熱衷於馬球運動，晝夜不停歇，以致宮城外的平民都知道皇帝怠政，志不在此。於是有兩個蓬頭的長安黔首希望進入大明宮，睡一睡皇帝的臥榻。他們一個是官營染署的役夫張韶，另一個是在長安街頭卜卦的蘇玄明。

《資治通鑒》卷二四三記載了這一事件的全部過程。長安卜術士蘇玄明和朝廷染坊的供役人張韶關系親近，蘇玄明對張韶說：「我為你占卜了吉凶，你將來應當進宮升殿而坐，與我共食，同享富貴。現在皇上晝夜踢球遊獵，大多數時間不在宮中，可以圖謀大事。」張韶認為言之有理，於是，和蘇玄明在暗地裡交結染坊工匠無賴者一百多人。丙申（十七日），他們把兵器藏在紫草車上，打算運進銀台門，趁夜黑時作亂。還未到達目的地，有人懷疑他們的車超重，加以盤問。張韶著急，立即殺死盤問者。然後，和他的同黨換去外衣，手握兵器，大喊著直衝宮中。

敬宗這時正在清思殿踢球。宦官們發覺有人向宮中衝來，大為吃驚，急忙跑進來關閉宮門，然後奔去向敬宗報告。頃刻間，張韶等人攻破宮門，衝入宮中。原先，敬宗寵愛右神策軍護軍中尉梁守謙，每次左、右神策軍比試武藝，敬宗常常為右軍助威。這時，敬宗狼狽不堪，想到右神策軍營中避難，左右侍從說：「右軍路遠，恐怕半路遇上盜賊，不如到左軍近。」敬宗同意。左神策軍護軍中尉、河中人馬存亮聽說敬宗駕臨，急忙跑出軍營迎接，他兩手捧住敬宗的雙腳哭泣不已，親自把敬宗背到軍中，然後，命大將康藝全率騎兵入宮討伐亂黨。敬宗擔心太皇太后郭氏和他的母親皇太后王氏留在宮中有危險，馬存亮又派五百名騎兵把兩位太后接到軍中。

張韶登上清思殿，坐在皇帝的御榻上，和蘇玄明一同吃飯，說：「果然像你說的那樣！」蘇玄明大驚，說：「難道你所企求的就是吃嗎？」張韶畏懼而逃。正在這時，康藝全和右神策軍兵馬使尚國忠率兵到達，合擊敵人，殺張韶、蘇玄明及其同黨，屍體遍地。直到夜裡皇宮方才安定，張韶的餘黨「猶散匿禁苑中」，第二天全部被擒獲。

太極—大明—興慶宮殿群之廣大令人吃驚，造反者極有可能藏在大明宮的北部，這裡是皇家苑囿，建築布局疏朗，形式多樣。其中的太液池又名蓬萊池，面積約一萬六千平方公尺。水池的形狀接近橢圓形，在池內偏東處有一土丘，高五米多，稱作蓬萊山。池的沿岸建有回廊，附近還有多座亭臺樓閣和殿宇廳堂。而事發時間是農曆四月中旬，長安正值草長鶯飛、煙花漫天的時節，這個宮殿群的角角落落，或許那些直到紅顏蒼老仍不得出宮的宮女都未曾走遍。

## 坊事

以朱雀大街為界，長安分為東西兩部分，街東歸萬年縣轄，街西歸長安縣轄。唐長安、萬年兩縣是京畿地區的兩個重要縣域，縣治均設於長安城內，《舊唐書》卷三十八《地理一》云：「都內，南北十四街，東西十一街。街分一百八坊。坊之廣長，皆三百餘步。

大明宮圖（局部）／元／王振鵬（傳）／美國大都會藝術博物館藏

皇城之南大街曰朱雀之街，東五十四坊，萬年縣領之。街西五十四坊，長安縣領之。京兆尹總其事。」

一九六一年，都市計畫界的傳奇人物珍．雅各斯（Jane Jacobs）在《偉大城市的誕生與衰亡：美國都市街道生活的啟發》（*The Death and Life of Great American Cities*）中這樣描述城市街道的生活形態：「孩子們在街頭空間嬉戲玩耍，相識的人在街邊店鋪前散步聊天，街坊們在上班途中互相點頭致意……」雅各斯的「街道」似乎帶著烏托邦式的淡泊和恬靜，與現代喧囂嘈雜的城市現實相去甚遠，但是，在最後，她不得不承認，街道其實就是城市中最富有生命力的器官。

長安的這些一百零八坊便將城市分割為無數的街道，這些街道排布整齊，「百千家似圍棋局，十二街如種菜畦」（白居易《登觀音台望城》）。即使如此，也給人一種縱橫交錯、迷宮般的感覺，這些網格般的坊，都有著坊牆，如同今天城市郊區的大型樓盤，呈現出一種圍合式的布局，而且面積很大，在規模上相當於一個古代縣城。因此，在這龐大的長安城中，如果從南到北，或者西向東，去辦事情、走親戚、旅行，步行的話，中途或許需要找一家客棧打尖才得以完成。因此，在唐代，很多平民或許終生只在坊內或臨近的坊活動，長安城對於他們而言，是一個龐然大物。他們一生都在這座城市裡度過，但對於這座城市的瞭解永遠難以達到全面。

唐長安城中林立的寺院散落在這些坊之間，每坊至少有一個寺廟，不少寺廟還建有佛塔。這些寺廟是長安人的公園，寺觀內部各種殿堂的綠化園林，定期向公眾開放，發展為中國古典園林的一個獨特類型——寺觀園林。高聳的寺塔、閣樓和流水淙淙的園林突破了坊牆的遮擋，成為唐人重要的社交場所，也是婚外戀或者邂逅的場所。唐代小說家李公佐的《南柯太守傳》有這麼一段：「又七月十六日，吾於孝感寺侍上真子，聽契玄法師講《觀音經》。吾於講下舍金鳳釵兩隻，上真子舍水犀合子一枚。時君亦講筵中於師處請釵合視之，賞嘆再三，嗟異良久。顧余輩曰：『人之與物，皆非世間所有。』或問吾氏，或訪吾里。吾亦不答。情意戀戀，矚盼不舍。君豈不思念之乎？」中元節前後，少年利用在孝感寺聽和尚講經的機會，專心打探女子的名字和居處。這在當時也是風俗，因為去寺廟燒香、聽經是當時仕女們為數不多的出門的藉口，而青年們頻繁往寺院裡跑的一個很大的動機，也是物色年輕女子。

在坊裡的住宅建築中，貴族高官的宅第豪華奢侈，宜陽坊虢國夫人的「合歡堂」花費千萬錢，曾有暴風拔樹砸到堂頂，竟無損傷，原來陶瓦覆蓋下皆用精緻的木瓦鋪墊，其中木構技術令後人難以推測。安仁坊元載修建的「芸輝堂」，採用於闐出產的潔白如玉、入土不爛的芸輝香草碎屑泥壁，這種草本植物用於建築裝修的具體方法，至今不明。長慶四年（八二四年）九月，唐敬宗繼位之初，波斯商人李蘇沙千里迢迢專門獻上沉香木料，在長安蓋了別具匠心的沉香亭子，其獨特的構建技術已無記載。

在長安城內，唐人充分利用東南高、西北低的地勢，開鑿了五條管道，把城外八條河流的水引到城中。這五條管道分別是龍首渠、清明渠、永安渠、漕渠、黃渠，水渠流經長安的各個坊，每日清晨，坊內的居民或者在水井中打水，或者在水渠中取水，滿足日常的飲用和洗濯。今天，西安仍然有唐代長安城唯一留存至今的含光門遺址下水道「過水涵洞」以及十數口唐代水井遺址。

坊內每戶人家的院子後面還有一口「滲井」，這種井直徑大約為五十釐米，深度大約為四公尺，日常的生活汙水就隨時流入其中。由於長安的土壤疏鬆，吸水力很大，經過一段時間，汙水在井中就會慢慢被井壁的土壤吸收，而水中的不溶物質就會沉澱下來，待到汙物堆滿井中的時候，就可以直接把這口井封死，重新挖一口井。

儘管長安城內有著百萬以上的唐人，但這座城市的範圍還是足夠龐大，它並非全部都是住宅相連，坊內居住起來很寬敞，於是城中便遍布果園、菜園和小塊的田地。很多屬官家所有的園子便在各坊內。徐松的《唐兩京城坊考》記載：「次南昌樂坊……官園。坊西官園，供進梨花蜜。」、「（光宅坊）橫街之北，光宅寺……《寺塔記》：光宅寺。本官蒲（葡）萄園。」、「次南升平坊……西北隅有樂宮藥園。」其收成專門供應皇宮或官署日常所需。由貴族、官僚、寺觀、私人擁有的農田園圃亦不在少數，以種植五穀果蔬為主，甚至兼具觀光休憩的功能。比如「修德坊……西北隅興福寺……寺北有果園，復有藕花池二所」，夏日的長安，這裡是唐人遊玩賞荷的好去處。

在長安，還有人靠種樹發家致富，最終一發而不可收。《太平廣記》卷二四三引《乾

## 唐長安城坊市示意圖

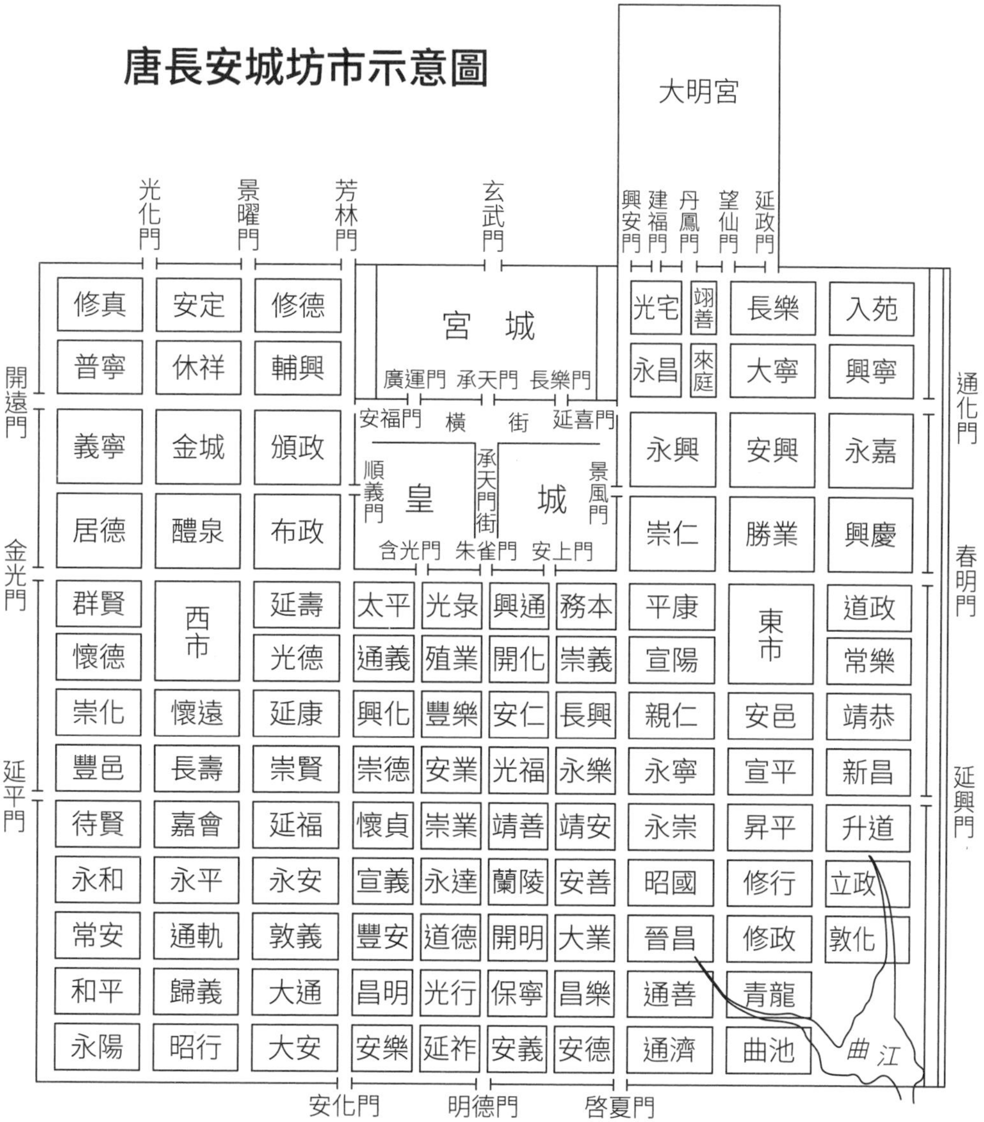
大明宮
光化門
景曜門
芳林門
玄武門
興安門
建福門
丹鳳門
望仙門
延政門
修真
安定
修德
宮　城
光宅
翊善
長樂
入苑
普寧
休祥
輔興
廣運門
承天門
長樂門
永昌
來庭
大寧
興寧
開遠門
安福門
橫
街
延喜門
通化門
義寧
金城
頒政
順義門
皇
承天門街
城
景風門
永興
安興
永嘉
居德
醴泉
布政
含光門
朱雀門
安上門
崇仁
勝業
興慶
金光門
春明門
群賢
西市
延壽
太平
光祿
興通
務本
平康
東市
道政
懷德
光德
通義
殖業
開化
崇義
宣陽
常樂
崇化
懷遠
延康
興化
豐樂
安仁
長興
親仁
安邑
靖恭
豐邑
長壽
崇賢
崇德
安業
光福
永樂
永寧
宣平
新昌
延平門
延興門
待賢
嘉會
延福
懷貞
崇業
靖善
靖安
永崇
昇平
升道
永和
永平
永安
宣義
永達
蘭陵
安善
昭國
修行
立政
常安
通軌
敦義
豐安
道德
開明
大業
晉昌
修政
敦化
和平
歸義
大通
昌明
光行
保寧
昌樂
通善
青龍
永陽
昭行
大安
安樂
延祚
安義
安德
通濟
曲池
曲江
安化門
明德門
啓夏門

蹴鞠圖／南宋／馬遠（傳）／美國克利夫蘭藝術博物館藏

鐉子》，記載了唐德宗年間長安富商竇乂的發跡史：「扶風竇乂年十三，諸姑累朝國戚。其伯檢校工部尚書交閒廄使、宮苑使，於嘉會坊有廟院……五月初，長安盛飛榆莢，乂帚聚得斛餘。遂往詣伯所，借廟院習業，伯父從之。乂夜則潛寄褒義寺法安上人院止，晝則往廟中。以二鍤開隙地，廣五寸，深五寸，密布四千餘條，皆長二十餘步。汲水漬之，布榆莢於其中。尋遇夏雨，盡皆滋長。比及秋，森然已及尺餘，千萬餘株矣。及明年，榆栽已長三尺餘。乂遂持斧伐其並者，相去各三寸。又選其條枝稠直者悉留之，所間下者，二尺作圍束之，得百餘束。遇秋陰霖，每束鬻值十餘錢。又明年，汲水於舊榆溝中。至秋，榆已有大者如雞卵。更選其稠直者，以斧去之，又得二百餘束。此時鬻利數倍矣。後五年，遂取大者作屋椽。僅千餘莖，鬻之，得三四萬餘錢。其端大之材，在廟院者，不啻千餘，皆堪作車乘之用。此時生涯已有百餘。自此幣帛布袤百結，日歉食而已。」

五月初，正是京城長安榆錢黃熟的季節，滿城飛落著。竇乂掃聚到榆錢十餘斗，然後到伯父家，說他要借用嘉會坊的宗祠院子學習功課。伯父答應了他。竇乂每天晚上都偷偷寄宿在附近的褒義寺法安上人院中，白天則回到宗祠來，用兩把小鍬（這是他變賣舅舅送的一雙絲履，得

宮沼納涼圖／宋／佚名／臺北故宮博物院藏

五百錢，偷偷到鐵鋪打造的生財工具）開墾院子裡的空地，挖成寬五寸、深五寸的淺溝共有四千多條，每條長二十多步。打水澆灌，將榆錢播種在溝內。過幾天下了一場夏雨，每條溝裡都長出了榆樹苗。等到秋天，小樹苗已長到一尺多高，很是茁壯，共有榆樹苗一千萬多株啊！到了第二年，榆樹苗已長到三尺多高。竇乂手持利斧間伐樹苗，株距三寸，挑選枝條茁壯直挺的留下來。間伐下來的小榆樹，竇乂將它們捆成二尺粗的柴捆，共有一百多捆。這年秋天，天氣陰冷，連降大雨。竇乂將這一百多捆榆柴運到集上去賣。每捆賣錢十多枚。第三年，竇乂依舊為榆苗提水澆灌。到秋後，榆樹苗有的已長成雞蛋那麼粗了。竇乂又挑選枝幹茂盛的留下來，用斧砍間伐，又得榆柴二百多捆。這時賣了，已獲利好幾倍。又過了五年，當初種植的小榆樹苗已經長大成材。竇乂挑選粗大的，伐下來製成蓋房屋用的椽材一千多根，賣得三四萬錢。枝幹大的，製成可打造車乘的木料一千多根，堆在宗祠院子裡等待機會出售。到這時，竇乂的生活用度已經非常富裕，錢財、綢緞、布匹、皮衣，樣樣不缺，只有每天吃的食物需要現買而已。

唐人盧肇《逸史》記載，大歷年間，有王員外好道術，一位叫裴老的修道者約他在蘭陵坊西邊的大菜園後相見。蘭陵坊就在今西安市小寨十字的西南，漢唐書城對面的一大片地方。韓愈老夫子的家，就在小寨十字東北角。從隋代開始，小寨這個地區就屬於長安縣管轄。唐因隋制未改。唐代以後，只有朱溫的後梁將縣名改成大安，到後唐又改回長安縣。一直到民國初年，這裡都是長安縣的轄境。今天，小寨成為西安城南的商圈和商業街的組合，這一法國詩人波特萊爾（Charles Pierre Baudelaire）眼中的「商品的迷宮」，每天來往的行人摩肩接踵。而離這裡不遠的唐代長安城南門明德門，則成為地地道道的地名，遍布社區。長安，已經模糊成了電視塔更南邊的那個西安下屬的行政區。

## 時間的流轉

長安的時光流轉在唐帝國二百餘年的每一個角落，無數的詩人、豪客、士子從四面八方湧入這裡，又都四散而去，更多的不知名的人把一生都耗費在這座城市裡。於是，長安春夏秋冬四季的流轉，成了見證光陰最好的印鑒。在季節的輪換中，長安如火、如膏、如芒，深埋在每一個唐人的心中。

春天，長安城外的終南山鬱鬱蔥蔥，暖溫帶半濕潤大陸性季風氣候讓樹木、灌木、藤類、青草、蕨類、地衣茂盛生長，從秦嶺一直蔓延到長安城南。這是長安人出門踏青遊玩的季節，城東南的樂游原上，玫瑰和苜蓿相映成輝。據葛洪《西京雜記》卷一載：「樂游苑自生玫瑰樹，樹下多苜蓿。苜蓿一名『懷風』，時人或謂之『光風』，風在其間，常蕭蕭然，日照其花，有光采，故名苜蓿為懷風。茂陵人謂之『連枝草』。」樂游原的所在，乃今西安市北池頭、鐵爐廟一帶（唐朝名為「修政坊」）的高地。千年之前，在這片可以遠望皇家別業的原上，有人為不能等大雁塔題名而嗟嘆不已，有人為睹踏春的西市麗人惆悵不已，還有野宴的女子心中懷春，如小鹿啾啾。在晴翠的荒野中，遠來的李商隱驅車登上樂游原，悲由心生，寫下了「向晚意不適，驅車登古原。夕陽無限好，只是近黃昏」的詩句，樂游原的落日是那麼圓滿。微風中，從渭北到江南，湖上的明月，打開了所有看得見它的人們的心扉。

唐人沈既濟有一篇關於樂游原上狐仙的筆記小說《任氏傳》，講的是天寶年間一段生死戀。故事說長安有一人名叫鄭六，一日騎驢過昇平坊北門，遇到三位婦人，其中有一位穿白衣的，容色尤為秀麗。鄭六不禁心嚮往之，與白衣女子搭訕，那女子也不拒絕。鄭六跟她一起到了她的住處，只見房屋修整，甚是華貴。女子置酒招待鄭六，並留鄭六歇宿。

女子自稱為任氏，美豔豐麗，歌笑俱絕。鄭六不覺被其迷惑。任氏稱鄭六不便久留，天還未亮，就送他離開。

鄭六見時候尚早，就坐在一家餅鋪裡休息，順便跟主人閒談，問方才任氏所居之處是誰家的宅子。餅鋪主人卻說那宅子荒廢多年。鄭六大駭，不肯相信。主人這才想起那宅子中住著一位狐仙，常誘惑男子同寢。

十八學士圖之棋／唐／佚名／臺北故宮博物館藏

鄭六心下驚異，不敢多說。但他對任氏的美豔無法相忘，過了十餘日，偶然在西市衣鋪裡見到任氏，鄭六連聲招呼，任氏卻以扇遮面，不肯回答。鄭六再見佳人，心中大喜，立誓賭咒，並不因她是狐妖而嫌棄，任氏這才與他相見，歡會如初。

鄭六另外買了一座宅子，與任氏同住，視之如妻室。後來鄭六因官赴任，想帶任氏一起去，任氏無論如何不肯同行。鄭六再三懇請，過了很久，任氏才皺眉說，有個巫師說她今年不宜西行。鄭六大笑，覺得這都是迷信妄言。不得已，任氏只好同行。當他們到馬嵬時，任氏乘馬走在前頭，鄭六乘驢跟隨其後，婢女另有坐騎，在他後面。正好路上遇見了西門的官家養馬人在洛川訓練獵狗，一隻蒼犬自草叢中突然躥出，任氏大驚墜馬，化成狐狸狂奔，蒼犬狂叫著在後面追趕。鄭六悔恨交加，策驢在後連聲呵斥，奔走了一里多路，見任氏死於蒼犬之口。鄭六傾囊而出，贖下任氏屍體埋葬，並削一塊木頭插在墳上做標記。他回首看見任氏騎過的馬在路邊悠然吃草，任氏的衣服散落在馬鞍上，鞋襪還掛在馬鐙間，正如一隻蟬蛻。只有首飾掉落在地，其他的就看不到什麼了，連婢女也失蹤了。

這大概是中國古代關於狐仙的最早、最動人的小說了，文中雖有死別之悲，卻無憑欄揮涕之頹，讀之唯有陳年的寂寞、深深的寂寞。

夏天，長安酷暑難耐，急驟的暴雨亦最煩人。貞元二年（七八六年）夏，某天，下了一場大暴雨。長安街道上水深數尺，吏部侍郎崔縱去上朝，結果在崇義里西門這個地方，被水圍困，之後在水中漂浮了幾十步遠，街道兩邊店鋪裡的夥計看到後，呼叫著相繼進到水中救他，才使他免遭一死。但是其他人就沒有他這麼幸運了。這一天長安溺死了好多人。

杜甫在《夏日嘆》中說長安的夏天：「飛鳥苦熱死，池魚涸其泥。」但對於豪門貴客來說，夏日卻有著別樣的風情。

流經長安北郊的渭水每歲結冰，權貴人家動用家奴、佃客去河面鑿冰，把冰凌鑿成長方形的冰塊運回城中，放在宅院附近的地窖裡。地窖深廣，底部鋪上柴草，四周立有木樁，把冰塊一層層碼好之後，再用厚厚的柴草和泥土封頂，風絲不透，裡面的冰塊不會融化。到了盛夏，挖開窖口，把冰塊取出來，放在房間裡，用冷氣驅除暑氣。王仁裕《開元天寶遺事》卷上記載：「楊氏（國忠）子弟，每至伏中，取大冰，使匠琢為山，周圍於宴席間。座客雖酒酣，而各有寒色，亦有挾纊者。其驕貴如此也。」把冰塊雕琢成冰山模樣，頗能引發人們的聯想，心理上增加了寒冷的感覺。難怪賓客各有寒色，甚至有人蓋上絲綿了。同書卷下又記載，楊國忠子弟還用這些冰塊交結朝臣，「每至伏日，取堅冰，令工人鏤為鳳獸之形，或飾以金環彩帶，置之雕盤中，送與王公大臣」。

衣冠人家當然無法如是豪奢，但亦可採買冰塊做「土貢梅煎」，也就是酸梅湯暢飲。將玫瑰果、烏梅、山楂、冰糖、桂花同時放入水中浸泡十五分鐘。然後大火燒開，改中小火燒三十分鐘。第一煎的土貢梅煎就做好了。然後把第一煎剩下的原料倒出，兌上四斤清水，再按照第一煎的方法，大火燒開，改中小火燒三十分鐘。第一煎濃，第二煎味道略淡一些。然後再把第一煎和第二煎的土貢梅煎混合在一起。最後，冷卻後放入冰塊，酸宜可口，唇齒生津。今日西安大街小巷常年都有酸梅湯賣，夏日喝一杯，的確消暑解渴。

秋天，長安一年中短暫但又最愜意的季節，穿薄衫，蓋薄被，杜牧《長安秋望》云：「樓倚霜樹外，鏡天無一毫。南山與秋色，氣勢兩相高。」這是秋高馬肥的季節，貴族三三兩兩出長安去狩獵遊玩，章懷太子李賢墓有一幅《狩獵出行圖》，便記載了唐人狩獵的場景。前方以三名探路隨從為導騎（其中一人持四旒紅旗），兩側是執旗的衛士，稍後左右數十騎緊緊跟隨。有的懷抱獵犬，有的臂上架鷹，有的馬背上還攜帶獵豹、沙漠猞猁（獰貓），中間簇擁著一位騎高頭大馬、身著青衣（或謂紫袍）的騎者，這可能就是狩獵出行中的章懷太子。最後是兩匹輜重駱駝和馬隊賓士在山石和樹林相間的大道上。

唐章懷太子墓壁畫《狩獵出行圖》

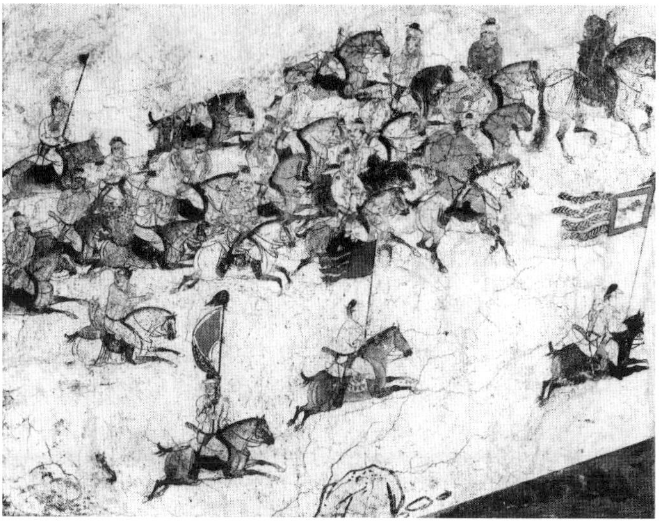

被兩個衛士擁在懷裡的褐紅色獵犬，是中國古老的狩獵犬種——細犬，也叫細狗，原產地在波斯。這種唐代皇室御用的獵犬，頭長而狹窄，頸部有足夠的長度，結實而圓拱，美麗靈活呈弓形，宋人王禹偁《園陵犬賦》如此稱讚它：「嘉彼御犬，即良且馴。蒙先朝之乃眷，向宮室而托身。」這種身形優美的犬類，今天在關中平原的東部，仍然有少量存在。

冬天，漫天的風雪席捲飛舞，使長安城變成了一片白色的世界，那些高大的宮殿在霧氣中若隱若現，晶瑩剔透。開元十二年（七二四年），到長安應考的祖詠在一日晴雪後遠望終南山：「終南陰嶺秀，積雪浮雲端。林表明霽色，城中增暮寒。」

普通的長安人家只能燒火取暖，好一點兒的家庭買一些終南山賣炭翁的木炭來用。《開元天寶遺事》卷上記述了唐代皇宮中取暖的場面：「西涼國進炭百條，各長尺餘。其炭青色，堅硬如鐵，名之曰瑞炭。燒於爐中，無焰而有光。每條可燒十日，其熱氣逼人而不可近也。」至於豪門，則多會在大雪時節呼朋喚友，賞雪吃酒。女眷則一般用手爐取暖，這些銀質的手爐呈橢圓形，裡面擱火炭，爐外有罩，可以放在袖子裡面暖手。

皇帝在冬天的時候，會去長安東約三十公里的華清池洗御湯，這座位於臨潼驪山腳下北麓的皇家溫泉宮殿，有一個飛霜殿，冬天溫泉噴水，在寒冷的空氣中，水汽凝成無數個美麗的霜蝶在殿宇間飛舞，異常美麗。皇帝的蓮花湯是用瑩徹如玉的范陽白石砌建，並以石樑為頂，橫亙湯上，與古羅馬浴場極其相似。在長安的週邊遍布著大小的溫泉，知名的有眉縣西湯峪、藍田東湯峪和臨潼華清池，今天的西安，很多公共澡堂仍然用水罐車拉著溫燙的溫泉水來做洗浴的用水。

## 帝國的冬天

如此這般的四季交替變換，花開花落年復一年的安詳生活的場景，構成了中國歷史上最動人的關於長安的追憶，時間似乎凝固在了這個時代。然而，大盛伴隨著大衰亡，這樣的長安只維持了一百多年。

天寶十四年（七五五年）十一月初九，安史之亂爆發。居長安數代的唐朝皇帝第一次因為戰爭拋棄了這座偉大的城市。自此直至唐亡，有四位皇帝九次逃離長安，僅僅是為了獲得片刻的苟安。一再被拋棄的長安城，開始分崩離析，開始惶惶度日，開始滿目瘡痍，直至化為塵埃。

天寶十五年（七五六年）六月十三日，西京留守崔光遠、內侍高仙芝、監軍邊令誠等人，開城納降，契丹人、安祿山大將孫孝哲率叛軍輕而易舉地進入長安。

定都洛陽的安祿山命令他的偽署官屬，盡數擄掠了長安府庫中的兵器甲仗、文物圖籍，宣春雲韶樂隊、犀牛大象、舞馬以及掖庭後宮也都被劫掠一空。安祿山還從長安抓來了梨園弟子數百人，據《明皇雜錄．別錄》記載：「群賊因相與大會於凝碧池，宴偽官數十人，大陳御庫珍寶，羅列於前後。樂既作，梨園舊人不覺歔欷，相對泣下，群逆皆露刃持滿以脅之，而悲不能已。有樂工雷海清者，投樂器於地，西向慟哭。逆黨乃縛海清於戲馬殿，支解以示眾，聞之者莫不傷痛。」

安祿山叛亂，唐玄宗來不及帶上失寵的梅妃江采蘋就出逃了。不久，長安城陷，梅妃失蹤了。在《題梅妃畫真》一詩中，玄宗寫道：「憶昔嬌妃在紫宸，鉛華不御得天真。霜綃雖似當時態，爭奈嬌波不顧人。」梅妃江采蘋比楊貴妃進宮早十九年，她纖麗秀雅的風度令玄宗由衷敬佩，為之傾倒。玄宗皇帝在她居住的宮中，種植了各式各樣的梅樹，每當梅花盛開，便與梅妃流連花下，賞花賦詩，其樂融融。

在楊玉環去世之後，玄宗李隆基做了六年的太上皇。至德二年（七五七年），玄宗由成都還長安，居興慶宮（南內），後又遷居太極宮（西內）甘露殿。《明皇雜錄．別錄》記載，玄宗晚年又親臨華清宮，父老奉迎，壺漿塞路。那個時候，玄宗春秋已高，常乘步輦，父老問他：「前時上皇過此，常逐從禽，今何不為？」玄宗說：「吾老矣，豈復堪此！」父老士女聞之，莫不悲泣。在華清池附近，「新豐市有女伶曰謝阿蠻，善舞《凌波曲》，常出入宮中，楊貴妃遇之甚厚，亦游於國忠及諸姨宅。上（玄宗）至華清宮，復令召焉。舞罷，阿蠻因出金粟裝臂環，云：『此貴妃所與。』上持之淒怨出涕，左右莫不嗚咽」。

這種悲涼和好時光一去不復返的惆悵，也成了晚唐長安的基調，至此之後，長安無寧日。

唐時吐蕃屢為邊患，安祿山叛亂，肅宗在靈武（今寧夏回族自治區靈武市西南）即位，「悉召河西戍卒收復兩京，吐蕃乘虛取河西、隴右，華人百萬皆陷於吐蕃」（《舊五代史．吐蕃傳》）。

代宗廣德元年（七六三年）九月，安史之亂平定不久，朔方節度副大使、河北副元帥僕固懷恩叛唐，引吐蕃兵東進，吐蕃大軍攻陷長安，劫掠十五天後撤離。《資治通鑑》卷二二三記載：「吐蕃剽掠府庫市里，焚閭舍，長安中蕭然一空。」吐蕃人甚至把唐宗室廣武王李承宏立為皇帝，改元，置百官。

唐朝從心裡懼怕吐蕃，德宗建中四年（七八三年），被迫與吐蕃簽訂了《唐蕃清水盟約》。朝廷竟以「國家務息邊人，外其故地，棄利蹈義，堅盟從約」為理由，承認所有淪陷的州縣為吐蕃領土。盟約規定：「唐地涇州右盡彈箏峽，隴州左極清水，鳳州西盡同谷，劍南盡西山、大度水。吐蕃守鎮蘭、渭、原、會，西臨洮，東成州，抵劍南西磨些諸蠻、大渡水之西南。盡大河北自新泉軍抵大磧，南極賀蘭橐它嶺，其間為閒田。二國所棄戍地毋增兵，毋創城堡，毋耕邊田。」（《新唐書．吐蕃傳下》）

咸通十四年（八七三年），大唐的天下無一絲平靜。七月，懿宗死，僖宗即位。是歲，關東大旱，赤地千里，餓殍盈野，百姓流離失所。

這一年，身在曹州的黃巢，依然在等待中觀望。這個屢舉進士不第的私鹽販在賦菊的詩歌中，曾經暗示自己將帶著穿黃金甲的戰士，攻破唐帝國的心臟——長安。而這一年，黃巢在旱災中嗅到了帝國垂危的信號。果然，沒多久，這個機會來了，黃巢的同行，濮州（今河南範縣）私鹽販王仙芝反了。隨後，黃巢在冤句（今山東菏澤市西南）與子侄黃揆、黃恩鄴等八人起兵，回應王仙芝。黃巢此時還不知道自己的一系列舉動，會讓一個曾經異常強大的帝國只剩下近半個世紀的國祚。

廣明元年（八八〇年）十二月，唐僖宗和大宦官田令孜南逃成都，長安不戰而降，此前東都洛陽亦是不戰而降。就在當年的春天，時任左拾遺的侯昌業還對僖宗上書極諫，稱盜賊滿關中，而僖宗不親政事，專務遊戲，將危社稷。僖宗大怒，召侯昌業至內侍省，賜死。據《資治通鑑》卷二五三記載，僖宗好騎射、劍槊、法算，亦精音律、蒱博（樗蒲，一種古代賭博遊戲，投擲有顏色的五顆木子，以顏色決勝負）；好蹴鞠、鬥雞，與諸王賭鵝，鵝一頭至五十緡；尤善擊球，曾經對優人石野豬說：「朕若應擊球進士舉，須為狀元。」

《劍橋中國隋唐史》描述了黃巢入城時的景象：「黃巢坐在一架金色馬車上首先到達。隨後的軍隊——此時已達數十萬眾——全部穿著錦緞，他們的頭髮一律紮著紅絲帶。他的騎兵直接開往城內，在後面長達幾里的路上塞滿了輜重，京師的居民表現消極但並未流露出害怕的神情，他們擁上街頭，觀看接管的情形。」實際上，在黃巢到達以前，長安的居民和軍隊就已經自己開始搶劫。

黃巢和他的大齊國，「殺唐宗室在長安者無遺類」，並對士族門閥實行嚴厲的鎮壓政策。彼時長安「華軒繡轂皆銷散，甲第朱門無一半……內庫燒為錦繡灰，天街踏盡公卿骨」（韋莊《秦婦吟》）。黃巢完全沒有能力控制他手下的人，連續幾天他們洗劫了這個當時世界上最富裕的城市。各市付之一炬，無數百姓被殺死在街道上。唯獨出於迷戀權勢和內心對早年不登第耿耿於懷的原因，黃巢沒有焚毀長安瑰麗的宮殿群，他穿梭在這些龐大華麗的建築之間，為唾手可得的帝國和偌大的長安興奮不已。

在黃巢占領長安期間，據《舊唐書》卷二百下記載：「時京畿百姓皆砦於山谷，累年廢耕耘，賊坐空城，賦輸無入，穀食騰踴，米斗三十千。官軍皆執山砦百姓，鬻於賊為食，人獲數十萬。」一座世界上最富貴的城市，在連綿的戰火之後，已經開始吃人了，何其恐怖！各地來的勤王之師曾經反擊成功，短暫收復了長安，但進城的唐軍因為彼時長安已經是賊都而大肆劫掠。隨後黃巢又很快回到長安，「賊怒坊市百姓迎王師，乃下令洗城，丈夫丁壯，殺戮殆盡，流血成渠」。至此，長安從華麗的帝國之都化為一座死城。

黃巢死後，中和四年（八八四年）七月，唐僖宗在成都大玄樓舉行獻俘儀式。大玄樓，是成都羅城正南門樓。《資治通鑒》卷二五六記載，武寧節度使時溥獻上黃巢首級，另有黃巢姬妾二三十人。僖宗問：「汝曹皆勳貴子女，世受國恩，何為從賊？」居首的女子回答：「狂賊凶逆，國家以百萬之眾，失守宗祧，播遷巴蜀。今陛下以不能拒賊責一女子，置公卿將帥於何地乎！」僖宗不復問，皆戮之於市。臨刑前，執法人員可憐這些婦女，讓她們喝醉酒後再砍頭，婦女們邊哭邊喝，在醉臥中受死。唯獨那個居首的女子不哭亦不醉，從容赴死。

光啟元年（八八五年）正月，僖宗自川中起程，三月重返長安。僖宗驚魂未定，又遭遇新的動盪——藩鎮火拼。河中節度使王重榮、太原節度使李克用以關中為戰場，大戰邠寧節度使朱玫、鳳翔節度使李昌符，這一年的十二月，李克用的沙陀兵進逼京師，宦官田令孜劫屁股還沒焐熱的皇帝李儇再次逃離長安，出幸鳳翔。

太原軍一入長安，就焚掠坊市、宮城，累年修葺悉付之一炬。《舊唐書》卷十九下記載：「初，黃巢據京師，九衢三內，宮室宛然。及諸道兵破賊，爭貨相攻，縱火焚剽，宮室居市閭里，十焚六七……至是，亂兵復焚，宮闕蕭條，鞠為茂草矣。」

唐長安的宮城，即太極宮、掖庭宮、東宮的總和，面積為四平方公里多一點。太極宮是都城長安第一處大的宮殿群，有殿閣亭館三四十所，加上東宮尚有殿閣宮院二十多所，整個構成了都城長安一組富麗堂皇的宮殿建築。其中最著名的莫過於太極殿、兩儀殿、承慶殿、武德殿、甘露殿、凌煙閣等。戰爭的破壞力一撥勝似一撥，這次兵燹，使宮城建築十不存一，令人大慟。

光啟二年（八八六年）十二月，邠甯節度使朱玫及其黨羽數百人，被部將王行瑜斬殺，王行瑜又縱兵大掠長安。這年的冬天，異常寒冷，京師九衢積雪，一直沒有融化，王行瑜率兵入城當夜，寒冽尤劇，長安城遭受搶掠剽剝之後，僵凍而死的百姓橫屍蔽地，慘不忍睹。

昭宗乾寧三年（八〇四年六年）七月，鳳翔節度使李茂貞攻陷長安，大肆燒掠，《舊唐書》卷二十上記載：「時岐軍犯京師，宮室廛閭，鞠為灰燼。自中和已來葺構之功，掃地盡矣！」

帝國的冬天降臨了，大唐盛世和長安城也走到了盡頭，長安城中僅餘的人，已經不流行胡旋舞了，而是流行唱挽歌。據唐代筆記小說《北里志》記載，長安平康里歌伎顏令賓卒後，坊中樂工劉駝駝，從眾多士人的挽詞中選擇數篇，作為曲子詞，教挽柩前同唱之，聲甚悲愴。後來，有四首挽歌流傳下來，其一曰：「昨日尋仙子，輲車忽在門。人生須到此，天道竟難論。客至皆連袂，誰來為鼓盆？不堪襟袖上，猶印舊眉痕。」

這些挽歌，「自是盛傳於長安，挽者多唱之」。學者王曉鵑女士在其《唐末長安民俗生活論》中哀婉地寫道：「歌伎顏令賓的挽歌，逐漸演變為長安城的哀傷，美人凋零與士子心緒在此契合，末世情懷與時代哀音合二為一，最終匯成一滴蒼涼的眼淚，懸掛在長安的屋簷下。」

九〇四年年，歐洲的法蘭克人（Franks）正疲於應付諾曼人（Northmen）的進攻和斯拉夫人（Slavs）的蠶食。這一年，東方的大唐帝國走到了最後關頭。

天復四年（九〇四年）正月，控制汴州的宣武節度使、梁王朱溫（過去是黃巢手下的將領，降唐後賜名全忠），挾天子以令諸侯，劫唐昭宗李曄遷都洛陽。朱溫還強迫驅趕唐宗室及長安士民「按籍遷居」，拆全城屋木漂至汴梁。《資治通鑑》卷二六四「天祐元年正月」條載：「（朱）全忠以其將張廷范為御營使，毀長安宮室百司及民間廬舍，取其材，浮渭沿河而下，長安自此遂丘墟矣。」《舊唐書》卷二十上也記載：「長安居人……連甍號哭，月餘不息。秦人大罵于路曰：『國賊崔胤，召朱溫傾覆社稷，俾我及此，天乎！天乎！』」在關中人看來，正是因為四度入相的崔胤致書朱溫，謂奉昭宗密詔，令其出兵西上迎駕，才導致了這樣的災難。

從安史之亂爆發以來，一百四十九年中，儘管兵連禍結，儘管天子蒙塵於外許多次，儘管經歷無數反賊亂兵劫掠，長安這座城還屹立不搖，以大明宮為主體的皇城還存在。但是此番蹂躪之後，長安徹底消失了，一座淪為廢墟的都城，標誌著這個帝國轟然倒塌。天復四年正月，長安再沒有宴席，再沒有上元燈節，「月色燈光滿帝都，香車寶輦隘通衢」（李商隱《正月十五聞京有燈恨不得觀》）的長安，已遍地是瓦礫、灰燼，殘垣斷壁和僅剩的民居中，一燈如豆。宗室及長安士民，扶老攜幼遷往開封，渭河裡漂浮著長安的軀殼。在汴梁，朱溫要建造屬於自己的宮室。

宋哲宗元祐元年（一〇八六年），長安被唐末戰亂毀滅後的一百八十二年，閏二月二十日，北宋人張禮偕友游長安城南（今西安市南郊及長安區），用七天時間仔細尋訪唐代都邑遺跡。已過了幾近兩個世紀的時光，舉目所見，長安城南地區依然凋敗。讀張禮撰注之《游城南記》，會令今人想起歷史的殘垣斷壁，一種夾雜著辛酸和無奈的憤怒便縈繞心間。

張禮在書中記載道，興道坊和務本坊，隔著一條街東西相對，「二坊之地，今為京兆東西門外之草市，餘為民田」。十層高的大慈恩寺大雁塔，「塔自兵火之餘，止存七層……（宋神宗）熙甯中，富民康生遺火，經宵不滅，遊人自此衰矣。塔既經焚，塗圬皆剝，而磚始露焉，唐人墨蹟於是畢見，今孟郊、舒元輿之類尚存，至其他不聞於後世者，蓋不可勝數也」，「倚塔下瞰曲江宮殿，樂游燕喜之地，皆為野草，不覺有黍離麥秀（哀傷亡國）之感」。

大量的殘碑、斷壁和無跡可循的荒草讓張禮心生惆悵：「因思唐人之居城南者，往往舊跡湮沒，無所考求，豈勝遺恨哉？」

唐長安城留於後世者，僅剩大雁塔殘軀及若干城牆遺基，長安城隨之也進入了一千餘年的歷史邊緣期。

在宋代，因為西夏和遼金的崛起，陝西淪為邊疆，而長安則淪為邊城。宋代西北用兵，關中之民「畜產蕩盡」，「十室九空」。及金人占據關中，長安一帶再遭兵燹，時人李獻甫在《長安行》中寫道：「長安大道無行人，黃塵不起生荊棘。高山有峰不復險，大河有浪亦已平。」元明清三代，長安儘管還是西北重鎮，但帝國的重心已逐漸移至東邊，中國開始了藍色的大洋夢，東南區域以其土地肥沃、水道交通便利而更有吸引力。

## 想像的碎片

後世人對於長安有著無數刻骨銘心的愛和懷念，北宋文學家、秦人張舜民在其《江神子．癸亥陳和叔會于賞心亭》中寫道：「七朝文物舊江山。水如天。莫憑欄。千古斜陽，無處問長安。更隔秦淮聞舊曲，秋已半，夜將闌。爭教潘鬢不生斑。斂芳顏。抹么弦。須記琵琶，仔細說因緣。待得鸞膠腸已斷，重別日，是何年。」千古斜陽依舊在，卻無處問長安，宋人對於長安有著一種深深的寂寞，畢竟五代十國只存在了五十七年，宋人離唐人更近。

清人趙翼《廿二史箚記》卷二十《新舊唐書．長安地氣》曰：「地氣之盛衰，久則必變。唐開元、天寶間，地氣自西北轉東北之大變局也。秦中自古為帝王州，周、秦、西漢遞都之。苻秦、姚秦、西魏、後周相間割據，隋文帝遷都於龍首山下，距故城僅二十餘里，仍秦地也，自是混一天下，成大一統。唐因之，至開元、天寶而長安之盛極矣！盛極必衰，理固然也。」他所說的「地氣」，既包含政權的興衰氣運，也包括統治中心地區的生態環境。

其實，長安的消亡不但和戰爭、政治有關，和關中地區氣候變遷也有著千絲萬縷的關係。

貞觀四年（六三〇年），數以百萬計的突厥人全部內遷，這種大遷徙使唐代中國北方的農牧交界線向南推移，今天的晉北和陝北由農業區轉變為畜牧區，內蒙古中部則完全成為遊牧區。到了唐末，更多的遊牧民族歸附、內遷。乾符五年（八七八年），唐僖宗李儇在一次討伐中，召集的軍隊將領就有吐谷渾酋長赫連鐸、白義誠、沙陀酋長李友金、安慶都督史敬存、薩葛酋長米海萬等數個「蕃酋」。

然而，這些遷徙的遊牧民族是靠天吃飯的民族。早在二十世紀初，美國人文地理學者亨廷頓（Ellsworth Huntington）在《亞洲的脈搏》（*The Pulse of Asia: A Journey in Central Asia Illustrating the Geographic Basis of History*）一書中，便提出中國歷史上的外患內亂，與氣候變遷有關。例如東晉胡人南下，唐末沙陀、回紇等逐鹿中原，北宋契丹、黨項、女真等犯邊，都是因為氣候轉旱，遊牧民族鋌而走險，四處劫掠。

地理學者單之薔在其《理解遊牧》一文中說道：「氣候就像上帝揮舞的鞭子，驅趕著遊牧民族南下，去追逐他們已經南遷了的草原。」

一千一百三十四年後，二〇〇七年一月四日，德國人的一項研究震驚了中國歷史地理學界。這篇發表於英國《自然》雜誌（Nature）第四四五期的文章《熱帶輻合帶對東亞季風的影響》（*Influence of the Intertropical Convergence Zone on the East Asian Monsoon*）稱，德國研究團隊從中國廣東湛江瑪珥湖鑽取湖泊沉積岩岩心，並根據檢測結果推斷，七五〇年年（玄宗天寶九年）前後，唐王朝開始經歷一段相對乾旱的時期。在這段時間內，不止一次出現以三年為週期的極乾旱時期，導致降水量減少和持續乾旱，造成災荒，進而作為引發農民起義的因素之一，加速了唐朝滅亡。

儘管中國的史學家早就對唐代氣候冷暖產生過學術爭論，但這一次德國人如此果斷的論斷，還是讓他們大為震動。

實際上，有唐一代，旱災確實對國家產生了嚴重影響。比如貞觀元年（六二七年），關中大旱，災民賣兒鬻女以求生。剛剛即位的二十八歲的唐太宗李世民面對旱災憂心忡忡，下令開倉救濟，解決災民的燃眉之急，並拿出御府金帛，供災民贖回賣掉之子女，以免骨肉分離。

旱災之外，在唐朝統治的萬花筒般的三個世紀裡，「黃災」——黃河氾濫，也對國家產生了深遠的影響，其中七世紀黃河決溢六次，八世紀為十九次，九世紀為十三次。旱災使農業生態受到了嚴重破壞，農業經濟衰敗，國計民生困苦；河患頻繁更使唐朝政府疲於奔命，國力耗竭。一個農業王朝對環境的依賴性遠遠超出我們的想像。

到了宋代，長安淪為邊關，唐帝王陵也成為文人墨客憑幽懷古的景點，彼時的長安，儘管一派沒落，尚有古樹參天和寺廟林立的前朝都城風範。但到了一千年後，一九三六年，長安及其周邊的關中平原已經完全淪落為我們印象中的黃土高原，在史諾（Edgar Snow）的《西行漫記》（*Red Star Over China*）中，出了西安府再往北百餘里，入眼全部是黃色土地，這位美國人記錄道：「這一令人驚嘆的黃土地帶，廣及甘肅、陝西、寧夏、山西四省的大部分地區，雨量充分的時候異常肥沃，因為這種黃土提供了無窮無盡的、有幾十英尺深的多孔表土層。地質學家認為，這種黃土是有機物質，是許多世紀以來被中亞細亞的大風從蒙古、從西方吹過來的。」

今天，我們穿行在關中厚重的土地上時，面對的只是巨大的封土堆、斑駁的石碑以及大片的冬小麥，它們孤獨地立於蒼穹之下，與西安朱雀門殘留的唐代城牆遺址一起，構成了我們想像的碎片。

## 身分的焦慮

一九二二年，魯迅開始構思《楊貴妃》。總結唐玄宗統治期間由繁榮強盛走向衰落的歷史教訓，歷史人物李隆基與楊貴妃是一個典型的題材。魯迅研究了白居易的《長恨歌》、陳鴻的《長恨歌傳》、洪昇的《長生殿》等，為創作進行了充分的準備。他曾先後向老朋友許壽裳、郁達夫、孫伏園、馮雪峰等談起過《楊貴妃》的腹稿。

寶慶寺阿彌陀三尊像／日本東京國立博物館藏

一九二四年，正當魯迅醞釀構思期間，國立西北大學邀請魯迅等學者去西安進行暑期講學。當時的西安十分殘破，現存的遺跡遠不是古籍上說的那麼一回事。魯迅說：「我不但什麼印象也沒有得到，反而把我原有的一點印象也打破了！」原本以為西安之行有激發執筆的「興味」，結果反而索然。歸途中，魯迅已無意寫《楊貴妃》了。他在致日本友人山本初枝的信中說：「五六年前我為了寫關於唐朝的小說，去過長安。到那裡一看，想不到連天空都不像唐朝的天空，費盡心機用幻想描繪出的計畫完全被打亂了，至今一個字也未能寫出。原來還是憑書本來摹想的好。」

長安的衰敗讓魯迅無所適從，在雜文《說鬍鬚》開場白中，魯迅寫道：「今年夏天遊了一回長安，一個多月之後，糊裡糊塗地回來了。知道的朋友便問我：『你以為那邊怎麼樣？』我這才栗然地回想長安，記得看見很多的白楊，很大的石榴樹，道中喝了不少的黃河水。然而這些又有什麼可談呢？我於是說：『沒有什麼怎樣。』他於是廢然而去了，我仍舊廢然而往，自愧無以對『不恥下問』的朋友們。」

就在魯迅到達西安的時期，在西安教書的日本人足立喜六出版了《長安史蹟研究》，其中拍攝了一百七十多張唐代文物的照片，既有寶慶寺塔壁上已經漂洋過海的唐代一佛二菩薩石雕，也有昭陵六駿最早荒埋在廢墟中的影像，當然也有早就被毀的灞橋原狀和大明宮太液池風貌。圖片之中最為夢幻的一張，莫過於那張小雁塔的獨照——塔下無邊無際的罌粟花映襯著無雲的西北天空，雖然只是黑白照片，依舊散發出一種妖豔而又迷幻的氣息，這種氣息彷彿就是尋覓《霓裳羽衣曲》和「葡萄美酒夜光杯」的味道。

一九五八年，英國生物化學家、漢學家與科學技術史大師李約瑟（Noel Joseph Terence Montgomery Needham）前往西安拜謁碑林，寫下詩歌《在長安孔廟》：「壯麗的殿堂周圍荊棘遍地，茅草叢生／就像綠色的林海中漂浮著一葉孤舟／屋頂上斗拱墜落／平臺上樓座傾圮／濁臭彌漫玷汙了聖潔的芬馨／矗立的古代石碑，就像周圍待耕的荒土上／生長出來一片茂密的森林……／我在一家窮鋪子裡／買了幾片景教碑的拓本／又喝了一杯酒／懷念著昔日長安的光榮。」

作為大器晚成的一代日本畫家，東山魁夷一生的輝煌巨作是為奈良唐招提寺鑒真和尚「御影堂」繪製壁畫。同時作為一名優秀散文家的東山，在《通往唐招提寺之路》一書中，完整地記錄了自己優遊於唐招提寺十一年的心路歷程。東山說：「通往唐招提寺之路是一條漫長的道路，即使我貼近唐招提寺，可實際上還在極為遙遠的地方。」

一九七〇年代，懷有著對唐代獨一無二體驗的東山魁夷，曾經在西安城中想起了另外一位日本作家井上靖在長安的廢墟上孤獨的身影：「走進南門的遺跡，在中央的寺院廢墟周圍漫步，我無法想像出當年這裡的都城是什麼樣的姿影，是由什麼樣的人經營的呢？以西域為舞臺寫了好幾部

御影堂隔扇畫／日本／東山魁夷／日本奈良唐招提寺藏

優秀小說的井上靖氏，靜靜地徘徊在這座死都的遺址上，時而佇立凝望的姿影，給我留下了深刻的印象。夕陽映照下的殘垣斷壁，呈赤褐色，美極了。這景象也逐漸籠罩在蒼茫的暮色中，越發增添了當空弦月的光輝。」

一座存在了兩百餘年的唐帝國都城，給後世的人帶來了千年的鄉愁。

湮沒在歷史瓦礫堆中的長安，仍然是眾多建築師和設計師心中的城市。梁思成先生就曾經寫道：「長安城是當時世界上最大、最完整的按全盤規劃建造的城市。像長安那樣有明確的分區——皇室居住的宮城、衙署所在的皇城和一般坊里——和系統化的街道、坊里布置的城市在當時是罕見的。」而建築大師張錦秋女士（梁思成的閉門女弟子）後來則在西安開創出「新唐風」的建築範式。

在所有建築師中，最癡迷於長安的可能是哈佛大學設計學博士，被選中為威尼斯建築雙年展中國館策展人的唐克揚。二〇〇七年，我在《生活月刊》讀到了唐克揚的《長安的煙火》，這是這幾年我一直念念不忘的文本，不只是驚訝於一個建築師的文字如此有質感，更多是因為他對長安的解讀，有著時間中的煙火氣。這是地上的長安。

他對於長安的實驗文本，混合著城市建築、世俗生活和天人合一的大融合的城市場所感，他說：「這實在也是我自己最看重的寫作。我有一個更有『野心』的寫作計畫，就是寫一部有關中國古代城市的『建築小說』，在其中這種散文化的片段可以算作『上場詩』（或者，散場詩）。」

在唐克揚的內心裡，長安是一座似乎只存在於和我們平行時空的世界中的城市：「我們一直生活在那座『城』中。這座城市一直有兩副面孔，在上蒼的俯瞰下，它是宇宙規律的物化，擁有一個體面的、秩序井然的核，可最強大的君王也會逃避那個充滿意義，卻無比空虛的中心；對於天子腳下的小民而言，這座城市是一個沒有明確始終的迷宮，他們的生活鬧哄哄地在這迷宮裡，攪成一鍋粥。除了他們中的一小部分人偶有機會登塔一窺神京之外，他們在平行世界中編織的時間之線，並不能帶他們走出這命運的困局。」

我們能夠從文字中讀到唐克揚對於長安的略帶敏感的專屬擁有，對於他來說，長安是屬於他的，是一個人的長安。

地上的長安消失了，但在異邦的東洋，一個叫平城京的城市保留了長安的影子。

平城京地處今奈良市的西郊，開始建造的時間正是大唐開元盛世中，平城京完全是模仿長安城的棋盤格局，長安有什麼，那邊就有什麼，直到今天都保存得非常好。這座城市只有唐長安的四分之一大，最北部是皇城，天皇住的地方，坐北朝南；有左京、右京、朱雀、白虎之類的這些門；皇宮的北邊是苑池，南面是各個衙門的所在地，這和長安城是一模一樣的。日本叫作「朝堂苑」的太極殿就完全模仿了大明宮的含元殿。還有一個大學寮，也是完全模仿國子監。走進平城京，你會感到一種回歸自然的愜意，也體會到深刻的文化震撼。特別是對於中國人來說，這座城市蘊含的濃厚唐風，讓人恍如隔世。

和今天我們對於長安消失的遺憾一樣，這座模仿長安的城市也成為我們遺憾的一部分：在中國的城市發展史中，拆毀和重塑往往比保留歷史更容易。

在長安消失後的世紀裡，歐洲的城市開始逐漸登上歷史的舞臺——巴黎、倫敦、柏林、紐約……千年後我們再次回望長安，得到的只有迷惘的不確定感。很多現代人在現代城市的構成中體味長安，但似乎更願意生活在摩天大樓的世界裡。

然而，長安仍然是中國人心目中的城市，曾經來過，輝煌過，而且在城市的發展史上塑造過這個國家的精神。對於中國人來說，長安不僅僅是一個地名，一個城市，甚至不是西安，它是一種造就過我們的元素，這種元素現在是我們文化基因的一部分。

長安，只是一座城市，是在這個星球消失的偉大的城市之一，今天我們對於這座城市的爭吵、辯論，只是當下生活的城市的參考，一種城市意象的多重面孔與身分的焦慮。這種焦慮不但面對城市，還伴隨著中國文化，在東方與西方、現代與傳統、GDP和軟實力的國家價值討論旋渦中，不斷撥動我們的心弦。

這或許是一種「固執的城市感」，對於很多城市批評家來說，一九九〇年代歐陸風盛行時，中國的城市沒有性格；二十一世紀，中國風復興時，中國的城市又是只有傳統沒有創新的舊物。我們回望長安，或許內心會更明晰，儘管在歷史長河中，人類給城市植入了各式各樣的形體，附加了無窮無盡的意義，但時至今日，我們仍無法否認，真正偉大的城市，正是能夠讓人懷念的城市，「長相思，在長安」。

# 附錄一 七世紀至九世紀的唐代和世界

| | |
|---|---|
| 六一八年 | 中國隋朝唐王李淵稱帝，國號「唐」。隋亡。 |
| 六一九年 | 中國唐朝初定租庸調法。 |
| 六二四年 | 中國唐朝頒《武德律》，定均田租庸調法。 |
| 六二六年 | 中國唐朝秦王李世民（後來的唐太宗）伏兵玄武門，殺太子李建成、齊王李元吉，即帝位。 |
| 六二七年 | 中國佛僧玄奘赴天竺。*六四五年取經回長安，撰《大唐西域記》。 |
| 六三〇年 | 日本遣唐使抵達中國。 |
| 六三四年 | 中國唐朝始建大明宮。 |
| 六三五年 | 中國唐朝景教僧阿羅本（Alopen Abraham）入長安。*六三八年建大秦寺。*一六二五年出土唐代「大秦景教流行中國碑」。 |
| 六四一年 | 中國唐朝文成公主入藏，與吐蕃贊普松贊干布和親，拉薩始建布達拉宮。中國書法家歐陽詢卒，他和虞世南、褚遂良為「初唐三大家」。阿拉伯人征服埃及。 |
| 六四五年 | 日本行大化改新。 |
| 六五三年 | 哈里發奧斯曼組織編訂《古蘭經》，稱「奧斯曼定本」。 |
| 六五九年 | 中國唐朝頒布世界第一部官修藥典《新修本草》。 |
| 六六一—七五〇年 | 阿拉伯帝國倭馬亞王朝（Umayyad Caliphate）時期。 |

六六八年　新羅滅高句麗，統一朝鮮。

六七一年　中國佛僧義淨赴天竺求法。*六九五年攜佛典返洛陽。

六七三年　中國畫家閻立本卒，有《步輦圖》、《古帝王圖》傳世。

六八二年　中國醫藥學家孫思邈卒，著有《備急千金要方》和《千金翼方》等。

六八七—一七九七年　義大利威尼斯共和國（Serenisima Repùblica Vèneta）時期。

六九四年　摩尼教由波斯國人拂多誕（安息語 fure-sta-dan，神職人員的一種稱號）傳入中國，時稱明教。

七世紀至九世紀　「伊斯蘭法系」形成，兼具宗教和道德規範，為穆斯林所遵守的基本生活準則。

七世紀至十一世紀　西歐使用便士（penny）或旦尼爾（denier），形成鎊（pound）、先令（Shilling）和便士的貨幣體系。

七一〇年　中國史學家劉知幾撰成《史通》。

七一三年　中國唐朝始鑿樂山大佛。

七一三—七五五年　中國唐玄宗李隆基設梨園教習樂舞。

七二四年　中國佛僧一行製成銅黃道遊儀。*次年製成銅鑄水運渾天儀，首次實測子午線長度。

七二六—八四三年　拜占庭（Byzantium）發生聖像破壞運動（Eikonomachía，中斷二十六年）。

七三八年　中國《唐六典》成書。

七四一年　日本建成東大寺，為世界現存最大的木構建築。

| | |
|---|---|
| 七五〇—一二五〇年 | 印度始建奧里薩（Odisha）神廟，為中世紀印度教建築群，印度北方式神廟的典型。 |
| 七五〇—一二五八年 | 阿拉伯帝國阿拔斯王朝（'Abbāsid Caliphate）時期。 |
| 七五一年 | 矮子丕平（Pépin le Bref）當政，建法蘭克加洛林王朝（les Carolingiens）。 |
| 七五四年 | 中國佛僧鑒真東渡日本，在奈良建唐招提寺。 |
| 七五五年 | 中國唐朝軍閥安祿山反於范陽，安史之亂爆發。八年後（七六三年）亂事結束。 |
| 七五六—一八七〇年 | 歐洲教皇國（Civitas Ecclesiae）時期。 |
| 約七六〇年 | 中國畫家吳道子卒。中國詩人王維卒。 |
| 七六二年 | 中國詩人李白卒。 |
| 七七〇年 | 中國詩人杜甫卒。 |
| 七八〇年 | 中國唐朝廢租庸調製，行兩稅法。中國隱士陸羽撰世界上第一部茶葉專著《茶經》。 |
| 七八五年 | 中國書法家顏真卿卒，有《多寶塔碑》傳世。 |
| 七八七年 | 拜占庭帝國女皇伊琳娜制定二十二條教條，嚴禁收藏異端書籍，為外國明令查禁異端書籍之始。 |
| 七八八—八二〇年 | 印度中世紀經院哲學家、理論家商羯羅在世。 |
| 約八世紀前半葉 | 英國最早、最完整的英雄史詩《貝奧武夫》（Beowulf）成書。 |
| 八世紀至九世紀 | 印尼建成婆羅浮屠。 |

| | |
|---|---|
| 八世紀至十世紀 | 世界較大禮拜寺之一在今西班牙哥多華（Córdoba）建成。 |
| 八世紀至十七世紀 | 西非馬里帝國（Mali Empire）時期。歐洲基督教會向成年教徒征什一稅。 |
| 八〇一年 | 史學家杜佑撰成中國第一部典章制度通史《通典》。 |
| 八〇一—約八七三年 | 阿拉伯哲學家、自然科學家肯迪（al-Kindi）在世，提出關於科學認識的學說。 |
| 八〇二—一四三一年 | 真臘吳哥王朝（Angkor dynasty）時期。 |
| 八〇八年 | 中國道士清虛子著《太上聖祖金丹秘訣》，記載原始火藥配方。火藥發明當在此之前。 |
| 八一九年 | 中國文學家柳宗元卒。 |
| 八二三年 | 中國唐朝立「唐蕃會盟碑」於拉薩大昭寺前。 |
| 八二四年 | 中國文學家韓愈卒。 |
| 八二七年 | 埃格伯特（Egbert）統一英格蘭，結束七國時代（Heptarchy）。 |
| 八二九年 | 中國唐朝龍骨水車傳入日本。 |
| 八四二年 | 中國文學家劉禹錫卒。 |
| 八四三年 | 《凡爾登條約》簽訂，查理曼帝國（Charlemagne's Empire）一分為三。 |
| 八四六年 | 中國詩人白居易卒。 |
| 八五八年 | 中國詩人李商隱卒。 |
| 八六五年 | 中國書法家柳公權卒。 |

| | |
|---|---|
| 八六八年 | 中國佛教徒王階出資刻印《金剛經》，為世界現存最早的雕版印刷品。*一九〇〇年在敦煌莫高窟第十七窟藏經洞發現，其卷末有「咸通九年四月十五日王階為二親敬造普施」題記。一九〇七年被英籍猶太人斯坦因盜騙，現藏英國倫敦大英圖書館。 |
| 約八七〇年 | 印度出現包括零的十進位數字，後傳入阿拉伯演變為現今的印度——阿拉伯數字。 |
| 八七五年 | 中國鹽販王仙芝等起義於長垣，黃巢於冤句起義回應，唐末農民戰爭開始。 |
| 八七九年 | 中國農學家陸龜蒙撰《耒耜經》，長江下游水田使用曲轅犁。 |
| 八八二年—十三世紀初 | 基輔羅斯（Kiev Russ）時期。 |
| 八九二年 | 中國唐朝始鑿大足石窟。 |
| 九世紀 | 商羯羅改革印度教。西歐出現商人行會。 |
| 九世紀後期 | 印尼建成印度教神廟群「普蘭巴南」（Candi Prambanan）。 |
| 九世紀末 | 西方最早的復調音樂「奧爾加農」（organum）出現，標誌歐洲多聲部音樂萌芽。 |
| 九〇七年 | 中國唐朝梁王朱溫逼哀帝李柷禪位，自即帝位，國號「梁」，史稱後梁（九〇七—九二三年）。唐亡。 |

# 附錄二　二百四十九種唐史史料書目

我們在這裡所說的史料，是指文字史料，也就是記載了古代歷史的資料。掌握史料是研究歷史的基礎，只有知曉了有哪些史料，才能具體地使用史料。或者說，想瞭解某一個時期、某一個朝代的歷史，你得知道從哪些史書中能找到這一時期、朝代的歷史記錄。

具體到唐史研究而言，唐史學家黃永年先生一九八九年出版了《唐史史料學》，對唐史研究的基本文獻進行了深入淺出的介紹，自出版後，此書就成了唐史研究入門的必讀之物。黃永年先生「希望透過它告訴人們研究唐史應掌握哪些史料，以及這些史料的源流、價值和使用方法」（《唐詩史料學》序言）。

據作者統計，《唐史史料學》將唐史史料分為紀傳、編年、典章制度、職官、儀注、法令、詔令、地理、譜牒、雜史雜說小說、詩文、類書、金石、書目以及敦煌吐魯番文書十五類，共計二百四十九種。

最為重要的是，黃先生不只以文獻學的形式介紹史料，也加入了他多年研究唐史的心得，比如如何讀正史，如何運用其他書來研究歷史以及各個史料的版本來歷，可謂金針度人之作。

黃永年先生去世之後，唐史研究又有一些新出的史料，比如金石類《唐代墓誌彙編續集》，比如新獲吐魯番出土文書，比如其他的彙編、補編、補考等。僅兩唐書就有武秀成《舊唐書辨證》、吳玉貴《兩唐書輯校》、詹宗佑《點校本兩唐書校勘滙釋》等多本。

但因黃永年先生《唐史史料學》是一本完整的著作，不是簡單列書目，所以作者在這裡僅列出黃永年先生所示二百四十九種書目，作為一種參考供讀者借鑒。

黃先生所錄的二百四十九種史料包含：紀傳類二十八種、編年類四種、典章制度類三種、職官類一種、儀注類二種、法令類二種、詔令類一種、地理類二十一種、譜牒及職官姓名類十五種、雜史雜說小說類四十九種、詩文類七十三種、類書類六種、金石類七種、書目類十種、敦煌吐魯番文書類二十七種。

**紀傳類二十八種**

《舊唐書》 二百卷 後晉劉昫等撰
《新唐書》 二百二十五卷 北宋歐陽修、宋祁撰
《隋書》 八十五卷 唐魏徵、長孫無忌等撰
《舊五代史》 一百五十卷 北宋薛居正等撰
《新五代史》 七十四卷 北宋歐陽修撰
《新舊唐書合鈔》 二百六十卷 清沈炳震撰
《唐書宰相世系表訂訛》 十二卷 清沈炳震撰
《新舊唐書合鈔補注》 二百六十卷 王先謙撰
《唐書注》 十卷 唐景崇撰
《唐書兵志箋正》 四卷 唐長孺撰
《新唐書糾謬》 二十卷 北宋吳縝撰
《廿二史考異》 一百卷 清錢大昕撰
《十七史商榷》 一百卷 清王鳴盛撰

《陔餘叢考》　四十三卷　清趙翼撰
《廿二史劄記》　三十六卷補遺一卷　清趙翼撰
《新舊唐書互證》　二十卷　清趙紹祖撰
《唐將相大臣年表》　三卷　清萬斯同撰
《唐功臣世表》　一卷　清萬斯同撰
《唐邊鎮年表》　一卷　清萬斯同撰
《唐鎮十道節度表》　一卷　清萬斯同撰
《唐宦官封爵表》　一卷　清萬斯同撰
《武氏諸王表》　一卷　清萬斯同撰
《唐諸蕃君長世表》　一卷　清萬斯同撰
《唐藩鎮年表》　一卷　清黃大華撰
《唐方鎮年表》　八卷考證二卷　吳廷燮撰
《唐折衝府考》　四卷　清勞經原撰
《唐折衝府考補》　一卷拾遺一卷　羅振玉撰
《唐折衝府考校補》　一卷　谷霽光撰

**編年類四種**

《資治通鑒》　二百九十四卷　北宋司馬光撰　元胡三省音注
《資治通鑒補》　二百九十四卷　明嚴衍撰
《大唐創業起居注》　三卷　唐溫大雅撰
《順宗實錄》　五卷　唐韓愈撰

**典章制度類三種**

《通典》　二百卷　唐杜佑撰

《宋白續通典輯本》　八卷附「解題」　日本船越泰次編

《唐會要》　一百卷　北宋王溥撰

**職官類一種**

《大唐六典》　三十卷　唐張說、張九齡、李林甫遞監修

**儀注類二種**

《大唐開元禮》　一百五十卷　唐蕭嵩監修

《大唐郊祀錄》　十卷　唐王涇撰

**法令類二種**

《唐律疏議》　三十卷　唐長孫無忌等監修

《唐令拾遺》　日本仁井田陞輯

**詔令類一種**

《唐大詔令集》　一百三十卷　北宋宋敏求編

**地理類二十一種**

《括地志》　唐魏王李泰撰　清孫星衍輯本八卷　賀次君《括地志輯校》四卷

《元和郡縣圖志》 四十卷 唐李吉甫撰

《太平寰宇記》 二百卷 宋樂史撰

《兩京新記》 五卷存第三卷殘卷 唐韋述撰

《長安志》 二十卷 北宋宋敏求撰

《長安志圖》 三卷 元李好文撰

《河南志》 四卷 北宋宋敏求撰 元缺名增續

《游城南記》 一卷 北宋張禮撰並注 金、元間缺名續注

《雍錄》 十卷 南宋程大昌撰

《類編長安志》 十卷 元駱天驤撰

《唐兩京城坊考》 五卷 清徐松撰

《隋唐兩京叢考》 辛德勇撰

《大唐西域記》 十二卷 唐玄奘撰（玄奘口述，弟子辯機筆錄）

《大慈恩寺三藏法師傳》 十卷 唐慧立原本，彥悰撰定

《唐大和上東征傳》 一卷 日本真人元開撰

《入唐求法巡禮行記》 四卷 日本圓仁撰

《中國印度見聞錄》 二卷 阿拉伯佚名撰

《蠻書》 十卷 唐樊綽撰

《北戶錄》 三卷 唐段公路撰 崔龜圖注

《桂林風土記》 一卷 唐莫休符撰

《嶺表錄異》 三卷 唐劉恂撰

**譜牒及職官姓名類十五種**

《元和姓纂》　十卷　唐林寶撰
《翰林志》　唐李肇撰
《承旨學士院記》　唐元稹撰
《翰林學士記》　唐韋處厚撰
《翰林院故事》　唐韋執誼撰
《翰林學士院舊規》　後唐楊　撰（或題李愚撰）
《重修承旨學士壁記》　唐丁居晦撰
《唐御史台精舍題名考》　三卷　清趙鉞、勞格撰
《郎官石柱題名考》　二十六卷　清趙鉞、勞格撰
《郎官石柱題名新考訂》　岑仲勉撰
《唐僕尚丞郎表》　二十二卷　嚴耕望撰
《登科記考》　三十卷　清徐松撰
《唐人行第錄》　岑仲勉撰
《唐五代人物傳記資料綜合索引》　傅璿琮、張忱石、許逸民編撰
《唐五代五十二種筆記小說人名索引》　方積六、吳冬秀編撰

**雜史雜說小說類四十九種**

《貞觀政要》　十卷　唐吳兢撰
《魏鄭公諫錄》　五卷　唐王方慶撰
《安祿山事蹟》　三卷　唐姚汝能撰

《高力士外傳》　一卷　唐郭湜撰
《奉天錄》　四卷　唐趙元一撰
《李相國論事集》　六卷　唐李絳撰　蔣偕編集
《朝野僉載》　六卷　唐張撰
《教坊記》　一卷　唐崔令欽撰
《隋唐嘉話》　三卷　唐劉餗撰
《封氏聞見記》　十卷　唐封演撰
《唐國史補》　三卷　唐李肇撰
《大唐新語》　十三卷　唐劉肅撰
《次柳氏舊聞》　一卷　題唐李德裕撰
《劉賓客嘉話錄》　一卷　唐韋絢撰
《明皇雜錄》　二卷、補遺一卷　唐鄭處誨撰
《羯鼓錄》　一卷　唐南卓撰
《因話錄》　六卷　唐趙璘撰
《大唐傳載》　一卷　唐缺名撰
《幽閒鼓吹》　一卷　唐張固撰
《松窗雜錄》　一卷　唐李濬撰
《酉陽雜俎》　二十卷續集十卷　唐段成式撰
《本事詩》　一卷　唐孟棨撰
《杜陽雜編》　三卷　唐蘇鶚撰
《桂苑叢談》　一卷　唐馮翊子子休撰

《尚書故實》一卷　唐李綽撰
《雲溪友議》三卷　唐范攄撰
《玉泉子》一卷　唐缺名撰
《北里志》一卷　唐孫棨撰
《樂府雜錄》一卷　唐段安節撰
《東觀奏記》三卷　唐裴廷裕撰
《開天傳信記》一卷　唐鄭綮撰
《唐闕史》二卷　唐高彥休撰
《資暇集》三卷　唐李匡乂撰
《刊誤》二卷　唐李涪撰
《唐摭言》十五卷　五代王定保撰
《中朝故事》二卷　五代尉遲偓撰
《金華子雜編》二卷　五代劉崇遠撰
《開元天寶遺事》二卷　五代王仁裕撰
《鑒誡錄》十卷　五代何光遠撰
《北夢瑣言》二十卷　五代孫光憲撰
《賈氏談錄》一卷　北宋張洎撰
《錦里耆舊傳》四卷　北宋句延慶撰
《南部新書》十卷　北宋錢易撰
《近事會元》五卷　北宋李上交撰
《太平廣記》五百卷　北宋李昉等撰

《唐語林》　八卷　北宋王讜撰
《續談助》　五卷　宋晁載之撰
《類說》　六十卷　南宋曾慥輯
《說郛》　一百卷　明陶宗儀輯

**詩文類七十三種**

《王梵志詩》　唐王梵志撰
《東皐子集》　三卷　唐王績撰
《幽憂子集》　七卷　唐盧照鄰撰
《王子安集》　十六卷　唐王勃撰
《楊盈川集》　十卷　唐楊炯撰
《駱賓王文集》　十卷　唐駱賓王撰
《陳伯玉文集》　十卷　唐陳子昂撰
《張說之文集》　三十卷　唐張說撰
《曲江張先生文集》　二十卷　唐張九齡撰
《孟浩然集》　四卷　唐孟浩然撰
《李太白文集》　三十卷　唐李白撰
《王右丞集》　十卷　唐王維撰
《高常侍集》　十卷　唐高適撰
《顏魯公文集》　十五卷　唐顏真卿撰
《劉隨州文集》　十卷外集一卷　唐劉長卿撰

《杜工部集》　二十卷　唐杜甫撰

《岑嘉州詩》　七卷　唐岑參撰

《晝上人集》　十卷　唐釋皎然撰

《元次山集》　十卷　唐元結撰

《毗陵集》　二十卷　唐獨孤及撰

《錢考功集》　十卷　唐錢起撰

《韋蘇州集》　十卷　唐韋應物撰

《孟東野詩集》　十卷　唐孟郊撰

《陸宣公翰苑集》　二十二卷　唐陸贄撰

《寒山子詩（附豐干拾得詩）》　一卷　唐釋寒山子、豐干、拾得撰

《權載之文集》　五十卷　唐權德輿撰

《韓昌黎集》　四十卷外集十卷　唐韓愈撰

《張司業詩集》　八卷　唐張籍撰

《劉夢得文集》　三十卷外集十卷　唐劉禹錫撰

《呂和叔文集》　十卷　唐呂溫撰

《李文公集》　十八卷　唐李翱撰

《柳宗元集》　四十三卷別集二卷外集二卷　唐柳宗元撰

《歐陽行周文集》　十卷　唐歐陽詹撰

《白氏文集》　七十一卷　唐白居易撰

《元氏長慶集》　六十卷　唐元稹撰

《皇甫持正文集》　六卷　唐皇甫湜撰

《沈下賢文集》　十二卷　唐沈亞子撰
《李文饒文集》　二十卷別集十卷外集四卷　唐李德裕撰
《張承吉文集》　十卷　唐張祜撰
《賈浪仙長江集》　十卷　唐賈島撰
《李賀歌詩編》　四卷集外詩一卷　唐李賀撰
《玉川子詩集》　二卷外集一卷　唐盧仝撰
《樊川文集》　二十卷外集一卷別集一卷　唐杜牧撰
《姚少監詩集》　十卷　唐姚合撰
《李義山詩集》　三卷　唐李商隱撰
《李義山文集》　五卷　唐李商隱撰
《樊南文集補編》　十二卷　唐李商隱撰
《溫庭筠詩集》　七卷別集一卷　唐溫庭筠撰
《劉蛻集》　六卷　唐劉蛻撰
《丁卯集》　二卷　唐許渾撰
《孫樵集》　十卷　唐孫樵撰
《皮子文藪》　十卷　唐皮日休撰
《唐甫里先生文集》　二十卷　唐陸龜蒙撰
《司空表聖文集》　十卷　唐司空圖撰
《司空表聖詩集》　五卷　唐司空圖撰
《桂苑筆耕集》　二十卷　高麗崔致遠撰
《鄭守愚文集》　三卷　唐鄭谷撰

《玉山樵人集》　一卷　唐韓渥撰
《香奩集》　一卷　唐韓渥撰
《徐公釣磯文集》　十卷　唐徐夤撰
《唐黃先生文集》　八卷　唐黃滔撰
《甲乙集》　十卷　唐羅隱撰
《讒書》　五卷　唐羅隱撰
《兩同書》　二卷　唐羅隱撰
《廣陵妖亂志》　一卷　唐羅隱撰
《羅昭諫集》　八卷　唐羅隱撰
《白蓮集》　十卷　唐釋齊己撰
《禪月集》　二十五卷　五代釋貫休撰
《浣花集》　十卷補遺一卷　五代韋莊撰
《文苑英華》　一千卷　北宋李昉等撰
《全唐詩》　九百卷　清曹寅等纂修
《全唐文》　一千卷　清徐松等編
《全唐文紀事》　一百二十二卷　清陳鴻墀撰

**類書類六種**

《初學記》　三十卷　唐徐堅等撰
《白氏六帖》　三十卷　唐白居易撰

《白孔六帖》　一百卷　南宋缺名編
《太平御覽》　一千卷　北宋李昉等撰
《冊府元龜》　一千卷　北宋王欽若、楊億等撰
《玉海》　二百卷　南宋王應麟撰

**金石類七種**

《集古錄》　十卷　北宋歐陽修撰
《金石錄》　三十卷　北宋趙明誠撰
《金石萃編》　一百六十卷　清王昶撰
《金石續編》　二十一卷　清陸耀遹撰　陸增祥校訂
《金石萃編補正》　四卷　清方履　撰
《八瓊室金石補正》　一百三十卷目錄三卷祛僞一卷劄記四卷元金石偶存一卷　清陸增祥撰
《唐代墓誌彙編》　周紹良主編，趙超副主編

**書目類十種**

《舊唐書》卷四六至四七經籍志
《新唐書》卷五七至六〇藝文志
《日本國見在書目錄》　一卷　日本藤原佐世撰
《崇文總目輯釋》　五卷　補遺、附錄一卷　北宋王堯臣等原撰　清錢東垣輯釋
《秘書省續編到四庫闕書目》　二卷　南宋紹興初改定　清葉德輝考證

《中興館閣書目輯考》五卷　南宋紹興初改定　清葉德輝考證

《中興館閣續書目輯考》一卷　南宋陳騤、張攀等撰　趙士煒輯考

《昭德先生郡齋讀書志》袁本四卷、衢本二十卷　南宋晁公武撰（《附志》二卷、《後志》二卷、《考異》一卷　趙希弁撰）

《直齋書錄解題》二十二卷　南宋陳振孫撰

《宋史》卷二〇二至二〇九藝文志

敦煌吐魯番文書類二十七種

《敦煌石室真跡錄己》二卷　王仁俊編

《敦煌石室遺書》　羅振玉輯

《鳴沙石室佚書》　羅振玉編

《敦煌石室碎金》　羅振玉輯

《敦煌零拾》　羅振玉輯

《敦煌掇瑣》　劉復輯

《敦煌遺書》　法伯希和、日本羽田亨輯

《敦煌石室寫經題記與敦煌雜錄》　許國霖編

《貞松堂藏西陲秘笈叢殘》　羅振玉輯

《流沙遺珍》　金祖同輯

《敦煌石室畫象題識》　史岩輯

《敦煌秘笈留真》　日本神田喜一郎輯

《敦煌曲子詞集》　王重民輯

《敦煌曲校錄》　任二北校注

《敦煌曲》　饒宗頤輯
《敦煌變文匯錄》　周紹良輯
《敦煌變文集》　王重民等輯
《敦煌變文新書》　潘重規輯
《敦煌資料（第一輯）》　中國科學院歷史研究所資料室編
《西域文化研究》　日本西域文化研究會編
《吐魯番考古記》　黃文弼撰
《吐魯番出土文書》　國家文物局古文獻研究室、新疆維吾爾自治區博物館、武漢大學歷史系編
《中國古代籍賬研究》　日本池田溫著
《敦煌寶藏》　黃永武編
《敦煌叢刊初集》　黃永武編
《敦煌古籍敘錄》　王重民編
《敦煌遺書總目索引》　商務印書館編輯

# 後記——一份唐代生活史的私家書單

寫這份書單的時候，我一邊聽袁惟仁的專輯，一邊翻閱法國漢學家馬伯樂（Henri Maspéro）的《唐代長安方言考》（*Le dialect de Tch'ang-ngan sous les T'ang*，聶鴻音譯，中華書局二〇〇五年出版）、《唐詩紀事》，以及《全唐文》、《太平御覽》和《冊府元龜》這些大部頭的唐代史料。很多時候，我被一種情緒包裹，為浩瀚史料呈現的唐代所感動並產生了嚮往，如同多年前的夏日，在老家土房背後的梧桐林下，被漏下的陽光感動得渾身戰慄。

這個不築長城的朝代，和中國歷史上其他朝代一樣，也有著皇家的荒淫、門閥士族的黑暗和戰爭的殺戮。有人據此來評價唐代，但時至今日，我們的世界仍然沒有遠離這些黑暗。

這個朝代是文學的時代。一在於唐詩，另一在於唐傳奇。我曾經寫過「古紙硬黃臨宋怨，短箋匀碧錄唐幽」的句子，唐人的詩文，總有一種塵土般的質感，如同蒼茫的曠野。我還數次想像自己穿行在唐代通往撒馬爾罕的絲綢之路，或是在途經長安東市時聽那個幽怨的安邑坊女唱「巴陵一夜雨，斷腸木蘭歌」（安邑坊女《幽恨詩》），抑或是在杜甫的五城做一個戍卒。

在這裡寫一份私人的書單，不局限於正史，而是羅列傳奇、小說、研究甚至奇幻，在這些或嚴謹、或瑰麗、或不忍卒讀的文字裡，唐代閃爍著精細的光芒，而我們的視界或許可以延伸得更遠。這不是歷史的可能性，而是歷史的想像力。

薛愛華的《撒馬爾罕的金桃：唐朝舶來品研究》，是西方漢學的一部名著，被視為西方學者研究中國古代社會、古代文化的必讀之作。其實，這本書在中國的影響力更大，因為此前從來沒有一本書，從「物」出發來深入研讀一個時代的歷史，而這些物質碎片，「一隻西里伯斯島（Celebes，即蘇拉威西島）的白鸚，一條撒馬爾罕的小狗，一本摩揭陀的奇書，一劑占城（Champa，位於今越南中部的古國）的烈性藥等——每一樣東西都可能以不同的方式引發唐人的想像力，從而改變唐朝的生活模式，而這些東西歸根結底則是透過詩歌、法令，或者短篇傳奇，或者是某一次即位儀式表現出來的」。

在這本書裡，薛愛華引用馬塞爾・普魯斯特（Marcel Proust）的話來闡釋這種寫作的必要性：「歷史隱藏在智力所能企及的範圍以外的地方，隱藏在我們無法猜度的物質客體之中。」

令人感到奇怪的是，這本影響了很多中國歷史學者及歷史愛好者的書，其作者我們卻知之甚少，僅能從簡介中知曉薛愛華是美國加州大學教授，精通漢語和日語，並通晚近法語、古拉丁語等十數種古今語言文字。薛愛華著述頗豐，除了《撒馬爾罕的金桃：唐朝的舶來品研究》，還有《南漢後主劉鋹時期》（*The Reign of Liu Ch’ang, Last Emperor of the Southern Han: A Critical Translation of the Text of Wu Tai shih, with Special Inquiries into Relevant Phases of Contemporary Chinese Civilization*）、《朱雀：唐朝南方的意象》（*The Vermilion Bird: T’ang Imagines of the South*）、《珍珠海岸：古代的海南島》（*Shore of Pearls: Hainan Island in Early Times*）和《時光之海蜃：曹唐的遊仙詩》（*Mirages on the Sea of Time: The Taoist Poetry of Ts’ao T’ang*）、《神女：唐代文學中的龍女和雨女》（*The Divine Woman: Dragon Ladies and Rain Maidens in T’ang Literature*）、《點評杜綰〈雲林石譜〉》（*Tu Wan’s Stone Catalogue of Cloudy Forest: A Commentary and*

*Synopsis*）、《閩國：十世紀時的華南王國》（*Empire of Min: A South China Kingdom of the Tenth Century*）、《步虛：唐代奔赴星辰之路》（*Pacing the Void: T'ang Approaches to the Stars*）。其中《撒馬爾罕的金桃：唐朝舶來品研究》是公認的薛愛華的代表作，並與《朱雀：唐朝南方的意象》共同被視為其研究唐朝外來文化的雙璧。

已逝的曾經執教於香港大學的莊申先生，以美術史學家的身分寫有一本《長安時代：唐人生活史》，亦是不常見的大師所著唐代生活史。在莊申看來，唐人的詩書樂弈、繪畫陶瓷、雕刻工藝、舞蹈服飾，凡此種種，無不令人耳目一新。當中的巧思慧心，全在唐人的生活中表露無遺。今人與唐人雖緣慳一面，但越來越多的考古文物出現，使今人也能一窺唐人社會的全貌。

莊申家學淵源，尊翁為曾任臺北故宮博物院副院長的莊尚嚴先生（一八九九—一九八〇）。他幼承家學，勤於研究。早在就讀於臺灣師範大學史地系，以及稍後任臺灣「中央研究院」歷史語言研究所助理期間，他便常有專文論述中國美術史，是當時引人注目的青年學者。他的《根源之美》、《扇子與中國文化》、《從白紙到白銀：清末廣東書畫創作與收藏史》等，都是非常精彩的著作。

作為一名唐史學者，賴瑞和先生被人知曉卻是由於他的旅行散文集《杜甫的五城》一書。一九八九年到一九九三年，他先後九次暢遊中國大地，一路風塵，走過城市和鄉村，尋求歷史與現實的交會。他第一次乘坐火車前往西安的時候，竟然隨口問列車人員：「到長安的嗎？」結果列車員愣了：「長安？哦，對！您是指西安吧？」

《杜甫的五城》是一本關於唐代的「另類」的書。賴瑞和沒有直接討論他所瞭解的唐朝，而是興致勃勃地記錄「流水帳」，比如九次旅行的路線與詳細費用、國營旅社、衣服、美食等。賴瑞和作為一個局外人，一路用新鮮的眼光來體驗種種的出人意料。他穿上在內蒙古買的保暖羊絨衣，坐在擠滿鄉民的公車裡，就像一個普普通通的中年男人。在西安，他騎著自行車去北郊尋找大明宮的遺址，彼時三清殿的廢墟，前面並沒有任何標誌，也沒有任何圍牆，只是孤零零地立在玉米田中。「我也隨著那些好玩的小孩兒，爬到土堆上頭去。那裡長著一些雜草。在夕陽下，登高望遠，所看到的景物都染上一層溫馨的金黃色調。」賴瑞和的壯遊，可見歷史與現實的交融，那個叫唐的國度在日常的瑣碎中如影隨形，讓人有了恍如隔世的憂愁和淡淡的悲傷。

賴瑞和一九八一年赴美國普林斯頓大學，師從《劍橋中國隋唐史》的主編杜希德（Denis C. Twitchett）教授，在這位西方公認的唐史和中國通史學界大師的指導下，完成博士學位論文《唐代的軍事與防禦制度》。賴瑞和在臺灣清華大學歷史研究所專任教授，曾經主講「唐代長安與士人的生活」（碩、博班）、「唐代日常生活史」（大學部人社系），我讀過他對第一門課的一個講演提綱，是用PPT做的演示，極其生動。

除了中國人，對唐代關注最多的便是日本學界，儘管沒有唐代生活史的專門論著引人注目，但日本作家在其大量的關於唐代的小說中，徐徐展開了一個王朝的面目。

井上靖或許是此類小說的開創者，其《天平之甍》講的是鑒真東渡的故事。井上靖寫道，準備第一次東渡時，「鑒真已五十五歲，相貌卻仍骨骼嚴整，巍然如山，有偉人氣質，額寬，眼、鼻、口皆大而穩定，頂骨秀氣，顎部卻頗有意志地展開。留學僧覺得這位高名高德的僧侶，很像故國的武將」。後來，一九七九年這部小說被拍成電影，在揚州取景拍攝，彼時揚州數萬人圍觀。

井上靖的《楊貴妃傳》一書則開啟了中日之間對於楊貴妃生死的大討論。這部小說影響深遠，以至於國內一些歷史學者將其作為史料使用。

近年日本聞名的作家之一陳舜臣，有兩百餘本和中國歷史有關的著作，已被引進了數十本。他和井上靖一樣，對唐代西域有著莫名的夢想。一九七九年，中國中央電視臺和日本NHK電視臺聯合組成大型紀錄片《絲綢之路》劇組，沿著古代絲綢之路，開始了為期一年的採訪攝製。陳舜臣參加了此次攝製活動，用文字記錄下重走絲綢之路的奇妙見聞與瑰麗隨想，成書的名字就叫《西域余聞》。書中寫了一些漢代的西域，但更多是寫唐代西域的物品、詩人和生活方式對於帝國的影響。

相較而言，日本作家辻原登的代表作——歷史小說《飛翔的麒麟》，知道的人就比較少，究其原因，是簡體版中譯本有一個莫名其妙的書名——《唐朝那些事兒》，這個譯名完全毀了這本書。實際上，這本小說的寫作功底和歷史考證極其精細，還勝在歷史想像力與史詩的契合度。

中國人關於唐代生活史的論著多為專著，例如衣飾、飲食、官制，以「唐代生活史」為題的專門著作則鳳毛麟角，即使有，也是大量常見史料以及傳統的論文研究。黃新亞《消逝的太陽：唐代城市生活長卷》一書是其中可讀的書籍。此書亦屬學術著作，但形式上引入大量和生活、習俗、用具有關的史料及傳奇故事，使以「生活」為名的專著有了煙火氣。

建築設計師唐克揚有一篇關於長安的文章《長安的煙火》，曾經在《生活月刊》登發，但至今未成書，他本意是透過實驗文本來梳理中國古代的城市，其中關於城市的敘述及想像頗為動人，是難得一見的創作。

有一位筆名叫「騎桶人」的作家，寫的是奇幻文學，不被歷史研究者知曉。他創作了大量的短篇小說，如《終南》、《雙髻》、《歸墟》等，有著深深的唐傳奇的影子。其文字纖細空靈，甚至算得上晶瑩剔透，能透過微妙的詞語表達心靈。作品的想像力奇詭綺麗，於最幽靜處發前人之所未想，有一種罕見的神祕特質。這位作家具有相當高的純文學水準，將唐人傳奇中的生活場景演繹得淋漓盡致。

近年得益於網路，大量關於唐代的書籍出現，但是仔細看起來，這些書籍的主題無一例外是——那些人那些事、光榮與夢想、趣聞與逸事，而關於唐代的生活史，無人關注，以致大量寫唐代宮廷的小說僅僅人名是唐代的，各種生活的歷史細節卻錯漏百出。

曾在《百家講壇》講過《敦煌資料與唐五代衣食住行》的隋唐五代史學者黃正建，對此有所發現，在《關於唐代日常生活史研究現狀的思考》（見《中國社會科學院院報》二〇〇四年九月十四日第三版）中，他寫道：「但是在中國，日常生活史的研究並沒有形成規模或形成學派，甚至沒有引起人們的足夠重視。雖然我們也有關於衣食住行的研究，但它們都是孤立的、個別的、零散的。學者們分別從政治、經濟、民族、宗教、文化、風俗、文物、科技、歷史地理等各種角度來研究它們，卻恰恰很少將它們作為『日常生活』來研究。」

實際上，西方學界對「日常生活史」的關注已久，法國漢學家謝和耐（Jacques Gernet）的《蒙元入侵前夜的中國日常生活》（*Daily Life in China on the Eve of the Mongol Invasion, 1250—1276*）和英國漢學家魯惟一（Michael Loewe）的《中華帝國早期的日常生活：兩漢時期》（*Everyday Life In Early Imperial China: During the Han Period, 202 BC—AD 220*），都是極其精彩的關於生活史的論著。

具體到唐代，彬仕禮（Charles D. Benn）有《傳統中國的日常生活：唐朝》（*Daily*

*Life in Traditional China: The Tang Dynasty*）一書，作為「格瑞那達出版社日常生活史叢書」（*The Greenwood Press Daily Life Through History Series*）的一種出版，可惜無人引進翻譯。另有《中國的黃金時代：唐代日常生活》（*China's Golden Age: Everyday Life in the Tang Dynasty*），已出版中譯本。

另外，大量記錄唐人生活場景的唐代筆記和傳奇沒有得到足夠關注，中華書局曾經出版唐宋史料筆記三十九種，亦是唐宋雜錄。實際上，中華書局還有一套《歷代史料筆記叢刊》，其中「唐」卷，共有筆記七十種。

在前言中我寫道：「曾經，一個王朝的風花雪月主宰了那個叫長安的城市轉瞬即逝的春秋，詩歌的漂泊帶來了哀愁、天才、江山和美人，還有揮之不去的思念。那些焰火、野草、王孫和驛站，以及大氅，最終成了鄉愁。今天，這種鄉愁仍在。」可惜，這種鄉愁只存在於史籍和唐詩中，大量面目模糊的細節無從考證、查找，比如朱溫如何拆毀長安使得這座偉大城市消失的過程，《舊唐書》及《資治通鑒》僅有寥寥數語，《新唐書》則完全不記載。歷來國人修史，重史記而輕細節，重人而輕物，重考據而輕整合，這也使唐代的生活史散落於史書的各個角落，沒有完整地呈現，這是一種深深的遺憾。對於我這個業餘寫作者來說，自己的作品能夠出版便是獲得了滿足與喜悅，並無其他野心。

一、對首版中出現的錯訛之處做了修正。

二、在首版只有章標題的情況下，增添了小標題，以便讀者能夠直觀地瞭解本書內容。

三、對前言做了增改，以便讀者能夠更清晰地瞭解唐代的歷史進程；對第五章《帝國時代的莊園》進行了重寫，在第八章《未能皈依的寺廟》增加了「胡寺」一節；首版附錄的「七十種唐人筆記書目」並不能讓讀者全面瞭解唐代的史料，因此作者統計了黃永年先生《唐史史料學》所錄十五類、二百四十九種書目，供讀者參考。

四、除了以上修訂，本書保持了首版時的風貌和敘述方式，作為一本面向大眾讀者的唐代生活史著作，希望讀者能夠由此書建立起對唐時代全面的瞭解，並有興趣去探尋更多的歷史細節。

# 煙火大唐：
# 璀璨盛世三百年的唐朝生活史

作　　者　師永濤

發 行 人　林敬彬
主　　編　楊安瑜
編　　輯　高雅婷
內頁編排　方皓承
封面設計　走路花工作室
行銷經理　林子揚
行銷企劃　戴詠蕙
編輯協力　陳于雯、高家宏

出　　版　大旗出版社
發　　行　大都會文化事業有限公司
11051 台北市信義區基隆路一段 432 號 4 樓之 9
讀者服務專線：（02）27235216
讀者服務傳真：（02）27235220
電子郵件信箱：metro@ms21.hinet.net
網　　　址：www.metrobook.com.tw

郵政劃撥　14050529 大都會文化事業有限公司
出版日期　2024 年 01 月初版一刷
定　　價　500 元
I S B N　978-626-7284-44-5
書　　號　History-163

Banner Publishing, a division of Metropolitan Culture Enterprise Co., Ltd.
4F-9, Double Hero Bldg., 432, Keelung Rd., Sec. 1, Taipei 11051, Taiwan
Tel: +886-2-2723-5216　　Fax: +886-2-2723-5220
Web-site: www.metrobook.com.tw　　E-mail: metro@ms21.hinet.net
◎本書由現代出版社授權繁體字版之出版發行。
◎本書如有缺頁、破損、裝訂錯誤，請寄回本公司更換。


國家圖書館出版品預行編目（CIP）資料

煙火大唐：璀璨盛世三百年的唐朝生活史 / 師永濤著.
-- 初版. -- 臺北市：大旗出版：大都會文化發行, 2024.01;
304 面; 17×23 公分 -- (History-163)

ISBN 978-626-7284-44-5(平裝)
1. 生活史 2. 社會生活 3. 唐代
634　　112020856